U0949734

本书出版受以下项目资助：

◎ 湖南省社会科学基金项目（18YBA141）：创新战略驱动下的湖南省人才管理与知识团队创造力嵌套联动效应研究

◎ 湖南省自然科学基金项目（2019JJ50140）：知识团队能力资源配置对团队创新的影响机制研究—基于二元性动态平衡的视角

团队合作与能力配置陷阱

涂艳红　著

WUHAN UNIVERSITY PRESS
武汉大学出版社

图书在版编目(CIP)数据

团队合作与能力配置陷阱/涂艳红著.—武汉：武汉大学出版社，2019.9

ISBN 978-7-307-21198-8

Ⅰ.团…　Ⅱ.涂…　Ⅲ.企业管理—组织管理学—研究　Ⅳ.F272.9

中国版本图书馆 CIP 数据核字(2019)第 219557 号

责任编辑:唐　伟　　责任校对:李孟潇　　整体设计:马　佳

出版发行：**武汉大学出版社**　(430072　武昌　珞珈山)

(电子邮箱：cbs22@ whu.edu.cn　网址：www.wdp. com.cn)

印刷:武汉邮科印务有限公司

开本:720×1000　1/16　印张:12.5　字数:252 千字　插页:1

版次:2019 年 9 月第 1 版　2019 年 9 月第 1 次印刷

ISBN 978-7-307-21198-8　定价:39.00 元

版权所有，不得翻印；凡购我社的图书，如有质量问题，请与当地图书销售部门联系调换。

目　　录

插图索引

附表索引

第1章 绪　　论

1.1 研究背景与研究意义

1.1.1 研究背景

1.1.1.1 实践背景

团队是现代组织的基石，是提升组织竞争优势的关键因素组织单元[1]。然而，建设有效的团队是一件极具挑战性的事情。大量组织从不同的视角提出了各种管理策略，但结果往往差强人意[2]；学者们也从不同的视角做了大量的研究以了解影响团队达成目标的方式和策略[3]，比如，对团队的 IPO(input-process-output)模型中涉及的前因变量、中介变量、结果变量以及调节变量进行的研究[3,4]；从团队多样性方面进行的研究[5]；从目标相依性方面进行的研究[6-10]，从团队成员人格特性方面进行的研究[1]。但是从目前的文献来看，对影响团队绩效各因素进行全面分析的实证研究还相当缺乏，团队投入和团队绩效之间的黑箱还没有被完全打开。有不少学者试图全面分析团队绩效不佳的原因，进而提出解决的举措。一些学者认为文化差异、思考方式差异、面对挫折和障碍时的沟通与谈判风格带来团队冲突，影响团队合作，从而使得团队绩效不理想[11]；另一些学者则认为团队过程具有微观、中观和宏观三个层次，交互作用错综复杂[3,12]。综上分析可知，团队的有效性效果不佳从根本上是因为团队是由具有不同的性别、民族、人格特性、教育背景以及价值观念、能力、特长等属性的员工构成的利益共同体[13]。团队是一个团队利益与个人利益的均衡和博弈系统[14]，其管理复杂程度高，管理效果不仅受到团队投入和团队过程的影响，还受到个体行为意识动力的影响。

中国人崇尚集体主义和纵向个人主义价值观，“不患寡而患不均”是团队成员的普遍心理。在团队互动过程中，大部分团队成员不仅关注自己的绝对地位和绝对的资源占有情况，而且关注自己在团队中的相对地位以及相对于其他团队成员的资源占有情况，特别倾向于将自己拥有的资源与团队其他成员进行比较。这种社会比较对团队互动产生重要影响，从而对团队工作成效产生影响[15]。总体而言，团队成员拥有的资源差异是团队成员行为选择和整个团队行为整合与互动特别关键的前因变量。从团队管理实践来看，团队成员之间的差异性是团队的重要特征之一，这种差异最直接的后果就是带来团队成员之间的社会分层和地位差异。而这两者会通过影响团队成员的心理活动来影响其工作动机和努力程度，最终影响个体绩效和团队绩效。团队成员间的地位差异具有普遍性和不可避免性，因此，团队成员之间的地位竞争成为制约团队效率优化的主要因素。

基于以上背景，我们需要理清团队差异给团队产出带来积极效果的作用机制和作用边界，构建一种基于社会比较和地位差异视角的团队模型来优化团队资源组合，同时设计合理的奖励体系，提供充分的资源，以确保团队长期绩效的实现[16]。

无论是在公共组织还是在企业的团队管理实践当中，团队成员之间的对资源的争夺行为和不平等厌恶心理导致的显性或隐性冲突事件时有发生，严重的甚至出现团队成员集体搭便车、关键时刻跳槽等严重危害到团队利益和长期生存发展的破坏性行为。要解决这一问题，必须充分了解团队差异性的现状，针对具体资源差异性产生的团队冲突采取恰当的冲突缓解或解决对策。同时必须根据具体的差异性属性研究差异性对个体和团队两个层面的绩效产生积极影响的作用机制和作用边界。

组织管理依靠团队来完成和自我组建团队是我国鼓励创新、强调合作的一个大趋势。然而，选择什么样的成员组成团队以及团队成员之间的资源如何分布可以使个体绩效和团队绩效更高？这既是每一个团队成员共同关心的问题，也是从事组织工作和行为管理的实践工作者和理论工作者亟待解决的问题。厘清造成团队成员之间地位差异的关键团队资源及其对团队过程和团队产出的影响关乎团队管理策略的制定、关系团队的生存和长远发展，关乎创业者和团队工作者对团队工作的信心和决心。

1.1.1.2 理论背景

团队组成的差异性是团队成员拥有的有价值的资源或资产集中程度的垂直差异[17]。它是团队多样性研究的三个视角(variety、seperation 和 disparity)之一，现有的对团队成员之间多样性资源组成的研究主要集中于运用社会分类(相似性吸引)理论研究团队组成资源的分离性(seperation)(如 Lynne 等(2009)[18])和运用信息决策理论研究团队组成资源的多样性(variety)(如 Nederveen Pieterse (2012)[19])。比较一致的结论是社会分类视角的多样性会引起更多冲突、更少认同和承诺以及更少绩效；信息决策视角的多样性带来更多与任务相关的能力、知识和技能，带来更多创造性，从而提高团队绩效。也有学者整合了多样性的两类分析视角，建立了分类阐述模型(Categorizaton-elaboration Model, CEM)，探讨团队多样性的作用机制和作用边界[20]。现有团队多样性研究的一个缺陷是忽视了团队成员间与团队地位和团队资源相关的差异性。由于从分离和多样视角探讨团队多样性对团队绩效的影响并未深入团队过程和团队互动中的核心问题[21]，因此，基于团队成员的社会比较心理，从差异性视角研究团队多样性对个体和团队绩效的影响效应非常必要。与这种必要性相对的是，国内外学者对地位差异视角的团队多样性及其结果的研究极其缺乏，少有的研究得出的结论也很不一致。有研究指出，现有研究结论中团队成员差异性在一些情况下有助于团队绩效的提升，在另一些情况下却可能给团队带来混乱甚至灾难性的后果[22]。因此，探索差异性对团队绩效的影响机制和作用边界成为团队管理理论中的一个重要议题。

现有对团队差异性与团队绩效个体和团队绩效关系的研究结论很不一致。有学者认为团队成员之间的差异导致不平等和相对比较会产生内部竞争，带来团队过程内耗与损失，进而对团队绩效产生扰乱性影响[23]。另一些学者则认为，在一些情况下，差异对团队绩效有积极的影响。比如，团队成员之间的信息或者能力差异越大，团队成员之间的学习潜能越大。由于资源差异会导致团队成员的同侪压力，促进团队规范的建设，因而，会提升团队成员努力工作的动机，从而提升个体绩效[24,25]。导致团队资源差异性影响结论不一的主要原因在于不同学者研究的具体属性有别，团队执行的任务和团队氛围也存在差异，因此，要全面探讨团队差异性的结果，必须根据理论研究和管理实践的需要，选择引起团队成员地位差异的最关键的资源进行研究。

从团队管理实践和文献分析的结果来看，能够引起团队成员地位差异的团队资源大体可以归为两类。一类是团队成员的能力，团队成员之间的能力差异对团队成员在团队中的地位、团队成员的心理和团队绩效有重大影响。而这种能力不仅包含团队成员与任务相关的工作能力，还包括团队成员与周围环境和利益相关者灵活相处和应对的政治技能，团队成员之间政治技能的差异性也是带来地位差异的重要资源。另一类资源是团队成员的关系，这种资源既包含与团队领导的关系，也包含与其他团队成员的关系，这两种关系的优劣直接决定了团队成员在团队中地位的高下，因而关系差异也是造成团队成员之间地位差异的关键要素。大量研究表明，团队成员之间的关系差异与其能力差异具有显著的关系，尤其是领导-成员交换关系差异是团队政治技能差异的重要结果变量[26]。如果同时对能力差异和关系差异展开研究，将会存在严重的共线性问题。基于此，本研究选择团队的能力差异(包含工作能力差异和政治技能差异)进行研究，探讨其对个体绩效和团队绩效的作用机制和作用边界，有助于揭开团队差异与团队绩效之间的黑箱，为团队管理中的团队组成策略提供一定的理论指导和实践支持。

1.1.2 研究意义

团队多样性研究是团队管理中的重要研究主题，探索团队多样性研究新的视角并厘清其作用机制对于丰富团队管理理论具有重要的研究意义。本研究通过整合团队工作能力和政治技能差异两方面的研究成果，分析和探讨团队工作能力和政治技能差异对个体和团队两个层面绩效的作用机理。本研究对于丰富和完善团队多样性理论、团队资源理论、合作与竞争理论、团队冲突与领导等理论具有一定的理论意义。在团队组建、队友选择、团队目标设置、领导政治技能培训、团队冲突管理、团队绩效和个体绩效提升等方面具有较强的实践意义。

1.1.2.1　理论意义

1. 从地位差异视角探讨团队多样性，丰富了团队多样性理论

团队多样性有三种不同的类型和研究视角(多样性、分离性和差异性，variety、seperation 和 disparity)，然而大量学者更多关注多样性和分离性对团队过程和团队结果的影响机理，从差异性视角开展的研究少之又少，个别的研究也只是在教育或者培训领域关注个体效应。本研究在组织行为领域关注团队工作能力和政治技能差异对团队过程和团队产出的影响，有助于丰富团队多样性理论。

2. 丰富了中国情境下的团队资源理论

团队资源是实现团队管理目标和提升团队绩效的关键要素。在现有理论中对团队资源的具体含义和包含的具体要素却不明晰。由于不同的团队资源对团队绩效的影响程度和作用机理差别很大，因而泛泛而谈团队资源对团队绩效的影响不具有理论和实践上的针对性。本研究在梳理国内外团队资源研究文献的基础上，辅以实验室实验和团队领导的访谈，结合中国情境下的团队管理实践，对造成团队成员地位差异，进而对团队绩效具有关键性影响的工作能力政治技能两类重要资源进行研究，有助于厘清团队资源的具体属性，丰富和深化团队资源理论。

3. 有助于检验和修正中国情境下的合作与竞争理论

由于团队工作能力和政治技能差异容易引起团队成员间的地位差异和团队冲突，而两者间的关系受到团队成员间竞争与合作关系的调节。合作与竞争理论的基本前提是，目标结构方式决定个体接触方式，进而决定结果和产出；目标结构的合作性与竞争性可能导致个体促进或阻碍他人的成功。而个体的接触方式与其价值观有很大的关系，中国人不仅奉行集体主义价值观而且奉行纵向个人主义价值观，纵向个人主义甚至更强。中国人在追求利益的过程中区别于西方人的绝对利益思想(最大化个人利益)，更多地强调利益的相对等级(希望自己比别人好)，因此，西方情境下发展的合作与竞争理论在中国情境下不一定适用。本选题将探讨中国情境下合作性目标与竞争性目标对团队工作能力和政治技能差异性与团队冲突关系的影响，有助于修正和丰富中国情境下的合作与竞争理论。

4. 有助于丰富和深化认识团队冲突与团队领导理论

团队冲突是团队互动理论研究和实践探讨中最为关注的变量。然而，对于不同

类型团队冲突对团队绩效影响的结论很不一致。本研究强调团队领导的政治技能对团队冲突积极作用的强化和消极作用的缓解，既厘清了团队冲突在领导层面上的作用边界，也有助于进一步丰富团队领导理论。

5. 丰富了团队能力差异与团队绩效关系的跨层理论

目前的团队多样性理论多关注团队多样性对团队结果的影响，鲜有平衡团队组成需求和个体发展欲望的研究，同时考虑团队成员分别作为成员和作为个体的影响研究也极其缺乏。本选题研究团队工作能力和政治技能差异性对团队和个体绩效两个层面的影响，既弥补了现有团队多样性理论研究重团队、轻个体的不足，也适应了人力资源管理中人本管理理论的发展需要。

1.1.2.2 实践意义

1. 为团队管理者合理搭配团队成员、组建高绩效团队提供了有价值的途径

团队成员的组合在团队管理中发挥着重要的作用。团队工作能力和政治技能差异对团队成员的心理状态、团队过程和团队绩效有重要的影响。本研究探讨团队工作能力和政治技能差异对团队过程和团队结果积极影响和消极影响的作用边界，有助于指导团队管理者设计工作能力和政治技能差异与目标选择以及领导政治技能的合理组合，以实现团队管理过程的有序化和团队结果的最优化。

2. 为自我管理和自我组建团队的团队成员理性选择提供有用的指导

自我组建和自我管理团队在当前管理实践中非常普遍，然而，大多数团队成员却不清楚到底如何选择合适的合作伙伴才能实现个体绩效和团队绩效的最优化，在实际的团队伙伴选择过程中更多的是依靠经验和情感，缺乏理性和定量的选择依据，因而造成实际团队运作中困难重重。这也是当前很多自我组建团队难以为继的原因之一。本研究的成果指明了团队成员间工作能力和政治技能差异对个体绩效和团队绩效的作用机制和作用边界，给团队成员的搭档选择提供方向性指导。

3. 有助于指导团队的目标设置

中国人强调社会比较和相对地位，不同于西方人对绝对利益的广泛关注。因此，西方情境下关于目标相依的研究结论和实践做法在中国情境下不一定有效。竞争性目标在中国的团队管理中发挥着积极的作用，如果照搬西方的研究结论和管理经验不仅无助于团队绩效的提升，而且有可能带来灾难性的后果。本研究的成果明晰了合作性目标和竞争性目标对团队管理产生积极效果的工作能力搭配和政治技能组成方案，有助于团队管理者根据既定的团队工作能力和政治技能差异选择合适的目标设置，以实现个体和团队绩效的最大化。

4. 有助于为团队领导的政治技能培训提供行为参考

团队领导的政治技能有助于强化团队任务冲突的积极作用，缓解团队关系冲突的消极作用。本研究的研究结论为团队领导的技能培训提供相关的借鉴与参考，以

提升团队领导的团队管理能力，促进团队绩效的提升。

5. 有助于其他领域团队管理优化

本研究在组织行为和人力资源管理学科领域内进行，选择各类组织特别是企业中的团队为研究对象，研究的是人的行为以及行为之间的互动，研究所得出的结论具有较强的外部效度。不同领域的团队具有很多共性特征，强调成员之间的互动以及个体局部与团队整体利益的统一。本研究选择的社会比较的研究视角，在其他领域不同类型的群体和团队成员也普遍存在，对团队成员的行为和整体团队互动具有重要影响。本研究的研究成果可以为其他领域的团队管理提供借鉴和参考。

1.2 研究目标与研究内容

1.2.1 研究目标

本研究将运用社会比较和地位分层等相关理论，对团队中由于团队工作能力和政治技能差异造成团队成员的地位差异，进而对关键团队互动过程(团队冲突)以及团队主要产出(团队绩效与个体绩效)造成影响这一现象，从社会比较视角剖解团队成员之间的互动关系，构建基于社会比较视角的团队能力差异影响机理模型，并通过多种研究方法和实证分析工具进行实证检验，以期对团队多样性理论和团队绩效理论展开更深入的研究。具体研究目标如下：

1.2.1.1 在理论创新方面的目标

本研究以社会比较理论和地位分层理论为基础，结合团队管理中的社会交换理论、领导理论、团队组成理论和冲突管理理论的相关理论成果，探索团队工作能力和政治技能差异对个体和团队两个层面产出的作用机制和作用边界，同时结合中国价值文化与西方合作与竞争理论的研究成果，构建中国情境下社会比较视角的团队多样性理论，从理论方面进一步补充和完善中国情境下的团队多样性理论、团队资源理论以及团队冲突和领导理论；探索完善中国团队管理理论的新视野和新方法。

1.2.1.2 在实践应用方面的目标

从实证上厘清团队工作能力和政治技能差异通过团队任务冲突和关系冲突的作用对个体绩效和团队绩效产生影响的边界，从社会比较的视角构建并验证团队能力差异性对团队绩效和个体绩效的影响机理模型。为组织团队管理者的团队成员选择与搭配、团队冲突管理、团队领导培训与团队和个体绩效优化提供指导依据，从实践方面为团队领导者和团队成员开拓新的思路和途径以促进团队和个体绩效的提升。

1.2.2　研究内容

本研究以实验室实验、领导访谈和问卷调研为基本研究方法，从团队工作能力和政治技能差异及其后果着手，分析其对团队任务冲突和关系冲突产生的影响及其对个体绩效和团队绩效的作用机理。本研究选择对团队工作能力和政治技能差异与团队冲突之间的关系有重要影响的团队目标相依以及对团队冲突与团队绩效和个体绩效关系有决定性作用的领导政治技能作为调节变量。综合运用实验法、访谈法和问卷分析方法以及相应的统计分析工具构建包含团队工作能力和政治技能差异、团队冲突(任务冲突和关系冲突)、团队冲突感知(任务冲突和关系冲突感知)、团队目标相依(合作性目标与竞争性目标)、领导政治技能、领导政治技能感知、团队绩效与个体绩效在内的跨层次理论模型。本研究既关注个体-团队嵌套层次的投入要素，也关注团队层面的影响因素；既探讨团队成员特征的影响，也研究团队领导技能的作用，既分析团队层面的绩效产出，也探索个体层面的绩效结果，试图揭示团队能力差异对团队和个体两个层面结果变量的作用机理，既为团队管理相关的多样性理论、合作与竞争理论、冲突与领导理论的发展和深化作出应有的贡献，也为中国情境下组织中的团队管理实践提供指导方向、开拓新的思路；同时也从理论和实践两个方面对团队的跨层次本质提供进一步的理解途径。研究内容主要包含以下几个方面：

1. 理论研究：概念模型的构建与研究假设的推演

首先，全面进行文献回顾与评价。对团队工作能力与政治技能差异、团队任务冲突与关系冲突、合作性目标与竞争性目标、团队绩效与个体绩效、领导政治技能等相关文献进行了分析与评价，全面把握本研究相关研究的最新前沿动态，为理论模型的构建和研究假设的提出打下坚实的基础。

其次，基于团队-个体的多层嵌套性质操作性定义本研究的相关变量。关于团队差异，本研究从团队构成的社会比较视角将其定义为团队成员拥有的有价值的资源或资产集中程度的垂直差异。相应地，团队工作能力差异和政治技能差异被定义为在控制团队平均工作能力/政治技能的前提下，团队成员之间的工作能力/政治技能的不均衡程度。本研究将团队任务冲突定义为团队成员之间就任务完成方案的选择发生的争论，而关系冲突则指团队成员之间与团队职能和目标无直接关系的人际摩擦。团队绩效操作性定义为团队成员和团队领导对团队产出达到或者满足既定的绩效标准的感知评价。此外，基于合作与竞争理论将团队目标相依划分为合作性目标和竞争性目标两种类型。

最后，构建了基于团队成员地位差异和社会比较视角的团队投入-过程-产出(IPO)模型。将团队工作能力和政治技能差异作为团队投入变量，将团队冲突(任务冲突和关系冲突)作为过程变量，团队和个体绩效作为产出变量，将团队目标相依和领导的政治技能以及团队成员对领导政治技能的感知作为情境变量，构建了“团队能力差异-团队冲突-团队/个体绩效”跨层次概念模型，在对团队多样性理论、合作与竞争理论、领导理论进行有效整合的基础上推演出相应的研究假设。

2. 实证研究：探索性实证检验和验证性实证分析

虽然理论界和实践管理界都认识到团队能力差异对团队成员的心理、团队过程和团队产出具有重要影响。然而由于工作能力数据获取的难度以及政治技能相关研究刚刚起步，目前理论上对于团队工作能力和政治技能差异对团队绩效的效应尚无可以借鉴的研究成果。基于此，本研究在开展具体的实证研究之前分别采用实验室行为实验和领导访谈的方式对团队工作能力和政治技能差异与团队/个体绩效的因果关系进行了探索性研究，在基本研究假设得到初步验证的基础上，本研究进一步采用领导-成员配对问卷对团队能力差异与绩效关系的作用机制和作用边界进行了验证，使得本研究的研究结论更加真实可靠。

(1)实验室实验：团队工作能力差异与绩效因果关系的探索性研究。子研究一首先运用规范的行为科学实验研究法探索团队工作能力差异与团队目标相依对个体绩效和团队绩效的交互效应。在确保团队平均能力相等的前提下设计 2＊2 的实验，探讨团队工作能力差异(工作能力差异高/低)和团队的目标相依(合作性目标与竞争性目标)对个体绩效和团队绩效的交互效应。基于实验设计及结论，探索团队工作能力差异对个体和团队绩效的影响。

(2)领导访谈：团队政治技能差异与绩效关系的探索性研究。子研究二首先访谈法探索团队政治技能差异与个体绩效和团队绩效的关系。运用关键事件法(critical incident method)深入组织对团队领导进行访谈，首先了解其对政治技能这一概念的理解，针对其不熟悉的地方采用举例的形式进行指导。在此基础上了解其对所在团队中团队成员政治技能的把握情况，然后询问其对团队政治技能差异及其主要后果的看法。通过访谈资料的编码和解码初步探讨团队政治技能差异与个体和团队绩效的关系，此外，访谈中也对团队政治技能差异可能的作用过程进行了询问和提炼，为下一步进行实证研究打下了基础。

(3)领导-成员配对问卷：团队工作能力和政治技能差异与个体/团队绩效关系的作用机制与作用边界。在前期探索性研究的基础上，为了减少同源误差，运用团队的领导-成员配对问卷对模型进行验证。

子研究一运用来自于70个样本团队的领导-成员配对问卷对团队工作能力差异与个体和团队绩效的关系进行进一步验证。在此基础上，验证团队任务冲突在工作能力差异和团队绩效之间以及团队成员对任务冲突的感知在工作能力差异和个体绩效之间的中介作用。

子研究二运用来自于85个样本团队的领导-成员配对问卷对团队政治技能差异与个体和团队绩效的关系进行验证。在此基础上，验证团队关系冲突在政治技能差异和团队绩效之间以及团队成员对关系冲突的感知在政治技能差异和个体绩效之间的中介作用。

此外，两个实证研究均对合作性目标、竞争性目标、领导政治技能、团队成员对领导政治技能感知的调节作用进行了验证。

本研究两个实证研究的探索性分析根据变量特征和现有文献支撑程度的差异分别采用不同的研究设计方法构建概念模型并进行实证检验，两者紧密联系，全面系统地展现了团队能力差异如何影响个体和团队绩效。在两个探索性研究的基础上，两个实证研究分别探讨团队工作能力和政治技能差异如何通过团队任务冲突和关系冲突影响个体和团队绩效，同时也揭示了团队目标相依和领导政治技能如何调节中介效应和主效应。两个研究都涉及团队层次变量与个体绩效关系的跨层次效应模型，本研究首先将个体层次的变量通过数据聚合和转换的方式聚合成团队层次的变量后再分析各变量之间的关系。

总之，本研究两个实证研究是从相同的理论视角，采用不同的研究方法对同一问题的深入探析，得出的研究结论可以更好地在理论上扩展社会比较和地位差异视角的团队多样性研究；在实践上更好地引导管理者采用目标设计和领导技能培训等方式，合理运用团队工作能力差异和政治技能差异实现团队绩效的提升，促进员工的发展进步。

1.3 研究思路与技术路线

1.3.1 研究思路

本研究旨在从社会比较和地位差异视角研究团队工作能力和政治技能差异对团队冲突(任务冲突和关系冲突)的影响，进而对团队层面的团队绩效和个体层面的个体绩效的效应，以及这种效应的作用机制与作用边界。本研究以组织中的团队为研究对象，以团队关键资源工作能力和政治技能在团队成员之间分布的差异性为决策变量，以团队和个体两个层面的产出为结果变量，以团队任务冲突和关系冲突为中介变量，以团队目标相依(合作性目标和竞争性目标)和领导政治技能为调节变量，构建基于团队能力差异的团队 IPO 模型，以期为现代组织中的团队资源管理和团队多样性管理提供新的方法和管理策略。研究过程中采用了文献阅读、实验研究、领导访谈与问卷调研相结合的实证研究方法，划分为文献综述、理论基础与研究假设、探索性研究、验证性实证分析与管理建议及总结五个环节。

1. 文献综述

利用互联网在 Web of Science、中国知网(CNKI)、万方数据库、维普资讯网、Springer 等专业数据库以及 Google、百度学术搜索引擎检索了国内外有关团队能力组成、团队多样性、团队IPO模型、团队冲突、团队合作与竞争、团队绩效、群体(团队)实验设计、访谈与关键事件方法应用的相关研究文献，利用学校和学院图书馆资源，获取了相关主题最近20年的优秀期刊论文。通过对现有的研究理论、研究模型、研究观点和研究方法进行分析和总结，梳理出本研究的理论架构，在此基础上提出本研究的研究目标和拟解决的主要研究问题。

2. 理论基础与研究假设

围绕研究目标界定研究问题，选择社会比较理论、地位差异理论等作为理论基础，在此基础上提出本研究的理论框架，构建概念模型并提出具体的研究假设。

3. 探索性研究

鉴于本研究研究变量之间的关系在现有文献中并不明晰，本研究首先分别采用实验法和团队领导访谈法作为探索性研究工具，分别探讨团队工作能力和政治技能差异与个体和团队绩效的关系，以初步验证自己的理论假设，为下一步探索其作用机制和作用边界奠定初步理论基础。

4. 验证性实证分析

通过两个不同来源的团队领导-成员配对问卷，分别验证团队任务冲突和关系冲突在团队工作能力和政治技能差异与个体和团队绩效之间的中介效应，以及团队目标相依对中介效应的调节作用，同时验证团队领导的政治技能对于团队冲突与个体和团队绩效关系的调节作用。在验证研究假设的基础上进一步修正理论模型，为模型的理论扩展和实践应用提供实证依据。

5. 管理建议及总结

对团队工作能力和政治技能差异与个体和团队绩效之间的关系进行系统全面的总结，总结本研究的主要研究结论和管理建议。同时从理论发展和实践应用两个方面指出本研究的研究局限和进一步研究方向。

1.3.2 技术路线

依据上述研究思路、研究内容和主要研究方法，本研究综合运用理论探讨和实证研究，分7章对团队工作能力和政治技能差异对个体与团队绩效的影响机制和作用边界进行系统分析和深入探讨，并采用多来源数据进行实证检验。本研究的技术路线安排如图1.1所示。

第1章为绪论。在阐述研究团队能力差异必要性的基础上界定本研究的研究问题，介绍本研究的理论与实践背景，分析本研究的理论意义和现实意义。在此基础上界定本研究的研究目标、研究内容、研究框架与技术路线。同时根据研究内容和技术路线初步介绍了本研究用到的研究方法。

第2章是理论基础与文献综述。本章首先介绍了社会比较理论、地位差异理论、团队多样性理论、合作与竞争理论、团队IPO模型以及领导理论和冲突理论

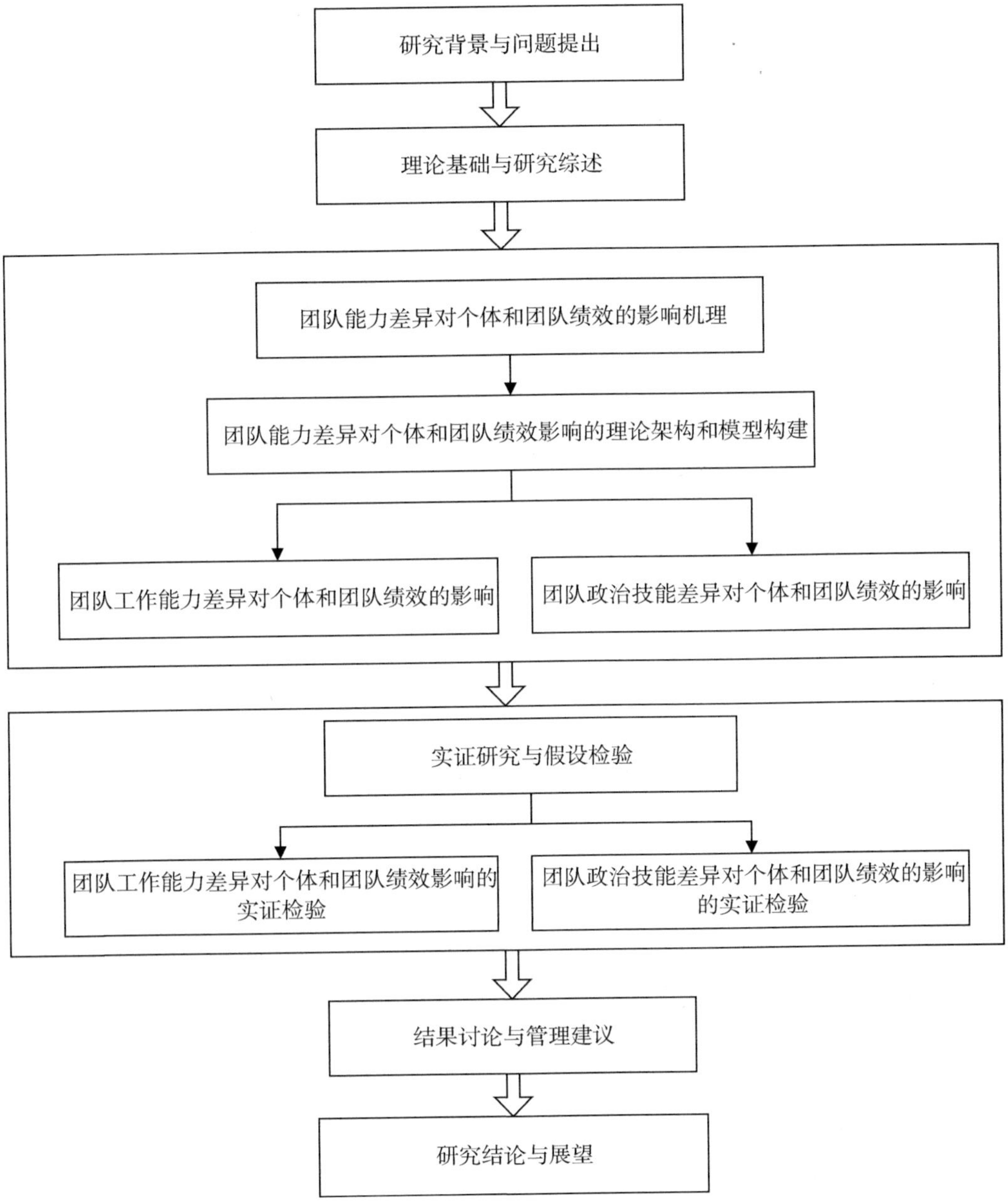
研究背景与问题提出
理论基础与研究综述
团队能力差异对个体和团队绩效的影响机理
团队能力差异对个体和团队绩效影响的理论架构和模型构建
团队工作能力差异对个体和团队绩效的影响
团队政治技能差异对个体和团队绩效的影响
实证研究与假设检验
团队工作能力差异对个体和团队绩效影响的实证检验
团队政治技能差异对个体和团队绩效的影响的实证检验
结果讨论与管理建议
研究结论与展望

图 1.1 研究的技术路线

的内在含义，为后文提出的基于社会比较和地位差异视角的团队能力差异影响个体和团队绩效的跨层次模型构建提供了坚实的理论依据。然后从团队成员能力相关研究、团队多样性和团队差异性相关研究、团队冲突、团队绩效相关研究、团队目标相依相关研究以及上述各变量关系相关研究方面对国内外文献进行了回顾与述评。内容包括地位差异视角的团队多样性、社会比较视角的团队差异感知结果、合作与竞争目标对团队过程和团队结果的影响以及领导在团队冲突管理中的作用等，在文献分析的基础上发现并总结了现有研究的不足。

第 3 章是团队能力差异对个体和团队绩效的影响机理分析，在此基础上提出研究假设并构建理论模型。首先基于第 2 章的文献综述提出团队工作能力差异和政治技能差异是影响个体和团队绩效的关键因素；然后分别探究团队工作能力和政治技能差异对个体和团队绩效的影响机理。接着对团队工作能力和政治技能差异与个体和团队绩效的关系及其作用机制和作用边界进行了理论推演，提出相应的研究假设并构建了团队工作能力和政治技能差异与绩效关系的跨层次理论模型。

第 4 章是团队工作能力差异对个体和团队绩效影响的实证研究。首先采用实验室行为实验探索团队工作能力差异与个体和团队绩效之间的因果关系，运用探索性和验证性因子分析对变量各题项的效度和信度进行检验，修正形成正式的测量量表，然后采用领导-成员配对问卷获取数据，运用 SPSS 和 HLM 等软件检验团队工作能力差异与个体和团队绩效的关系理论模型中提出的研究假设。

第 5 章是团队政治技能差异对个体和团队绩效影响的实证研究。首先采用团队领导访谈探索团队工作能力差异与绩效之间的因果关系，运用关键事件法对访谈数据进行编码与解码；然后运用领导-成员配对问卷方法对研究假设进行检验，运用 SPSS 和 Mplus 软件对变量各题项的效度和信度进行检验，运用 SPSS 和 HLM 软件检验团队政治技能差异与个体和团队绩效的关系理论模型中提出的研究假设。

第 6 章是本研究的研究结果讨论与管理建议。首先在总结本研究研究结果的基础上，对本研究的研究结果与前人的相关研究成果做出对比并进行分析和解释。然后提出本研究基于多方法交互检验得到的实证结果分别在个体、团队和领导三个层面如何有效管理团队成员之间的能力差异、如何设置合理的目标相依策略以及如何通过提升团队领导的政治技能来有效管理团队冲突，进而提升个体和团队绩效等一系列问题提供了管理建议。

最后是本研究的研究结论、研究局限和研究展望。在总结前文理论推演和实证检验结果的基础上总结本研究的主要研究结论。客观地分析了本研究存在的研究局限性和未来进一步研究的方向。

1.4 研究方法与研究创新

1.4.1 研究方法

1. 文献阅读法与访谈相结合的研究方法

在反复阅读中外核心期刊相关文献、分析其研究缺陷的基础上进一步通过对企业团队管理者和团队成员访谈确定本研究的选题以及理论模型中涉及的主要研究变量，为研究设计和模型构建奠定理论和实践两个方面的基础。

2. 实验室实验与档案调阅相结合的研究方法

前期设计的理论模型涉及团队成员工作能力的相关变量，此变量的数据难以通过传统的问卷调研获得，问卷获得的数据既不能准确测量团队成员的实际工作能力，也不能揭示其与中介变量和结果变量间的因果关系。因此本研究选择采用严格控制其他条件的实验室行为实验揭示其因果关系的前提下，调用组织档案中关于员工前期绩效和能力的数据，在后期的团队和个体绩效的测量上也采取调取档案绩效数据的形式，解决研究内部效度和外部效度的和谐统一问题。

3. 团队成员自评和团队领导他评相结合的问卷调研法

本研究涉及团队和个体两个层面的变量，单纯采用团队成员或者团队领导自评的问卷方法既会造成严重的同源偏差，也容易造成研究数据的不真实。基于此，本研究在问卷设计中，采用领导和成员问卷匹配的方法。团队绩效、个体绩效相关的数据由团队领导填写；团队成员政治技能数据由团队成员填写，然后进行匹配；团队冲突、领导政治技能、目标相依数据由团队成员进行填写，计算组间方差和组内方差，在探讨数据的组内一致性基础上向团队层面聚合。这一研究方法既减少了同源误差，也避免了问卷填写者由于主观偏见造成的问卷填写不真实的情况，能够很好地确保研究的效度。

1.4.2 研究创新

本研究以当前理论研究与现实探索中存在的重要问题为论文设计的依据，选择当前学术界急需解决和组织管理领域重点关注的团队问题作为研究目标，以对理论发展和实践推进有重要意义的团队多样性为研究主题，选题的学术性、现实性和紧迫性高度统一。在学术观点上，当前国内外学者对团队多样性的研究多从社会分类和信息决策两个视角展开，本研究根据学者提出的三种类型多样性的研究结论，选择被广大学者广泛呼吁却鲜有实证研究的社会比较和地位差异视角的团队多样性展开研究，关注的是团队工作能力和政治技能的差异性导致的地位差异对团队成员心理和情绪的作用，进而对团队冲突和个体绩效与团队绩效带来影响。

1. 在研究视角上突出了地位差异视角多样性的重要意义

团队多样性研究具有三个不同的研究视角，现有研究主要集中于社会分类和信息处理两个视角，忽视了对地位差异视角多样性的研究。本研究基于团队成员的社会比较心理，从差异性视角研究团队多样性对个体和团队绩效影响机制和作用边界，具有研究视角上的创新性。

2. 在研究对象上剖析了两种不同类型能力差异对个体和团队绩效的作用机制和作用边界

本研究认为团队工作能力和政治技能差异带来团队成员之间的地位差异，影响其合作与竞争关系，从而带来团队冲突，最终对个体绩效和团队绩效造成影响。本研究根据中国人的纵向个人主义价值观特点，通过团队目标相依和领导政治技能的调节，强化自变量对过程和结果变量的积极作用，弱化或缓解其消极作用，而这一问题在目前的学术界和现实中还未得到广泛重视和系统解决。因此本研究学术观点具有创新性。

3. 在研究内容上系统探索了团队管理体系中多个因素的共同作用

过往研究多从团队管理的单一视角展开研究，有的专门关注团队领导的作用，有的致力于团队多样性的研究，在对团队投入-过程-产出的研究中也多是选择单一层面的变量，缺乏领导与成员的交互研究，投入与过程的交互效应，对于团队宏观、中观与微观影响因素交互作用的研究更是缺乏。团队是一个复杂的系统，系统性研究的缺乏必将使得研究结论具有很多局限性。基于此，本研究模型中既涉及个体与个体、也考虑了个体与团队、成员与领导、投入与过程的交互作用，使得研究具有系统性，得出的结论也更具科学性。

4. 在研究方法上突破单一自陈式调研问卷的局限，确保了研究结论的有效性

过往对团队绩效相关问题的研究多涉及单个层次，采用团队成员自陈报告的方式收集横截面数据，既加剧了同源方差的危险性，也不能揭示因果效应。本研究采用实验室实验、领导访谈和领导-成员配对问卷相结合的方法，在揭示因果关系的同时，有效避免了同源误差。本研究采用从人力资源管理部门调取团队成员过往绩效数据来描述工作能力的方法，既使得数据具有纵贯序列特征，又实现了数据的准确性，确保研究结论的真实性。团队冲突和团队成员间的竞争与合作关系属于敏感性的问题，单纯的访谈或自陈问卷难以得到真实的结论，本研究设计的访谈与问卷匹配、自评与他评相匹配的研究方法更有利于获得真实有效的数据，有助于得到更加有价值的研究结论。

5. 在研究结论上将结果变量从单一团队层次延伸到了团队和个体两个层次

团队的多层嵌套性本质决定对团队问题的研究不能局限于单一层次。本研究同时关注团队和个体两个层面的变量，采用多层线性模型（HLM）对数据进行分析，将各个层面上的单一线性模型整合成嵌套的多层线性模型，既有助于获得更加无偏

的结论，也适应了当前文献中所呼吁的团队管理不仅应该关注团队绩效，也应该重视个体绩效和个体发展的呼声。

1.5　本章小结

本章是本研究的绪论，主要内容是根据现实和理论背景的需要发掘问题研究的必要性，提出本研究的研究问题，阐述本研究的理论和现实意义。然后阐明本研究的研究目标与研究内容、概念模型和基本研究框架，在此基础上介绍本研究的研究思路、技术路线。最后介绍了研究方法和主要创新点。

第 2 章　理论基础与文献综述

2.1　理论基础

2.1.1　社会比较理论

社会比较理论由 Festinger 于 1954 年提出，随后被不断地发展和完善[27]。社会比较理论认为，个体为了降低对自己的态度或者能力的不确定，往往会与他人进行社会比较[28-29]。团队成员之间的相互依赖使得他们彼此之间需要频繁的互动，在这一互动过程中，成员面对彼此的观点和能力差异时会自觉产生社会比较心理，即团队层面成员间的观点和能力的差异对其社会比较心理和行为具有影响。如果团队中有一个人比自己能力高很多，低能力者就会采取行动阻止高能力者获得额外成绩；如果团队中每个人的绩效都受到他人控制，人们往往采取行动改变团队成员的地位以减少能力不一致；如果绩效在一段时间轻微恶化，高能力成员将为提高他人绩效而贡献自己的时间和努力，使团队中有人接近或与自己相等。社会比较理论还认为，如果别人的能力与自己无可比性，则成员之间会导致地位差异和地位分层。

在社会比较理论的基础上，Patchen(1961)指出社会比较不是对一个对象的比较，而是对多个对象的同时比较[30]。最基本的比较对象可能是报酬，然而只有同时对次要比较对象(如能力、技能、资格和教育水平)进行比较时，对这一主要比较对象的比较才是有意义的。社会比较分为上行比较、下行比较和平行比较三种不同的类型，对应产生高人一等(BTA)和低人一等(WRA)两种不同的效应[31]。社会比较理论对理解团队中社会比较的效应具有较强的指导作用。团队能力差异以及由此产生的地位差异是团队成员产生社会比较思维的重要前因变量。能力较强的团队成员在对能力差异的感知中容易产生下行比较，能力较弱的团队成员在对能力差异的感知中则会产生上行比较。这两种社会比较思维必将对其工作动力、团队成员关系、团队冲突等产生较大影响。基于此，本研究认为社会比较理论对理清团队工作能力和政治技能差异对团队过程和团队结果的作用机理具有重要的理论指导意义。

2.1.2 公平理论

基于社会比较理论的观点，Adams (1965)提出了公平理论，即相对于自己获得报酬的绝对量而言，人们更加关注自己获得报酬的相对量，以判断其公平性[32]。公平理论认为，当人们感知到自己的报酬与贡献失调时，将会产生不公平感知，为了减轻或者消除这种感知，人们将会采取行动来恢复自己的心理平衡。当人们感知到自己获得公平报酬时，将会获得满足感，会有动力更加努力地工作。Adams认为工作场所的公平感知来源于员工将自己工作投入和产出进行比较以及将自己的投入/产出比与他人进行比较两个方面[32]。

在公平理论的基础上，Fehr和Schmidt (1999)提出了不公平厌恶理论，认为公平影响员工的工作动力进而对绩效有重要影响[33]。沿袭这一理论架构，Kölle、Sliwka和Zhu(2011)认为团队成员能力水平具有差异性，在团队工作过程中，团队成员会因为这种能力差异性带来的后果产生不公平厌恶倾向。他们通过实证研究得出结论：当团队成员之间能力有差异时，最优的决策是竞争性分配团队报酬，因为这可以促使不同能力的团队成员都付出更多努力，从而提升团队绩效；如果报酬分配没有足够差异，高能力者就会感受到不公平，团队绩效会显著降低[34]。由此可见，如果团队领导不通过有效的目标和报酬设计来管理团队能力差异，团队成员的不公平感知将会主导团队的情绪氛围，影响团队成员的工作动力和个体绩效，从而对团队绩效产生破坏性影响。基于此，本研究认为公平理论对于指导团队进行高效的目标设计、管理团队冲突和提升个体和团队绩效具有重要的理论指导意义。

2.1.3 合作与竞争理论

合作与竞争理论由美国学者Morton Deutsch于1949年提出[35]。他强调个体通过目标实现来促进个人利益提升，但是，对个体利益的追求并不妨碍团队成员间的集体协作和关系发展。团队成员对目标结构的感知决定了其互动方式，对绩效产生重要影响。这一理论后来被Johnson和Johnson (2015)阐述为一种理解团队成员共同努力、团队冲突和团队绩效的重要理论基础[36]。

团队合作与竞争理论最基本的前提假设是，团队成员对团队目标相依的理解决定了团队成员的期望、成员之间的互动和影响团队产出。Deutsch在完善这一理论的基础上提出了三种类型的团队目标相依方式[37]：合作性目标、竞争性目标和独立性目标。在合作性目标中，团队成员认为彼此之间的产出正相关，队友目标的实现有助于自己达到目标，团队成员和队友可以同时成功[38]；在竞争性目标中，团队成员认为彼此之间的产出负相关，团队成员通过牺牲队友的目标来达成自身目标；而在独立性目标中，团队成员认为自己的目标与队友的目标无关，队友之间缺乏彼此互助的报酬动力[39]。团队是一个成员之间相互依赖的组织，合作是团队存在的基础，建立在这种基础上的合作与竞争性目标相依必将对团队产生重要影响。因而，合作与竞争理论在指导概念模型构建方面具有基础性作用。

2.1.4　团队 IPO 理论

McGrath(1964)指出研究团队效率的投入-过程-产出(IPO)模型是进行团队问题研究的一个有价值的理论框架[40]。投入是指促进或者限制团队互动的因素，包含团队成员的个体特征(如能力、人格等)、团队特征(如任务结构、外部领导影响力等)以及情境因素(如组织设计特征、环境的复杂性等)，这些因素组合起来驱动团队过程，从而对团队的产出产生重要影响。Cohen 和 Bailiey(1997)基于团队的多层次嵌套本质通过分析环境因素指出情境是团队组成投入的驱动力[41]。也有学者指出 IPO 模型对不同类型过程和结果变量的混淆，许多影响或者传输投入对结果影响的变量并不是团队过程[42]。Cohen 和 Bailey(1997)对内部过程与团队心理特征进行了区分[41]；而 Marks、Zaccaro 和 Mathieu(2000)则认为团队过程涉及团队的行为，而其他中介机制则体现为团队成员的认知、动机以及情感状态[43]。由此可见，团队 IPO 模型实质是一种投入-中介-过程-产出(IMPO)模型(见图 2.1)。本研究的概念模型研究的是以团队工作能力和政治技能差异作为投入变量(I：input)、以团队任务冲突和关系冲突作为中介变量(M：mediator)、以个体和团队绩效作为产出变量(O：output)。因而，团队 IPO 模型是本研究重要的理论基础。

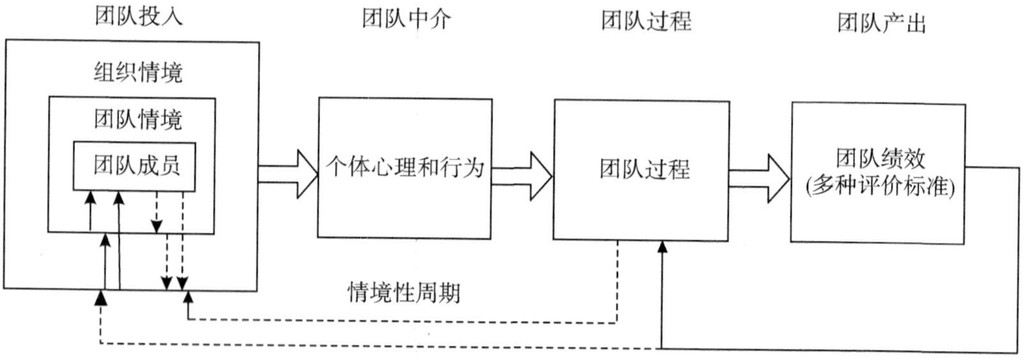

图 2.1　团队 IMPO 模型

2.1.5　地位分层理论

地位是指团队成员的个人优越感、声望和影响力在其他团队成员眼中的表现形式[44]。团队成员之间的特征和拥有的相关资源或信息出现差异时，团队成员之间就出现了地位差异。这种差异导致的地位分层和社会差序会对各种团队过程和团队成员的行为以及团队绩效产生重要影响[45]。

根据 Frank(1984)提出的地位理论，团队成员之间相对利益的比较是地位的主要来源[46]。Anderson 和 Kilduff(2009)认为团队内的地位建立在对团队成员的专业技能和能力判断的基础之上，团队成员被他人感知到越能干，其社会地位越高[46]。而 Loch、Huberman 和 Stout 则指出，团队成员的地位既取决于团队成员对团队产出的贡献，也取决于其非生产性社会活动的政治手段[25]。社会分层理论认为，团队中的地位差异主要指团队成员地位的不均衡分布，进而创造一种等级秩序以区分不同地位的团队成员。团队内的地位差异是一种普遍现象，而且不可避免，团队内的地位差异对团队绩效的影响取决于地位的真实性、合法性和稳定性[21]。地位差异如果不合法，则会激起低地位团队成员的不公平感知，造成各种形式的不合作行为。高地位成员和低地位成员心理和行为的不一致必将导致团队冲突，降低团队绩效。团队工作能力和政治技能差异是地位差异的来源，这种差异可能给团队成员带来不公平感知和负面情绪，必将对团队过程和团队绩效带来重要影响。基于此，本研究认为地位分层理论对理论模型的构建与实证研究具有一定的指导意义。

2.1.6 领导权力理论

领导权力是指领导运用自身能力和技能影响下属态度和行为的能力[47]。French 和 Raven 认为领导的权力来源于法定权力、奖赏权力、强制权力、参照权力和专家权力五种权力。其中，专家权力是指领导有效发挥自身优势，通过运用为下属所公认的能力、技能、才华或者专业知识来影响其态度和行为，从而达到所在组织(团队)良好绩效的目的[48]。领导的政治技能是一种专家权力，领导通过自身的网络能力、人际影响、社交敏锐性和表现真诚来影响下属的行为，加强正面要素的积极作用，减弱负面要素的消极作用[49]。

基于专家领导权力理论，本研究认为领导的政治技能在促进团队任务冲突的积极作用和减弱关系冲突的消极效应方面具有重要作用。因而领导权力理论成为本研究的理论基础之一。

2.2 文献综述

2.2.1 团队能力差异

2.2.1.1 团队多样性

1. 团队多样性的定义与类型

团队多样性是指团队成员之间个人特征的差异性程度[50]。Hambrick 和 Chen

(1996)将多样性定义为团队成员特征的方差[51]。多样性是团队的典型特征，得到了组织行为和心理学领域大量学者的广泛关注。团队成员之间的个体特征差异体现在各个不同的方面、表现出各种不一的特点[52]。不同属性的多样性对团队过程和团队结果的影响各不一样，因而学者们多选择一种或者几种类似属性的多样性展开研究。

为了更全面地探索各种类型多样性的作用机理，有学者开始从不同的角度将各种不同的多样性属性进行了归类并系统探讨某一类型多样性属性对团队过程和团队结果的影响。在对既往文献进行分析的基础上 Jackson(2003)根据多样性与任务的相关性将其划分为任务取向(task-related)多样性与关系取向(relations-oriented)多样性；根据多样性属性的可观察性将其划分为易观察的(detectable)和潜在的(underlying)多样性。他认为关系取向的多样性主要包含年龄、性别、种族；任务取向的多样性包含工作所需的知识、技能和能力[53]。他的这一分类成为后期学者对多样性进行划分和研究的主要依据。

虽然大量学者从不同的视角对各种类型的多样性展开了大量研究，一个主要的局限在于大家都忽视了两个至关重要的多样性属性：地位和特殊技能[53]。事实上，地位和权力经常被用来解释多样性的作用机制。然而，到目前为止，鲜有文献探讨团队成员由于特殊技能或者权力差异导致的地位差异的作用机理及其后果。虽然大量学者承认团队成员技能和能力对团队和个体绩效具有决定性作用[54]，但是目前关于团队多样性与团队绩效的关系研究中却忽视了对能力和技能相关多样性的研究，这对于理解团队多样性与绩效的关系显然是远远不够的。

2. 团队多样性的研究现状

团队多样性是指相互依赖的团队中成员个体特征的分布[53]，团队多样性既是一种组成[55]，也是一种分布[56]。团队多样性引起团队成员对自己和他人差异性的感知，对其工作动力和工作效果带来影响[50]。不同类别的团队多样性对团队过程和团队结果的影响差别很大[17]。学者们从不同的角度展开了关于团队多样性对团队绩效影响机制和作用条件的研究。然而，通过文献回顾我们可以发现，截至2015 年，大部分关于团队多样性的研究仅局限于对年龄、教育、国籍等浅层多样性的研究。自 Harison 等学者以时间为调节变量指出团队成员共事时间越长，深层多样性对互动的效应越强，团队成员共事的时间越短，浅层多样性对互动的效应越强这一全新观点[17]，对深层多样性的研究成为团队多样性研究中的支配性研究问题。在这些研究的基础上，学者们提出了实证研究团队多样性的两个视角：社会分类视角和信息决策视角。比较一致的结论是社会分类视角的多样性会引发更多冲突、更少认同和承诺以及更少绩效；信息决策视角的多样性带来更多与任务相关的能力、知识和技能，带来更多创造性，从而提高团队绩效。也有学者整合了多样性的两类分析视角，建立了分类阐述模型(Categorizaton-elaboration Model，CEM)，探讨团队多样化的作用机制和作用边界[20]。然而这些研究多从一个视角进行研究，得出的结论很不一致。

3. 团队多样性的研究视角

针对既往研究中团队多样性对团队过程和团队结果的不一致研究结论，大量学者试图从不同研究视角进行解释。如Cox(1994)认为虽然某一方面的团队多样性对团队成员的态度和行为以及团队绩效有影响，然而，团队中的多样性对绩效的影响却是各种不同多样性共同作用的结果，单独研究某一种多样性得出的结论难免有偏差[57]；Jackson(2003)指出浅层多样性通过影响深层多样性对团队成员的心理行为造成影响，进而对团队绩效产生影响[53]。社会分类视角对团队的浅层多样性的研究忽视了其对团队深层多样性及其后果的影响，同时这一视角也忽视了团队成员关系对个体心理的作用。同样，信息决策视角对团队深层多样性的研究，忽视了浅层多样性的作用，因而得出的结论并不全面。Jehn、Northcraft 和 Neale(1999)是少数揭示不同类型多样性之间交互作用的学者，他们的研究结论表明只有当社会分类视角的多样性程度高时，信息视角的多样性才对团队效率有负向影响；当社会分类视角多样性程度低时，信息视角的多样性不会影响团队效率[58]。学者们基于当前对团队多样性研究结论的不一致性，认为这源于团队和团队所在组织情境或者任务类型具有差异性，因而从不同的角度提出了两者关系的调节变量。

大量学者试图从不同的角度解释团队多样性对团队过程和团队绩效正向和负向同时存在的研究结论。Harrison 和 Klein(2007)在全面分析前人研究成果的基础上，提出要精确回答团队多样性对团队过程和团队结果的作用效应必须对多样性这一概念进行更深入的探讨和重新定义。他认为虽然大量学者采用“多样性”以及其同义词“异质性”“离散性”等说法，但是关于多样性精确的定义并不明晰。在分析社会分类(相似性吸引)和信息决策视角的团队多样性对团队过程和团队结果影响结论不一致的基础上，他们提出了第三个理论视角：社会比较视角[17]。这一视角建立在分配公平理论[30]、锦标赛理论[59]和地位分层(地位特征)理论[60]的基础上，强调团队成员之间的相对比较和地位差异，认为团队成员之间的工资或者其他象征着威望或者地位的有价值资源(资产)多样性导致内部竞争、压制建言行为、降低沟通质量、破坏人际关系。他们认为团队中多样性表现为分离性、多样性和差异性三种不同的形式，对团队绩效产生不同的影响[17,23]。分离型多样性是指团队成员之间观点和立场的不同，反映的是不同团队成员在某一特定的态度或价值观方面的水平距离。多样型多样性指的是团队成员之间在知识、信息或经验上的类别或种类的差别。差异型多样性反映的是资源或者社会资产在团队成员间的集中程度或垂直差异。三种类型的多样性的含义、操作性定义有差别，测量指标也各不相同，因而对结果变量的影响差别很大。他们认为这是多样性研究结论不一致且难以整合的主要原因。表2.1详细展示了三种类型多样性的含义、包含的具体属性、理论基础以及结果变量。

Harrison 和 Klein(2007)还认为多样化程度不一也是导致过往研究结论不一的原因。为了解决这一问题，他们将三种视角的多样性划分为三种不同的程度：最低限度的多样性(minimum diversity)，即团队成员之间在某种属性上没有任何差异；最大限度的多样性(maximun diversity)和中等程度的多样性(moderate diversity)表达的含义则依据多样化属性的理论视角而有所差异[17]。图 2.2 展示了三种不同程度的分离型、多样型和差异型多样性的表现形式。我们可以发现地位差异视角的团队多样性与信息视角和社会分类视角的多样性不仅在实际意义上有截然区别，而且在对团队过程和团队结果的作用机理上也存在不一致性。

表 2.1　　团队多样性的研究视角

多样性研究视角及对应类型	含义	属性	预期结果	理论基础
社会分类视角：分离(separation)	观点、立场、信念、态度等的不一致与差别	与团队目标和团队过程相关的观点、立场、态度、价值观、信念	降低凝聚力、增加关系冲突、不信任、降低工作绩效	相似性吸引、社会分类、吸引、选择和归因(ASA)
信息视角：多样(variety)	具有信息独特性的不同种类的知识、技能和经验	技能、职业背景、不重复的网络关系、行业的从业经验	增强创造性和创新性、更高的决策质量、更多的任务冲突、提高组织的灵活性	信息处理理论、多样性必须原理和变化、选择、保留理论(VSR)
地位差异视角：差异(disparity)	团队成员拥有的资产、资源、价值等的不平等或相对集中、非正态分布	工资、收入、声望、地位、决策权威、社会权力等	更多的组织内竞争、报复行为、减少团队成员的投入	个别不平等与不公平理论、地位等级理论、锦标赛理论和社会分层理论

资料来源：作者根据国内外文献综合整理。

2.2.1.2　团队能力

团队能力是指能够确保团队成员顺利有效完成团队任务的实践技能或专业知识的集合[61]。团队成员能力的组合，是团队核心竞争力的重要来源[62]。根据团队成员的能力构建有效团队是确保团队绩效的制胜法宝。国内外学者对于能力概念的界定和测量还存在很多不一致的意见。Bass (1982)指出能力包含两种类型，一种是处理各种具体问题的与任务相关的能力，另一种是与天赋相关的一般能力，包含人

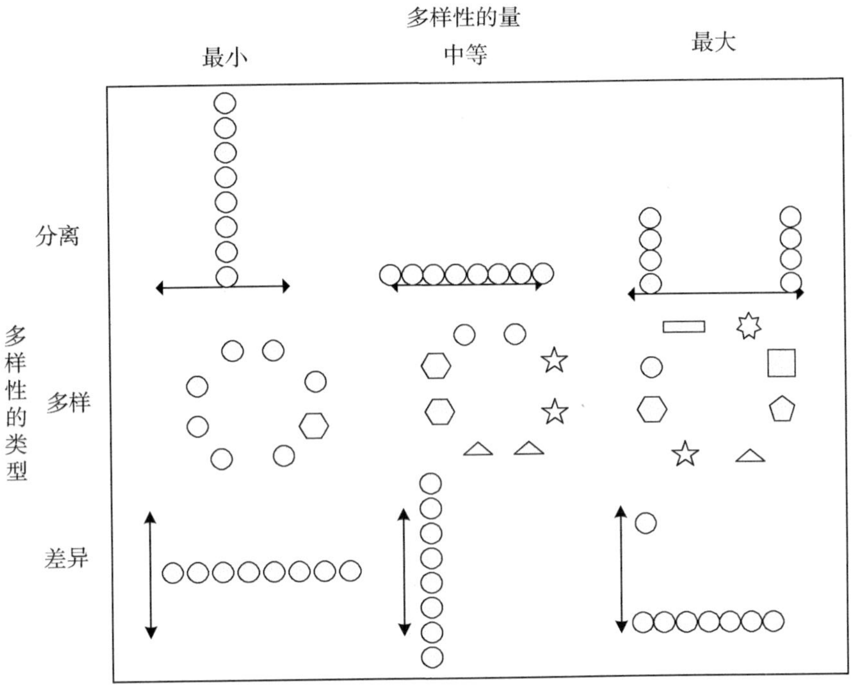

图 2.2 团队内不同类型多样性的数量表示

格特性以及其他个人内在赋予的能力[63]。根据文献梳理，我们发现前者主要体现为团队成员为达成目标必备的工作能力，后者表现为团队成员在工作中通过一定技巧对他人施加影响以促成目标实现的政治技能，两种类型的能力都对个体和团队绩效具有重要影响。

1. 团队工作能力

现有关于能力的研究更多关注认知能力，认知能力是个体处理信息和学习的能力[64]，认知能力对于个体新事物学习和新颖问题的解决非常有价值[65,66]。在个体的技能习得阶段，认知能力是绩效的一个很好的预测变量，然而随着个体技能的获得，任务相关的工作能力对绩效的预测能力更强[65]。在大多数情况下，团队成员的认知能力与团队绩效并不相关[67]。然而现有研究多关注团队成员的认知能力，强调任务相关工作能力的研究非常缺乏，其主要原因在于关于任务相关工作能力的数据获取难度很大。事实上，团队成员与任务相关的工作能力在各种情形下对团队绩效都有很强的预测功能[68]。在少数关于任务相关工作能力与团队绩效关系的研究中，学者们采取在实验之前测试团队成员的个体能力，实验中测试团队成员个体绩效和团队绩效的办法来验证个体能力与绩效的关系。另一些研究则倡导通过员工档案中的过往绩效数据来获取团队成员的个体能力[21]。这两种数据获取方法都具有科学性和可操作性，然而却鲜有真正付诸实施和研究。鉴于此，本书拟采取实验室实验和调用档案数据相结合的数据获取方法，获取团队成员与任务相关的工作能力数据并依据研究目的展开相应的研究。

2. 团队政治技能

大量研究表明，政治技能是确保个体有效完成任务的重要能力资源[69]。关于政治技能的定义经历了一个不断完善的过程。Mintzberg 指出政治技能是通过说服、控制和协商的方式对他人施加影响的能力[70]。Brass 和 Burkhardt 则认为政治技能是个体的一种与他人有效互动的特殊能力[71]。目前广泛采用的政治技能定义是 Ferris 等 2005 年提出来的，他们认为政治技能是个体在工作中有效地理解他人，并运用这种理解去影响他人，使他人以能够实现个体目标和组织目标的方式与行动的能力[49]。精于政治技能的个体在人际互动中凸显出真诚和真实的特征，往往更擅长于理解社会环境、影响他人使其追随自己，擅长社交网络和社会资产的建立。王洪青和张文勤(2012)认为政治技能是一种重要的人际交往能力，对个体在一定环境中实现目标具有重要作用[72]。Ferris 等认为，政治技能不仅是一种个人能力，也是一种个体资源[73]。大量实证结论表明，员工的政治技能正向影响其工作绩效，政治技能与员工的职业成功具有显著正相关关系[74]。

Ferris 等提出作为社会技能认知-情感-行为结构变量的政治技能包含内在心理、人际交往和团队过程在工作环境中的影响[73]。政治技能包含洞察力、控制、亲切和积极影响几个维度，对促进工作中的人际互动具有积极的正向影响。政治技能与员工收入水平、权力地位、声誉和绩效正相关[75]。

鉴于政治技能对员工绩效和领导绩效的重要意义，广大学者呼吁要进一步在不同的环境中对政治技能的结果变量展开研究[72]。然而政治技能作为一个比较新的研究变量，在理论和实践上还未引起足够的重视。事实上，团队是由多个利益主体组成的多层嵌套结构系统，团队中充斥着个体利益与个体利益的竞争，存在个体利益与团队利益的博弈与平衡，甚至还包含着团队与更高层次组织结构之间利益的平衡。人际互动质量成为团队有效性的重要预测指标。而政治技能则是人际互动的重要前因变量[76]。在团队这样一个复杂而充满政治意味的工作单元中，领导和团队成员的政治技能不仅对自身发展和职业成功具有重要影响，而且也对团队其他变量之间的关系具有显著的调节作用，因此必须在理论和实践两个方面引起足够的重视。

2.2.1.3　团队差异

van Dijk 和 van Engen(2013)指出，目前对团队多样性的研究集中在分离和多样方面[22]，忽视了团队中与能力和地位相关的多样性(差异性 disparity)。事实上，团队的差异型多样性与多种团队过程、团队行为和团队结果息息相关[21]。漏掉或者忽视对与地位相关的团队差异型多样性的研究对于理解团队多样性的过程和结果是有缺陷的[77,78]。然而，目前关于团队差异型多样性对团队绩效影响的研究非常缺乏[13]。

学者们对与地位相关团队差异型多样性展开了相关的理论研究[21,78,79]，其核心观点认为团队成员之间的差异型多样性(简称差异性)会影响成员在团队中的相对地位，影响团队过程和团队绩效。地位是指团队成员的卓越性、威望和他人眼中的影响力[44]。团队成员之间的地位差异来源于对其经验和能力的判断，一个成员被其他成员感知到能力越强，则其地位越高[80]。团队成员之间的这种地位差异深入到团队管理的关键过程，是影响团队过程和团队结果的核心问题，对于全面理解团队多样性和团队绩效之间的关系至关重要[21]。自2013年以来，有学者开始关注地位差异视角的团队多样性并从理论上呼吁对此展开深入研究[17,21,23]，然而至今关于此问题实质性的研究还相当缺乏，尤其是实证方面的研究少之又少。忽视这一视角的研究将难以深入回答团队多样性管理中诸如"团队成员怎样才能知道如何评价团队的信息""当团队成员间不能达成一致意见时，团队成员该如何决策"等重要问题，因此从地位差异视角研究团队多样性(差异型多样性)与个体和团队绩效的关系显得尤为重要。

差异是指团队成员拥有的有价值的资源或资产集中程度的垂直差异[17]。这一视角建立在分配公平理论[30]、锦标赛理论[59]和地位分层(地位特征)理论[60]的基础之上。尽管有价值的资源呈现不均衡性分布是组织的典型特征，但是在组织行为领域的理论和实践中提到差异性与绩效关系的研究却少之又少。广大学者普遍认为，地位、权力和工资差异引发竞争、分化和成员之间的异常行为[81,82]。差异也可能会促进成员间的一致性、引致沉默和退出行为[83]。工作单元内涉及与地位和权力等级相关的差异理论和实践也很普遍。当团队中的差异达到最大值时，团队中的一个成员的地位高于其他所有人，他/她拥有团队大部分甚至全部资源。Eisenhardt和Bourgeois(1988)关于高管团队(TMT)战略决策过程的研究就是一个典型的例子，当CEO的权力超过了其他所有高管成员时，团队中的权力差异就很大。CEO控制了所有的信息，而其他高管成员则处于一种联盟和叛乱行为，最终降低团队绩效[84]。这些团队层次的结论证实了个体在团队中地位存在差异和这种地位差异具有重要影响这一研究结论[85]。将上述研究成果推广到组织中的团队，我们可以发现，团队成员间差异性强调团队成员之间的不平等和相对比较，团队成员之间的差异性(包含工资以及其他一些与声望和权力相关的有价值的资源)会导致团队成员之间的内部竞争，导致建言行为抑制、沟通质量降低和人际关系破坏。差异视角的多样化也体现为非对称性，强调团队成员持有或收到资源的数量、比例或共享程度具有非均衡性，资源在团队成员之间分布不均衡，一些成员持有较多的资源，而另一些成员持有的资源则相对较少。团队成员之间资源持有的差异性将导致许多重要的后果，如更少成员愿意沟通。因此，显著的差异性将会通过分散团队成员对关键任务的注意力和阻碍信息沟通降低团队绩效。

2.2.2　团队冲突

2.2.2.1　团队冲突的含义与影响因素

团队冲突是指团队成员对彼此之间不协调或矛盾的感知过程。团队冲突包含任务冲突和关系冲突。任务冲突是指团队成员之间就任务完成方案的选择发生的争论，关系冲突则源于团队成员之间与团队职能和目标无直接关系的人际摩擦[86]。任务冲突与团队成员之间由于观点不一致导致的认知差异有关，关系冲突则与人际讨厌或者不喜欢导致的情感差异有关[87]。学者从不同的视角对团队冲突的前因变量展开了研究。如 Amason 和 Mooney(1999)认为高管团队的过往绩效对任务冲突和关系冲突均有影响[88]。Chen、Qin 和 Vogel(2012)指出合作性回应正向影响团队任务冲突[89]。高管团队的规模和互动规则对任务冲突和关系冲突均有影响[87]。陈权(2013)认为情绪智力是高管团队冲突的重要前因变量[90]。更多的研究则表明，团队多样性是团队关系冲突和任务冲突的重要前因变量。一项来自于中国情境的元分析显示，深层多样性与团队任务冲突和关系冲突正相关，而表层多样性则与团队冲突不相关[91]。Chuang 和 Zikic(2004)通过回顾和总结过往研究，得出团队的年龄、性别、种族、工龄和职能背景多样性都会引致团队内部冲突的结论[92]。Jehn(1999)和他的同事们通过五个大型研究总结了团队多样性与冲突的关系：团队成员的工作经验、教育培训和技能等信息视角的多样性正向预测团队的任务冲突，而性别、年龄和种族等社会分类视角的多样性正向影响团队关系冲突[93]。Dewit(2008)通过对 178 个研究中的 20000 个团队进行元分析验证了信息视角的多样性正向影响团队任务冲突的结论[94]。

从上述文献回顾中我们可以发现，不同类型的团队多样性对两种类型团队冲突的作用机理具有差异性，一些类型的多样性属性对团队任务冲突具有重要影响，而与团队关系冲突无关；与之相反，另一些类型的多样性属性对团队关系冲突具有重要影响，而与团队任务冲突无关。因此，探索团队多样性对团队冲突的影响应该关注不同类型多样性属性的作用过程，分清楚其究竟作用哪种类型的团队冲突，厘清其作用机理和作用边界。

2.2.2.2　团队冲突的结果

团队冲突不仅对团队决策质量、团队满意度、团队承诺等团队近端产出具有一定影响[95]；同样对团队远端产出如团队绩效、团队情感氛围等具有重要影响[96]。

团队冲突不仅对团队结果产生影响，而且对团队成员个体绩效[97]、个体情感、个体效能和结果期望[98]等有重要影响。然而现有研究关于团队冲突结果的结论却不太一致。Schwenk(1990)认为团队冲突有助于增强对团队未来绩效的预测，加深团队成员对备选方案的理解从而提高对方案的评价水平，团队冲突有助于提升团队的系统性质疑，促使团队成员付出更多的认知努力做出质量更高的团队决策[99]。与之相反的是，Schweiger、Sandberg 和 Ragan(1986)认为，团队成员对团队冲突多持负面评价，觉得团队冲突降低团队未来的决策质量[100]。

基于对以往研究的分析，Passos 和 Caetano(2005)认为对团队冲突的结果分析需要分清楚团队冲突的类型[101]。团队任务冲突促进了团队成员思考多种观点的能力、提高了其关键思考力和对决策有效性的感知，对团队产出产生积极的影响；团队关系冲突由于增加了团队成员对人际冲突的感知，减少其对团队任务的关键思考和团队成员的信息处理能力，对团队产出带来负面影响。不同类型团队冲突对团队和个体层次的影响，如表 2.2 所示。

表 2.2 **不同类型团队冲突的结果**

冲突类型	个体影响	团队影响
关系冲突	注意力分散	降低团队合作和诚意
	浪费时间	降低沟通和理解
	浪费努力	团队关注解决矛盾和打击报复
	限制任务过程	降低团队评估有效信息的能力
	降低评估有效信息的能力	
	降低忠诚度	
任务冲突	由于受到挑战而增加努力	增加不同的观点和备选方案
	增强异质性信息的处理能力	增加对备选方案的关键思考和评价
	增强任务关注度	增强沟通
	增强焦虑和压力感	增加信息分享
	增加个体信息量	加强问题识别和问题解决

资料来源：作者根据 K. A. Jehn、C. Bendersky 所著 *Intragroup Conflict in Organizations: A Contingency Perspective on the Conflict-Outcome Relationship* 一文的观点整理。

2.2.2.3 团队冲突与绩效的关系

团队任务冲突和关系冲突两种不同类型的团队冲突对团队绩效的影响机理和影

响效应有差异，因而引起了大量学者的广泛关注[102]。

大量的实证研究证明团队关系冲突对团队产出具有负向影响[97,103]。De Dreu 和 Weingart 通过元分析也证实了这个结论[104]。关于团队任务冲突与绩效关系的研究结论则缺乏一致性。虽然多数研究认为团队任务冲突对团队信息处理、团队创意和团队问题解决方案具有积极的作用[104,105]，因而对团队绩效和团队创新有积极的影响[86]。但也有研究提出了团队任务冲突可能会增强团队关系冲突，从而通过降低团队成员之间的信息处理机制对团队绩效产生不利的影响[106]。

鉴于现有研究结论的不一致性，本研究觉得有可能存在一定的情境变量强化或者抑制了团队任务冲突和团队关系冲突对团队绩效的影响，因此深入探索团队任务冲突和关系冲突与团队绩效的关系以及这一关系的作用边界显得特别重要。现有文献中对于如何增强任务冲突的正面效应以及降低关系冲突负面效应的研究不多。近年来，有学者开始关注从不同方面寻求团队冲突与团队产出之间的调节变量。如赵可汉和贾良定(2014)认为团队中庸思维和领导成员交换关系对团队关系冲突的负向作用具有抑制作用[107]。Kuhn 和 Poole(2000)及 De Dreu 和 Van Vianen(2001)认为，团队的管理风格影响团队冲突对团队产出的效应[108-109]。

Jehn 和 Bendersky(2003)在总结大量关于团队冲突研究成果的基础上构建了关于团队冲突调节变量类型的冲突-结果调节模型(Conflict-outcome Moderated, COM)[110]，将影响团队冲突和团队绩效关系的调节变量分为四类，第一类变量对冲突的积极效应和消极效应均有增强的作用，称为放大型调节变量；第二类变量对冲突的积极效应和消极效应均有减弱的作用，称为抑制型调节变量；第三类变量降低冲突的消极作用，增强冲突的积极作用，称为改良型调节变量；第四类变量增强冲突的消极作用，降低冲突的积极作用，称为恶化型调节变量。四种类型调节变量包含的具体内容如表 2.3 所示。

表 2.3　**团队冲突与绩效之间关系的调节变量**

调节变量类型	具体变量及含义
放大型调节变量	团队目标相依：团队成员感知到的目标相互依赖性
	团队多样性：团队成员之间个人特征的差异性程度
	可接受的团队规则：团队成员必须遵循的团队规章、制度和行为风格
	协作性冲突管理过程：促进团队成员协作的团队冲突管理方式
抑制型调节变量	任务惯例：团队成员之间的互动模式
	基于权力的冲突解决方案：自上而下的冲突处理模式

续表

调节变量类型	具体变量及含义
改良型调节变量	积极情感：具有正能量的情感
	基于利益的第三方机构：团队主体之外的利益分享者
恶化型调节变量	消极情感：具有负能量的情感

资料来源：作者根据文献资料整理。

从上述分析来看，目前关于团队冲突与绩效关系调节变量的研究多着眼于团队成员之间的互动、团队管理模式、团队成员的情感等方面，从团队领导方面进行探讨的研究成果非常有限。事实上，团队领导作为团队的主要管理者，对团队的目标相依、团队多样性的处理、团队规则、任务惯例、团队冲突管理等各方面都具有重要的影响，影响这些方面的团队领导水平多与政治技能的方方面面息息相关。基于此，本研究选择团队领导的政治技能作为调节变量，以探索领导政治技能在团队冲突管理中的重要作用。

2.2.3 团队目标相依

团队成员感知到的目标相依决定彼此之间的互动模式进而影响团队绩效[35]。团队的目标相依性有合作性目标、竞争性目标和独立性目标三种不同的形式[8]。现有研究认为合作性目标促进团队内建设性争论，提升团队绩效，竞争性和独立性目标阻碍建设性争论从而降低团队绩效[111]，团队合作目标促进利益互动，提升团队绩效[112]。合作目标与心理安全正相关，竞争目标与心理安全负相关[39]。

从现有研究结论可以看出，几乎所有研究都强调合作性目标的积极作用和竞争性目标的消极作用。然而合作性目标也有可能导致搭便车和社会散漫行为[2]，在合作性学习中，高能力者的绩效将会受到限制[113]，因为合作性稀释了其在团队中的责任，进而降低了团队绩效[79]。竞争性目标在某些情况下也会对团队绩效产生积极的影响[114,115]。比如，竞争性目标促进团队成员努力工作，提升个体绩效[116,117]，竞争性目标也可能促进团队成员为实现团队目标努力工作，提升团队绩效[25]。事实上，有研究证明西方发展起来的合作与竞争理论在中国并不完全适用[118]。合作与竞争理论的基本前提是，目标结构方式决定个体接触方式，进而决定结果和产出；目标结构的合作性与竞争性可能导致个体促进或阻碍他人的成功[35]。而个体的接触方式与其价值观有很大的关系，中国人奉行集体主义价值观和纵向个人主义价值观，而且纵向个人主义更强[119]。在追求利益的过程中区别于西方人的绝对利益思想(最大化个人利益)，更多地强调利益的相对等级(希望自己比别人好)，因此表现出来的人格倾向是竞争性人格与合作性人格倾向并存[117]。

因此，研究中国情境下合作性目标对团队绩效产生消极作用和竞争性目标对团队绩效产生积极作用的边界显得特别重要。

2.2.4　团队绩效

2.2.4.1　团队绩效的评价标准

Hackman(1987)将团队绩效定义为团队的产出达到或者满足既定的绩效标准。他强调有效的团队必须保持或提高团队成员共事的能力[16]。根据研究目的需要，团队绩效的评价标准分为主观标准与客观标准、内部标准与外部标准。其中主观评价标准包含对团队成员和团队领导的感觉或者感知的评价[120,121]。客观标准采用财务、生产或人力资源数据来评价团队的绩效。过往研究显示，研究人员更多地采用主观标准来评价团队绩效。

Bailey(1997)最初采用主观标准来评价团队绩效，通过问卷测量团队成员对团队管理和工作支持各方面的感知以及团队成员对收入及与主管关系的满意度来评价[120]。该研究也测量了团队项目对团队成员知识、技能及团队的总体绩效。Hyatt 和 Ruddy(1997)同时采用主观和客观标准对团队绩效进行评价。主观评价标准包含沟通、规则、角色、工作团队支持、信任、目标承诺以及团队工作信心；客观标准则包含回应时间、损坏百分比和维护时间[121]。团队绩效的内部评价标准关注团队成员对团队绩效的看法[120,121]；外部评价标准则依赖于顾客、组织领导和经理等个体对团队绩效的分析，该方法区别于团队成员自陈式的评价。

现有研究中也有采用其他测量标准评价团队绩效的做法。如 Cohen 和 Bailey(1997)将团队绩效的评价标准分成三类：绩效、态度和行为[41]。纵观过往研究可以发现，团队任务绩效是组织行为和人力资源管理文献广泛采用的评价标准[122]。在总结大量研究的基础上，Mathieu 等根据研究层次将团队绩效分为组织层面的绩效、团队行为和产出以及基于个体角色的绩效表现[4]。

综上所述，团队绩效的最优评价方式是内部与外部、主观与客观、个体与团队多重标准的整合，这种评价方法将为团队绩效评价提供最均衡、最完整的体系。

2.2.4.2　团队绩效的影响因素

团队绩效行为和绩效产出主要受到团队的投入、团队过程和团队状态三类变量的影响。团队过程分为任务工作和团队工作两类。从本质上来说，任务工作刻画了个体必须完成的达成团队目标的职能，而团队工作则是指团队成员之间的互动[123]。Marks 等(2001)将团队过程分为过渡、行动和人际关系三大类[43]。在过渡阶段，团队成员关注任务分析、计划、目标具体化以及战略形成等行动；在行动阶段，团队成员致力于目标的完成、过程和系统管理、团队成员的协调以及对同伴的管理和支持；人际关系阶段包含冲突管理、动机和信心的建立以及管理的影响等。团队状态是指随团队环境、投入、过程、产出动态变化的认知、动机和情感[124]。过往研究证实团队信心、团队授权、团队氛围、团队信任和团队共识等都是对团队绩效有显著影响的前因变量。团队投入变量则包含团队组成投入(包含平均属性的价值、多样化断层线、位置和地位、网络特征等)、团队层面的投入(包含依赖性、技术/虚拟、团队培训、团队领导和团队结构)、组织或者环境方面的投入(包含组织背景和环境背景两部分)[4]。

基于个体角色的绩效表现是指团队成员为完成工作而必须展现的能力[125]。Chen 和他的同事做了大量的研究来探讨团队是否有能力完成团队和组织赋予的任务[126]。然而这类研究最大的缺陷在于，团队成员对角色的把握具有时间动态性，目前具有时间序列特点的研究却相对不足，使得这一线研究得出的结论不具有较强的可靠性。

根据现有文献我们可以发现，大量学者对团队问题的研究都是遵循团队投入-过程-产出(input-process-output)或团队投入-中介-产出(input-mediator-output)的研究模式展开，在结果变量的选择上对具体绩效的关注较多，对情感反应的关注偏少；在预测变量的选择上，广大学者从各个方面展开了广泛的研究。但是到目前为止，关注团队成员相对位置和地位视角投入变量的研究比较缺乏，对团队成员人际关系互动过程投入变量的研究相对偏少。此外，大量研究重点研究的是组织层面、团队层面、个体层面某一方面的结果变量，集中关注多个层次并进行跨层次分析的研究还比较欠缺，鲜有同时从领导、个体、团队结构等多方面对团队 IPO 模型展开的研究。本书选择基于团队成员地位差异视角的投入变量和团队与个体两个层面的结果变量进行研究，同时选择团队目标结构和团队领导方面的特征变量作为调节变量，试图揭示构建地位差异视角多样性的团队 IPO 模型。

2.2.5 团队能力差异与绩效的关系

2.2.5.1 团队能力差异与个体绩效的关系

1. 团队工作能力差异与个体绩效的关系

团队成员在团队中的互动彼此相互影响，团队工作能力差异影响彼此之间的互动，对团队成员个体绩效造成影响。总体而言，在工作能力差异较大的团队中，高工作能力成员的个体绩效高于中等工作能力和低等工作能力团队成员的个体绩效[127]。但是工作能力差异对团队高工作能力、中等工作能力和低等工作能力三种类型团队成员绩效变化的影响差别却很大。对于低等工作能力的团队成员而言，研究结论相对一致，即低工作能力者能够向高工作能力者学习进而提升自己的个体绩效[127,128]。也有不同的观点提到，低工作能力的团队成员很难在简单工作任务中获得好处，但是他们在工作能力较强同伴的帮助下会表现得更好[113]。对于中等工作能力的团队成员而言，结论很不一致。Peterson(1982)指出工作能力差异阻碍其绩效提升[129]，然而Hooper等却认为不同能力水平的成员在工作能力差异较大的团队中都可以获益[113]。中等工作能力的成员在与高工作能力成员共事时比与中等工作能力或者低等工作能力成员共事时成绩提升更多[128]。因此，开展一些研究阐明这些不同效应的作用机制和作用边界显得尤为重要[113]。对于高工作能力团队成员而言，有研究指出工作能力差异对高工作能力团队成员有害[127]。由于低工作能力成员对高工作能力成员的阻碍作用[130]，高工作能力成员只有在与同样是高工作能力团队成员共事时才能提升自己的绩效[128]。Day等则认为由于工作能力差异造成的理解障碍使得高工作能力成员和低工作能力成员都无法从能力差异中获益[68]。另一些研究则指出团队工作能力差异与个体绩效的关系因情况而异，在多数情况下，团队工作能力差异对高工作能力成员的绩效具有阻碍作用，然而在合作情形下，高工作能力成员由于在向低工作能力成员解释的过程中加深了理解，使得自身的绩效得到提升[127]。

2. 团队政治技能差异与个体绩效的关系

政治技能对员工的职业成功具有较强的预测作用[131]。但是团队政治技能差异与个体绩效的关系的研究目前还相当缺乏。刘军等(2008)指出，员工的政治技能与领导员工关系(guanxi)正相关，拥有高政治技能的团队成员兼具良好人际互动和建立社会资本和关系网络的能力，能够让其在复杂多变的组织环境中灵活调整自己的行为，从而影响与控制他人[49,132]。从领导-成员交换关系差异理论研究结论中我们可以看出，团队政治技能差异会造成领导-成员关系的差异，形成圈内人和圈外人两类不同团队群体。从Liden等人研究领导-成员交换关系差异影响个体绩效的结论来看，对于处在低质量的领导-成员交换关系中的员工，团队中不同成员与领导关系差异越大，个体的绩效越高；而对于处在高质量的领导-成员交换关系中的员工，团队成员与领导的关系差异与个体的绩效的相关性不明显[133]。总体而言，政治技能差异将倾向于提升圈内人的个体绩效，降低圈外人的个体绩效。政治技能差异是团队中的普遍现象，不可避免，低政治技能的团队成员如何从这种差异中获得学习和进步的机会以提升个体绩效成为亟待解决的问题之一。团队成员间政治技能差异对不同政治技能质量的团队成员以及整个团队成员的个体绩效有怎样的影响以及影响机制和作用边界是亟待探讨的重要问题。基于此，本研究将从社会比较的视角深入发掘团队政治技能差异对个体绩效的作用机理，为团队管理理论和实践拓展新的研究路径。

2.2.5.2　团队能力差异与团队绩效的关系

1. 团队工作能力差异与团队绩效的关系

现有研究中关于团队工作能力差异与团队绩效关系的研究结论很不一致。一些学者认为工作能力差异意味着不平等和相对比较，因此会带来团队内部竞争，给团队过程带来损失，给团队绩效带来扰乱性的不利效果[23]。另一些学者则认为工作能力差异在有些情况下对团队绩效是有利的。团队成员之间的信息或者工作能力的差异越大，彼此之间学习的潜力就越大。由于受到同侪压力和团队规范的影响，工作能力差异可以通过提升团队成员努力工作的动力提升其个体绩效[24,25]。也有实证研究证实，在某些情形下，工作能力差异大的团队绩效超越了工作能力差异小的团队[67]；团队工作能力的分散程度(异质性或标准差)与团队绩效正相关[134]；团队工作能力差异正向影响各种不同的指标测量的团队绩效[124]。

部分学者采用反向测量方法研究团队成员间较小工作能力差异的影响，其研究结论也很不一致。Day 等的实证数据表明，由两个高工作能力成员组成团队的绩效超越了由一个高工作能力成员和一个低工作能力成员组成团队的绩效，因而认为低工作能力差异有利于团队绩效的提升[68]；而 Pisani 又认为，由两个高工作能力成员组成的团队能力差异小，所以会导致非建设性争论，从而降低团队绩效[135]。也有研究证明，由四个高工作能力团队成员组成的团队绩效低于三个高工作能力和一个中等或低工作能力成员组成的团队绩效[136]。甚至还有研究认为团队绩效与团队成员之间的能力差异没有关系[67]。这些研究一方面忽视了团队平均能力对团队绩效的影响，另一方面则源自不同的研究情境，因而得到的结论难以进行推广。

从上述文献分析中我们可以发现，团队工作能力差异与团队绩效的关系并不是简单的线性关系，它受到不同类型变量的调节，不同情形下，两者关系的差别很大，因此对两者关系的研究必须在一定的情形之下展开。

2. 团队政治技能差异与团队绩效的关系

关于团队政治技能差异与团队绩效关系的研究相对较少。在团队中，不同的团队成员处理人际互动关系的技能存在差异，因而必然存在政治技能上的差异。刘军等认为政治技能高的团队成员操纵自身与领导的关系，从而获取利益的机会更多。团队成员之间的政治技能差异导致领导对不同的员工区别对待，造成各团队成员运用政治技能争取利益和资源的程度存在差异，加剧了团队差序氛围[132]。而差序氛围对个别圈内人具有积极的作用，对大多数团队成员则具有消极作用。团队成员之间政治技能的差异导致团队合作被破坏、凝聚力减弱等负面后果，严重的可能出现团队成员的嫉妒和情绪反抗[134]。这些消极的后果会降低团队成员之间的合作程度、降低团队的凝聚力，对团队绩效造成破坏性的影响，严重的会破坏团队的持续良性发展、降低团队的生命周期。

从有限的关于团队政治技能差异与团队绩效关系的研究中得出的结论比较一致，即团队政治技能差异对团队绩效具有负面影响。由于政治技能差异是团队成员之间的普遍差异，而且对团队绩效的消极影响非常严重，那么在什么情况下，政治技能差异对团队绩效的负向影响会减弱呢？又有哪些因素会加剧政治技能差异的影响呢？此外，团队政治技能差异对团队绩效作用机制是什么？哪些变量中介了两者的关系？厘清和解决这些问题有助于在理论上探索政治技能差异的作用机理，在实践上为团队正确引导团队成员的政治技能培训，构建和谐团队关系，建立有效团队提供方向性指导。然而，这些问题目前在理论和实践上都没有引起足够的重视，也没有得到妥善的解决。本研究着重寻找团队政治技能差异与团队绩效之间的调节变量和中介变量，以抑制或减弱团队政治技能差异的消极作用。

从前述研究成果的梳理中可以看出，学者们对团队能力(包含工作能力和政治技能，下同)差异与个体和团队绩效之间的关系展开了相关探究，也取得了一定的成果。但是，针对中国情境下团队能力差异与个体和团队绩效关系的问题仍有许多值得进一步探讨的空间。主要表现在以下几个方面：

1. 从社会比较视角对团队多样性三种类型中的差异性研究比较缺乏

团队多样性研究是团队管理问题中的重要研究课题，学者们展开了大量的研究，也得出了不少有价值的研究结论。然而，对于地位差异视角的多样性研究尚很缺乏。自从 2007 年相关学者提出了多样性的三种类型并对其具体含义、测量方法和研究意义进行了区分后，也有很多学者从理论上对此问题展开了讨论并进一步提出其对理解团队过程和提升团队产出水平的重要价值。然而，在实证上尚未有成熟的研究成果出现。同时对个体和团队绩效进行探讨的跨层次研究鲜有。

团队能力差异是一个普遍现象，然而如何合理利用这种差异来优化团队管理过程和团队绩效的研究比较缺乏。现有的关于能力差异结果的研究多是在教育和培训领域探讨成员之间能力差异对不同能力大小的成员个体绩效的影响。个别研究得出的团队层面的研究结论也是从个体结论进行的简单推导，系统性地探讨团队能力差异对团队过程和团队结果影响效应的研究比较缺乏。事实上，团队绩效绝不是团队成员个体绩效的简单叠加，不同情形下，不同能力差异的团队成员组合产生的团队效应可能会低于或者高于个体绩效的总和。基于此，本书探讨团队能力差异对个体绩效和团队绩效的作用机制和作用边界，从理论和实践上探讨团队成员间能力组合的新思路和新方法。

2. 对团队政治技能差异结果变量的研究比较缺乏

政治是当代中国组织中的普遍现象，政治技能是员工的重要能力。团队成员为了获取更多资源和利益，都不遗余力地提升自己的政治技能。然而，社会比较是团队成员之间的普遍心理现象。团队成员之间政治技能的差异可能会造成其与领导关系的差异，也可能带来团队内部的竞争和冲突。由于政治技能是一个比较新的变量，在实证上对其展开的研究多关于个体政治技能质量对其职业成功的机制和边界问题。在团队层面考虑成员间政治技能差异造成地位差异进而对团队过程和团队结果的研究尚不足。基于此，本书从社会比较的视角对如何缓解团队政治技能差异的负面影响展开探讨，同时，从团队领导和团队成员两个方面探讨政治技能差异可能具有某些积极影响的作用条件，补充和完善团队领导和团队成员政治技能的相关理论。

3. 现有研究忽视了中国情境下合作性目标和竞争性目标的相容性

在中国情境下，竞争与合作不是同一连续体的两个极端或是两个完全对立的概念，而是两个有区别的概念，可以在同一个事物中并存。竞争对工作产出有正向的影响，团队中的竞争能够刺激员工付出最高的努力，因此在中国情境下合作性目标中同样存在竞争，而竞争性目标中也有合作，其实质是一种共赢竞争。中国人的纵向个人主义和竞争性人格倾向对其竞争性努力具有强大的驱动作用，同样，合作性目标也有刺激团队成员搭便车的欲望、降低团队绩效的消极作用。现有研究多忽略了中国的情境特性，照搬西方合作与竞争理论的研究结论，使得得出的结论存在值得商榷的空间。

总之，基于团队工作在组织中的作用日趋重要，本研究选择团队多样性这一典型特征作为突破口，选择对团队过程和团队结果具有重要影响的关键属性——“能力”的差异化进行研究，探讨其对个体绩效和团队绩效的作用机制与作用边界，以进一步优化团队投入、过程和产出(IPO)模型，最终为团队有效性管理提供理论与实践上的双重指导。

2.3 本章小结

本章的主要目的是在描述构建本研究理论架构所运用的理论的基础上，对与团队工作能力差异、政治技能差异、个体个团队绩效相关的文献进行梳理和回顾，找出现有研究的不足。

首先，本章对模型构建的理论基础社会比较理论、公平理论、合作与竞争理论、团队 IPO 理论以及地位分层理论和领导权力理论进行了描述和介绍。重点分析了这些理论与本研究理论模型之间的关系，明确了本研究的理论架构和基础，为后续章节理论模型构建和实证研究打下了基础。

接下来，本章对团队能力(包含工作能力和政治技能，下同)差异与个体和团队绩效之间的关系及其作用机制和边界相关的研究进行总结和评述。通过这一过程我们发现，现有文献从社会比较视角对团队多样性三种类型中的差异性研究比较缺乏；在团队层面对团队能力差异(包含工作能力差异和政治技能差异)的效应展开的研究比较缺乏，同时对个体绩效和团队绩效进行探讨的跨层次研究更是鲜有。此外，现有研究多关注团队合作性目标的积极作用和竞争性目标的消极作用，忽视了中国情境下合作性目标和竞争性目标的相容性，使得中国情境下合作与竞争理论的应用存在争议。鉴于此，本研究拟在后续章节构建团队能力差异与个体和团队绩效关系的作用机理模型并进行实证检验。

第3章　团队能力差异对个体和团队绩效影响机理分析

3.1　团队工作能力差异对个体和团队绩效的影响机理分析

3.1.1　团队成员个体绩效的影响因素分析

3.1.1.1　团队关系特征

团队成员个体绩效受到所在团队关系模式和关系结构的影响。首先，团队成员的社会网络影响个体绩效[196]。团队成员在团队中的网络中心性通过增强其在团队中的影响力、信息等资源获取渠道促进其个体绩效的提升。其次，团队成员与领导的交换关系质量影响其个体绩效。基于社会交换理论，当团队成员与领导之间的交换关系质量较高时，团队领导将团队成员归为“圈内人”，并给予其更多的自主权、晋升机会和更多报酬。团队成员感觉自己有责任和义务回报领导，因此会付出更多的努力，从而提升个体工作绩效。基于资源保存理论，因为领导的“偏爱”在团队中是稀缺资源，具有较高领导-成员交换关系的团队成员为了保存自己的这种优势会更加努力地去工作，因而其个体绩效将会得到提升。最后，团队成员与其他成员之间的交换关系对其个体绩效具有影响[197]。一方面，当团队成员之间的交换关系质量较高时，团队成员能够给彼此提供更多的社会支持和个人成长感知，团队成员将会感觉到愉悦，他们将会付出更多的努力，从而提升其工作绩效[198]。另一方面，当团队成员交换关系较高时，彼此进行互帮互助和信息共享的频率和程度较高，长期良性的交换关系使得其在对某些事物方面有更多相似的观点和看法，他们之间将在心理上达到平衡，工作动力和工作投入程度将得到提升，从而提升个体工作绩效。

3.1.1.2　团队成员的公平感知

根据本书第二章的文献综述可知，团队成员的公平感知对其个体绩效具有重要影响。第一，公平感知影响团队成员的情感和行为[199]，根据不平等厌恶理论，公平感知通过影响团队成员的工作动力和努力程度对其行为和绩效间接产生影响。当团队成员感知到不公平时，往往会选择减少自己的付出和努力，严重的可能会消极怠工，反之，当团队成员感知到公平时，往往会付出更多的努力来提升自己的绩效。第二，团队报酬的公平性影响团队成员的个体绩效[200]。建立在对团队成员能力和贡献基础上的公平性报酬结构将促进团队成员付出更多的努力[201]。当团队成员感知到自己获得的报酬与自己的能力和对团队的贡献不匹配时，他们将会保留自己的能力水平和努力程度。第三，感知到的投入和产出之间的平衡性影响个体的工作投入和努力[124]。当团队成员感知到自己的产出等于或者高于其投入时，他/她将提高自己的努力程度；当团队成员感知到自己的产出低于其投入时，他/她不仅会调整自己的努力程度而且会降低其对团队总体投入的感知，从而降低其团队承诺和团队满意度。由此可见，团队成员的公平感知正向影响其个体绩效，反之，当团队成员感知到不公平时，其个体绩效将受到消极影响。

3.1.1.3　团队成员之间的社会比较

地位竞争往往伴随着团队成员之间的社会比较。Patchen(1961)指出社会比较不仅是对一个对象的比较，而是对多个对象的同时比较[31]。最基本的比较对象可能是报酬，然而只有同时对次要比较对象(如能力、技能、资格和教育水平)进行比较时，对这一主要比较对象的比较才是有意义的。Buunk(2007)认为工作场所的个体之间进行社会比较的机会较多[29]，在某些特定的情况下这种比较能够起到功能性的鼓励作用，然而在很多情况下，社会比较具有破坏性的作用。比如上行比较容易产生低自尊和嫉妒行为，从而降低工作动机，产生人际冲突[202]。同时，面对其他个体的搭便车行为，容易引起愤怒与沮丧[203]。由于团队成员之间的任务相互依赖性[8]，团队成员不断面对其他团队成员的态度、能力、行为、绩效等，因此社会比较不可避免[28]。这种比较必将通过对团队成员的情感和行为的影响对其个体绩效产生影响。Molleman 等认为团队成员的上行比较分为上行识别和上行对比两种类型[29]。上行识别能够增强团队成员的工作动力，与人际信任和学习效果正相关[204]，而上行对比则容易让团队成员对比较对象产生怨恨和嫉妒，降低其工作动力，与人际信任和学习效果负相关。同样，团队成员间的下行比较也包含下行识别和下行对比两种类型[205]，下行识别降低了团队成员的工作期望，从而与学习效果负相关，而下行对比使得团队成员认为自己比其他成员为团队贡献更多，从而产生不公平感知，甚至产生恼怒，因而下行对比与人际信任负相关。因此，我们认为团队成员之间的社会比较对个体绩效具有破坏性影响。

3.1.2　团队绩效的影响因素分析

3.1.2.1　团队投入

1. 团队构成

从前文文献综述我们发现，团队是两个或者两个以上团队成员为了达成共同的目标，通过社会性互动就相关任务有组织性地在一起工作的组织。在这一组织中，每个团队成员扮演不同的角色，承担不同的任务和责任[1]。这一定义的关键要素是，团队成员既必须拥有共同的目标和一定程度的相互依赖性，又必须拥有自己独特的角色和职责。如何平衡这种共同属性和个性特征之间的矛盾成为团队管理必须解决的关键问题。因此，如何优化团队构成是团队绩效提升的重要因素。

团队构成强调团队成员的属性及这些属性的组合对团队过程、团队状态以及最终团队结果的影响。无论是团队成员浅层还是深层属性的构成都对团队绩效具有影响[77]。首先，处于团队成员个体层次的属性，如团队成员的知识、能力、技能和其他特征的构成形成团队层次的构成变量，这一变量区别于团队成员平均的技能和能力，认为团队成员之间各属性的方差会对团队绩效产生影响。团队构成对团队绩效的影响是一个复杂的过程，有可能同时受到个体层次和团队层次变量的影响。如，团队绩效可能会潜在地受到团队中最能干(或者最不能干)成员的影响；在团队中占据某一地位优势或者扮演某一特殊角色的成员可能对团队绩效的影响更大，因此，研究团队构成对团队绩效的影响需要同时考虑团队成员的能力和其在团队中的地位或者角色[1]。其次，团队成员在团队中的地位影响团队绩效[206]。具体而言，团队中高水平工作能力成员及其与其他成员的互动与团队绩效正相关，团队中低水平工作能力的团队成员及其与其他成员的互动负向影响团队绩效。这一影响主要是基于高能力或者低能力团队成员对团队决策质量和团队有效性的特殊影响。由于团队成员之间存在互动，因此高能力的成员并不能保证团队能取得较高的绩效，但是这却能够提高团队成功的可能性。所以团队成员在团队中的相对地位是影响团队绩效的一个因素。最后，团队的综合知识、技能、能力和对形势的判断对团队绩效有影响[1]。团队能力越强，团队绩效越高。具体而言，当团队成员总体拥有较高水平的知识、技能、能力时，团队能够形成一种高工作氛围，进而能够创造更高的产出和绩效。从以上分析可知，无论是个体—团队层次的团队构成还是个体层次的团队成员地位或者团队层次的综合能力、技能，都对团队绩效具有重要影响，因此，团队构成是影响团队绩效的一个重要因素。

2. 团队多样性(异质性)

团队多样性理论强调团队成员特征的异质性或者分布对团队过程和团队结果的影响[67]。从前文的研究综述中我们可以发现，多样性在团队有效性模型中是一个相对复杂的要素。不同类型属性的多样性对团队绩效的影响具有本质的差异。比如，人口特征中的年龄和工龄多样性对团队绩效有积极的影响；而民族、种族的多样性则对团队绩效具有负向影响；团队功能多样性由于给团队提供了广泛的视角、技巧和知识而促进团队绩效的提升。然而，功能多样性也有可能因为刺激了团队冲突、减少了团队成员之间的信息分享以及减慢了团队成员对竞争的反应速度，从而给团队过程和团队绩效带来负面作用。团队人格特征多样性通过正向影响团队关系冲突对团队绩效产生破坏性作用。此外，团队成员之间态度和价值观多样性在不同的团队氛围和结构中也对团队绩效具有不同的影响。虽然不同属性的多样性(异质性)对团队绩效的影响不一，但是从团队理论和实践来看，团队多样性(异质性)是影响团队绩效的一个非常关键的变量。

3. 团队断层线和地位竞争

团队断层线是指基于一个或者多个属性将团队划分为若干个单元(子团队或子群体)。现有研究表明，团队断层线强度与团队过程和团队状态负相关[82]。断层线强度对团队绩效的负向影响主要因为它影响了团队成员之间的地位差异和地位竞争。团队绩效依赖于团队成员之间的协作，单个成员对于团队绩效的贡献具有不可分离和识别的特点，这样一来，就很容易产生一种社会两难问题。假若某些团队成员发挥全部能力、付出全部努力致力于团队绩效的提升，那么相对于那些能力较差或者工作不够努力的成员而言，他们在报酬分配时将会感知到不公平，有可能降低努力程度，出现消极怠工的情况。然而，如果所有的团队成员消极怠工，那么团队绩效将得不到提升，所有团队成员的报酬将会降低。

有学者认为(如 Loch、Huberman 和 Stout，1998)，团队成员之间的地位竞争有助于解决这一难题[26]。团队地位差异是指团队成员基于共同价值标准对自我或者他人进行隐性估值评价形成的不平等性[207]。团队成员之间的地位竞争一方面促进团队追逐共同的目标，另一方面给团队管理带来成本，降低团队绩效。公平理论有助于解释地位竞争对团队绩效的作用[34]。由于绩效与产生地位竞争的能力和技能相对应，团队成员不仅关心自己的绝对报酬，而且关心自己的报酬与其他成员报酬之间的比较。因此，团队成员在团队中的地位与相对报酬有关。在既定的报酬水平下，两个具有相似报酬水平和地位的团队成员为了提高自己在团队中的相对地位，将致力于付出额外的努力，取得更高的绩效。因此，地位竞争将促进团队成员的努力程度，这就是所谓的“锦标赛理论”[101]。然而，地位差异不仅仅体现在报酬方面，任何有可能提高自尊的因素都有可能带来地位差异，团队成员的能力也是影响地位差异的重要因素。团队成员之间的地位竞争有可能分散其为了提高绩效的注意力资源和努力，也有可能压制建言行为、降低沟通质量、破坏人际关系，从而给个体和团队绩效带来破坏性影响。此外，地位具有动态性的特点，这将促进团队成员为了追逐较高地位的努力程度，从而进一步给团队绩效带来负面影响。

3.1.2.2　团队过程

1. 团队关系动态过程

在分析团队构成对团队绩效影响的文献中，团队关系大多被看成一个静态的变量，事实上，团队时刻处在一种动态的变化当中，团队关系很少处于完全的静态状态，团队关系动态是影响团队绩效的一个重要变量。

首先，团队的人际关系互动过程通过影响团队冲突、动力、信心和情感对团队绩效产生影响[135]。比如，某些方面的团队人际关系互动通过正向影响团队任务冲突促进团队绩效的提升；而另一些方面的团队人际关系互动则通过正向影响团队的关系冲突给团队绩效带来破坏性影响。又如，团队人际关系互动过程增强了团队成员的工作动力和相互间的信任，从而给团队绩效带来积极的影响。更复杂的人际关系互动过程包含各个过程的交互和综合以及随着时间变化呈现出来的动态性，从长远来说，人际关系的综合互动有利于团队绩效的提升。

其次，团队成员的流动属于团队关系动态的重要组成部分，对团队绩效既有积极也有消极的影响[1]。具体而言，一方面，团队关系的异变性给团队提供了知识和其他资源交流的途径；团队关系调整提供了在动态环境中实现更优团队安排的机会，同时保持了团队的灵活性，使得管理者能够根据团队变化的需求调整团队工作安排。另一方面，团队关系的变化也有可能减少团队成员之间互动模式的稳定性、降低了团队成员之间的支持，从而给团队绩效带来负面影响。总体而言，团队关系动态对团队绩效的影响依赖于团队新进成员和离职成员之间相对能力的平衡，而这种平衡又与团队的能力组成差异有关，因此，团队关系动态对团队绩效的影响受到团队能力差异的影响。

2. 团队转换和行动过程

团队转换和行动过程包含团队管理过程中的计划、组织、沟通和协调[181]。首先，计划有助于团队在日常管理、时间规划等方面规范性制度的形成，从而有助于提升团队绩效。有研究表明团队领导制定的关于应急和动态规划等方面的制度与团队绩效正相关[208]。此外，团队最初的活动以及经过深思熟虑计划后制定的团队章程，正向预测团队效能和团队绩效。其次，沟通和协调等团队行动过程对团队绩效具有积极的影响。团队沟通和协调促进团队成员的积极参与，使得团队问题管理和解决过程更加顺利，从而促进团队决策优化、提升团队绩效。

3.1.2.3　团队报酬结构

团队是一个包含动态和非线性过程的复杂系统，有效的团队报酬有利于团队绩效的提升[42]。团队报酬结构是指如何根据团队成员的努力程度和对团队绩效的贡献分配报酬的结构状态[201]。通过文献分析，我们可以发现，大量关于团队报酬的研究集中在合作性报酬和竞争性报酬的比较和权衡方面[87]。当团队选择合作性报酬时，团队成员感觉到自己的报酬水平与其他成员的报酬水平正相关；当团队选择竞争性报酬时，团队成员通过超越团队中的其他成员获得更高的报酬[174]。显而易见，团队的报酬结构是影响团队绩效的一个至关重要的变量。然而，合作性报酬虽然降低了成员之间的恶性竞争，也提高了团队成员"搭便车"的可能性；竞争性报酬虽然可能影响团队成员之间的关系，但是也可能会通过"锦标赛"原理提升团队成员的努力水平。因此，不同的团队报酬结构在不同的团队环境中对团队绩效的影响具有差异性。

3.1.2.4 团队表现状态

团队表现状态强调团队共同的心智模式，是指团队在不同的动态背景下表现出来的认知、动机和情感状态。包含团队信心、团队授权、团队氛围、团队认知、团队凝聚力、团队集体认知等多个状态过程[1]。第一，团队信心指团队成员对于团队具有能力成功完成某项团队任务的集体信念。团队信心通过对团队行动、目标设定、努力水平以及工作表现的正向影响提升团队绩效水平；然而这一影响会受到团队任务不确定性和相互依赖性的影响[209]。第二，团队授权影响团队绩效。团队授权包含结构授权和心理授权两个部分，其中结构授权通过影响委托权威和责任运用来影响团队绩效；心理授权通过对团队成员认为自己有权控制工作环境和团队运作的信念来影响团队绩效[210]。第三，团队氛围即团队成员在特定环境中的规范、期望和态度影响团队绩效[211]。比如，团队的安全氛围通过降低团队成员的风险感知对团队绩效产生影响；团队公平氛围通过影响团队成员的公平感知和工作动力正向预测团队绩效。第四，团队凝聚力、团队信任和团队集体认知有助于提升团队绩效[1]。团队凝聚力加强了团队成员对整体任务和彼此之间的承诺，提升了彼此之间的信任水平，从而促进团队战略共识的达成，提升团队的决策质量和绩效水平。总体而言，表现为共同心智模式的团队表现状态由于增强了团队成员的集体感知和组织认同，鼓励团队成员之间的信息交流和知识共享，从而对团队绩效产生积极影响。

3.1.3 团队工作能力差异对个体和团队绩效的影响机理

3.1.3.1 团队工作能力差异对个体绩效的影响机理

团队工作能力差异对团队成员个体绩效具有重要影响[105]。其主要影响机理阐述如下：

1. 团队工作能力差异影响团队关系特征

第一，当团队成员之间的工作能力具有较大差异，特别是当个别成员的工作能力显著比其他成员高时，各个团队成员在团队中的网络中心性具有显著差异，工作较强的团队成员在团队网络中占据优势地位，他们不仅对团队决策过程具有较强的影响力，而且能够通过其网络地位优势获取更有利的资源和信息，从而对个体绩效产生影响[196]。第二，团队工作能力差异影响团队成员与领导之间的交换关系。为了提高团队工作的有效性、促进团队绩效的提升，团队领导往往与能力较强、对团队影响较大的团队成员建立较紧密的交换关系，这一交换关系的建立不仅给高工作能力团队成员提供更多稀缺资源和信息，而且给予其更高工作动力，从而对其个体绩效具有积极促进作用。对于具有较低工作能力的成员而言，他们不仅能够学习高能力成员的长处，而且因受到高工作能力成员的激励而更加努力，最终有利于个体绩效的提升[186]。第三，团队工作能力差异影响团队成员之间的交换关系。团队是一个错综复杂的系统，这一系统中既充斥着成员之间利益的比较和竞争，也包含着团队成员之间的合作、互助以及利益交换。工作能力的差异往往意味着掌握地位差异和资源掌握程度的差异，而这些差异必将对团队成员之间的交流、沟通、社会支持和交换带来影响。高工作能力的团队成员一方面可以运用自己的地位和资源优势吸引低工作能力团队成员与之交流与合作，另一方面他们的高工作能力和资源优势使得其更有能力帮助和支持低工作能力的团队成员，帮助其提升个体绩效。然而，当团队成员之间工作能力差异较小时，每一个团队成员拥有的资源和在团队中的地位都不具有明显优势，这很可能会引起成员之间对地位和资源的竞争，分散其提高个体绩效的注意力，从而给团队成员的个体绩效带来负面影响。

2. 团队工作能力差异影响团队成员的不公平感知

团队工作能力差异反映工作能力在团队成员之间的分布状况和集中程度[18]。团队成员对能力差异的感知实质上是一种对公平性的感知过程。对于工作能力较高的团队成员而言，那些工作能力较低的队友不仅有可能阻碍自己工作能力的发挥，而且有可能在团队报酬分配中剥削自己的劳动成果，因而工作能力较高的团队成员会产生不公平感知[184]。对于工作能力较低的团队成员而言，他们认识到那些工作能力的较高的团队成员不仅在团队中具有较高的影响力，而且能够从团队领导那里获得更多的自主权和资源。高工作能力团队成员的这些优势让工作能力相对较低的团队成员感觉沮丧和不公平，严重的会产生嫉妒行为。团队成员的这些不公平感知使得具有不同工作能力水平的团队成员之间关系紧张，这种紧张的关系分散了团队成员的时间和精力，从而给个体绩效带来负面影响。

3. 团队工作能力差异影响团队成员之间的社会比较

社会比较理论认为，社会比较往往发生在观点或能力差距较大的成员之间，当所有人具有相似的观点或者相等的能力水平时，社会比较将失去意义[28]，因此，团队工作能力差异对成员之间的社会比较有影响。首先，具有较高工作能力的团队成员在与那些工作能力相对较低的队友进行下行比较的过程中觉得自己比他人能干，从而产生一种能力上的优越感，这种优越感使其拥有较高的绩效期望和较强的个体效能，最终对其个体绩效带来影响。其次，具有较低工作能力的团队成员在和那些工作能力相对较高的队友进行上行比较时，一方面会因感觉沮丧和自尊受到伤害而降低自己的个体效能和绩效期望；另一方面，有些成员也会受到高工作能力团队成员高绩效的刺激和鼓励付出更多的努力[212]。此外，根据"天才效应"理论，当工作能力较低的团队成员通过自己的努力没有改善社会比较现状和修复自尊时，他们往往将差异归因为被比较对象的过于优秀，将其夸大为"天才"以进一步修复自己的自尊[30]。显而易见，团队工作能力差异将通过团队成员之间的社会比较过程对成员个体绩效产生影响。

3.1.3.2 团队工作能力差异对团队绩效的影响机理

1. 团队工作能力差异是重要的团队投入变量

如前所述，团队工作能力差异是工作能力在团队成员之间的分布状况和集中程度的反映[18]。团队工作能力差异是重要的团队投入变量。首先，团队工作能力差异是团队构成的重要部分，是为了达成团队工作目标，将具有不同工作能力水平的成员组合在一起进行合作与互动。在这一过程中，团队成员既致力于共同的团队目标，又根据自己的工作能力水平承担不同的职责。团队工作能力差异决定了团队成员平均的工作能力水平、由于工作能力差异造成的相对地位差异和竞争以及团队综合的能力水平。因此，团队工作能力差异不仅在个体层次上影响团队投入，而且决定了团队层次上团队的能力结构现状，是极为重要的团队投入变量。其次，团队工作能力差异是团队多样性的组成部分。根据第2章文献综述，我们发现，团队多样性(异质性)包含多样、分离和差异三种类型，其中差异型多样性是团队成员拥有的有价值的资源或资产集中程度的垂直差异[18]。工作能力是确保团队绩效的一项有价值的资源，其在团队中的垂直差异显然是团队多样性的重要组成部分，必将对团队绩效具有重要的影响。最后，团队工作能力差异影响团队断层线和地位竞争。当团队成员之间存在工作能力上的差异时，一方面由于受到社会分类相似性吸引的影响，具有相似工作能力水平的团队成员有可能在团队中形成较小的单元，形成团队断层线；另一方面，由于受到信息沟通限制和地位差异的影响，团队成员之间可能会存在对信息等资源和地位优势的竞争，进而对团队绩效带来影响。

2. 团队工作能力差异影响团队过程

如前所述，团队工作能力差异是重要的团队投入变量，必将对团队过程造成影响[1]。首先，团队工作能力差异影响团队关系动态。一方面，当团队成员之间存在工作能力上的差异时，不同工作能力水平的团队成员在沟通风格、沟通方式、决策方法和效率等方面存在不同程度的差异，这些差异会影响团队成员之间的信任、互动频率和互动方式。此外，随着时间的推移，团队的工作能力差异并不会一成不变，这刺激了高工作能力团队成员为了保持自身优势地位、低工作能力团队成员为了争取地位优势的动力和努力程度，这一过程必将影响团队人际关系互动的动态性，从而对团队绩效带来影响。另一方面，团队工作能力差异有可能引致团队成员之间的竞争、冲突等不和谐人际互动，导致部分团队成员由于不适应或者不满意团队现状而产生离职；部分团队成员由于感知到能力差异的威胁而寻求新的信息和资源获取渠道。此外，团队成员的工作能力不能满足团队目标需要时，团队领导有可能对团队成员的搭配进行合理调整。这些团队关系动态必将给团队绩效带来影响。其次，团队工作能力差异影响团队转换和行动过程。一方面，团队工作能力差异是根据团队目标需要按照工作能力差异对团队成员进行合理搭配的过程，这一过程涉及团队目标的确立、达成目标方案的计划、团队资源的组织以及团队内、团队间的沟通和协调，必将对团队绩效具有重要影响。另一方面，具有不同工作能力水平的团队成员在沟通方式与风格、协调手段与方案上存在差异，这一差异使得面对同一目标或任务，他们的参与程度和参与方式有区别，这些区别通过影响团队决策过程而给团队绩效带来影响。

3. 团队工作能力差异影响团队报酬结构的公平性

分配公平理论认为，工作能力差异影响团队报酬结构的公平性，当团队成员感知到自己在团队中获得的回报与自身工作能力不相匹配时，他们将会感知到报酬结构的不公平[34]。基于团队工作能力和对团队贡献的报酬结构将促进团队成员为了团队目标付出更多努力；相反，当团队报酬结构没有考虑到成员之间的工作能力差异时，具有高工作能力的团队成员将会感知到报酬结构的不公平性，从而不愿意付出更多的努力去提升团队绩效[201]。此外，高工作能力的团队成员对搭便车行为比较敏感，当团队工作能力差异大时，如果团队采用不公平的报酬结构将会增强高工作能力成员的不公平感知、刺激其消极怠工行为，从而给团队绩效带来破坏性影响。

4. 团队工作能力差异影响团队的表现状态

团队工作能力差异对团队表现状态具有重要影响[1]。如前所述，团队工作能力差异是一种基于社会比较和地位差异视角的多样性，对团队成员的认知、动机和情感具有负面影响。第一，团队工作能力差异影响团队信任、满意度和凝聚力。当团队成员之间的工作能力存在差异性时，团队成员会受到同伴压力的影响。团队成员对工作能力差异的感知实质上是一种比较过程。如果部分成员的工作能力较强，则低工作能力的团队成员会“拖后腿”，对高工作能力成员的个体绩效和团队整体绩效带来负面影响；同样，面对具有高工作能力的团队成员，低工作能力团队成员会感觉到沮丧和嫉妒、这样一来，团队成员之间就可能出现思想隔阂，减少彼此之间的信任、降低团队满意度和凝聚力。第二，团队工作能力差异影响团队成员的信心和个体效能。因为个体成员对于工作的信心与其过往绩效有关。当团队成员具有较高的工作能力时，他们感觉自己比其他成员能干，从而具有更高的工作期望和信心；相反，当团队成员工作能力较低时，他们在能干的队友面前显得自卑和沮丧，因而表现出较低的工作期望与信心。期望和信心是团队绩效的重要前因变量，因此，团队工作能力差异通过对团队成员工作期望和信心的影响对团队绩效产生影响。第三，团队工作能力差异对团队授权具有影响。团队领导往往给予工作能力较强的团队成员更多的自主决策权，工作能力较强的团队成员因为受到领导重视和倾斜的资源分配，表现出对环境和目标绩效具有较强的控制力，从而对团队决策和绩效具有更强的信心；而工作能力较低的团队成员由于得到领导较少的重视和资源分配，对目标绩效的控制力较弱，从而对团队决策和绩效缺乏信心。所以团队工作能力差异通过对团队授权的作用对团队绩效带来影响。第四，团队工作能力差异影响团队氛围。一方面，工作能力差异给低工作能力成员提供了较好的学习机会，有利于其工作绩效的快速提升；另一方面，当团队成员之间工作能力存在差异时，工作能力较强的成员有动力保护自己已经占有的优势资源，而工作能力相对较低的团队成员则有动力超越那些占据优势地位的队友，这势必给团队的学习氛围和公平氛围带来影响，最终对团队绩效造成影响。

3.1.4　团队政治技能差异对个体和团队绩效的影响机理

3.1.4.1　团队政治技能差异对个体绩效的影响机理

1. 团队政治技能差异影响团队关系特征

员工的政治技能对其职业成功具有显著的正向影响[188,213]。这一影响基于拥有高政治技能的员工具有较高的社会机敏度、人际影响力、网络运营力和表现真诚性，他们在工作中能够有效地理解他人，并运用这种理解去影响他人，使他人支持自己，以达到实现自身目标的目的。一方面他们能够用政治技能操纵与直接领导的关系，实现自身绩效的提升；另一方面，他们能够运用政治技能获取同事信任，技巧性地向领导和同事发出良好信号，从而有助于工作的顺利开展，获得较高的评价[114]。基于此，当团队成员的政治技能具有差异时，具有不同政治技能水平的团队成员处理与团队成员和团队领导关系的手段具有差异。这种差异的直接后果是导致团队成员在团队中的地位分层。伴随着地位的差异，具有不同政治技能的团队成员必然做出不同的反应，直接体现为对团队的情感承诺差异和自身满意度的差异，因此，团队政治技能差异对团队的关系特征具有重要影响。

2. 团队政治技能差异影响团队成员的不公平感知

从前文的文献分析中我们可以发现，员工的政治技能与领导员工关系(guanxi)正相关，团队政治技能差异会造成领导—成员关系的差异，相对较高的政治技能有助于帮助团队成员与领导建立良好的关系，从而被领导认定为“圈内人”；相对较低的政治技能则阻碍了团队成员与领导关系的建立，从而逐渐被边缘化，被领导认定为“圈外人”。拥有高政治技能的团队成员兼具良好人际互动和建立社会资本和关系网络的能力，能够让其在复杂多变的组织环境中灵活调整自己的行为，从而影响与控制他人[57,189]。政治技能高的团队成员操纵自身与领导的关系，从而获取利益的机会更多。团队成员之间的政治技能差异导致领导对不同的员工区别对待，进而造成各团队成员运用政治技能争取利益和资源的程度存在差异，加剧了团队中的差序氛围[189]。在这种差序格局中，领导不是根据公平原则和工作需要原则分配团队资源，而是根据与团队成员关系的远近将团队资源分配给拥有高政治技能的团队成员，这必然引起低政治技能团队成员的不公平感知。因此，团队政治技能差异导致团队成员在团队中的地位分层，正向影响团队成员的不公平感知，从而对团队过程和团队绩效造成负面影响。

3. 团队政治技能差异影响团队成员之间的社会比较

社会比较理论认为，社会比较往往发生在观点或能力差距较大的成员之间，当所有人具有相似的观点或者相等的能力水平时，社会比较将失去意义[28]，因此，团队政治技能差异引发团队成员之间的社会比较行为。根据社会比较理论，当团队成员在政治技能上存在差异时，彼此之间会进行社会比较，高政治技能团队成员与低政治技能的团队成员进行“下行比较”，而低政治技能的团队成员与高政治技能的团队成员进行“上行比较”，这两种不同方向的社会比较通过对团队成员的情感、态度和行为的作用影响其个体绩效。首先，具有较高政治技能的团队成员在与那些政治技能相对较低的队友进行下行比较的过程中觉得自己比他人与领导关系好，感觉自己在团队中更受欢迎，从而产生一种心理优越感，这种优越感使其拥有较高的绩效期望和较强的个体效能，最终对其个体绩效带来影响。其次，具有较低政治技能的团队成员在和那些政治技能相对较高的队友进行上行比较时，一方面会因感觉沮丧和自尊受到伤害而降低自己的个体效能和绩效期望，另一方面，有些成员会认为高政治技能的团队成员并不是凭借实际的工作能力获得较高地位，他们把较高政治技能成员的地位优势归因为“走后门、拉关系”，从心理上不服气，从而对工作动力带来负面影响。此外，由于受到中国传统差序思维的影响[214]，具有高政治技能的成员不愿意与低政治技能成员进行互动，降低了团队成员之间互相学习的可能性。因此，团队政治技能差异将通过团队成员之间的社会比较过程对成员个体绩效产生影响。

3.1.4.2　团队政治技能差异对团队绩效的影响机理

1. 团队政治技能差异是重要的团队投入变量

如前所述，团队政治技能差异是政治技能在团队成员之间的分布状况和集中程度的反映。团队政治技能差异是重要的团队投入变量[1]。第一，团队政治技能差异是团队构成的重要部分，是为了达成团队工作目标，将具有不同政治技能水平的成员组合在一起进行合作与互动，团队成员既致力于共同的团队目标，又根据自己的能力水平承担不同的职责，而政治技能是达成团队目标的关键能力之一。团队政治技能差异决定了团队成员与领导和其他成员以及各个利益相关者之间的关系存在差异，这一差异直接造成团队成员相对地位差异和竞争以及团队综合关系动态。因此，团队政治技能差异不仅在个体层次上影响团队投入，而且决定了团队层次上团队的能力结构现状，是极为重要的团队投入变量。第二，团队政治技能差异是团队多样性的组成部分。根据第 2 章文献综述，我们发现，团队多样性(异质性)包含多样、分离和差异三种类型，其中差异型多样性是团队成员拥有的有价值的资源或资产集中程度的垂直差异[18]。政治技能是确保团队绩效的一项有价值的资源，其在团队中的垂直差异显然是团队多样性的重要组成部分，必将对团队绩效具有重要的影响。第三，团队政治技能差异影响团队断层线和地位竞争。当团队成员之间存在政治技能上的差异时，一方面由于受到社会分类相似性吸引的影响，具有相似政治技能水平的团队成员有可能在团队中形成较小的单元，形成团队断层线；另一方面，由于受到信息沟通限制和地位差异的影响，团队成员之间可能会存在对信息等资源和地位优势的竞争，再者，团队政治技能差异导致团队成员与领导的交换关系差异，形成“圈内人”和“圈外人”两种不同的群体，这两种群体本身就是团队断层线的表现形式。由此可以认为，团队政治技能差异是重要的团队投入变量，通过对团队过程的作用影响团队绩效。

2. 团队政治技能差异影响团队过程

团队政治技能差异是重要的团队投入变量，对团队过程造成影响[1]。首先，团队政治技能差异影响团队关系动态。其一，当团队成员之间存在政治技能上的差异时，不同政治技能水平的团队成员处理与领导、同事以及其他利益相关者的关系等方面必将存在不同程度的差异，这些差异会影响团队成员之间的信任、互动频率和互动方式。一方面，根据相似性吸引原则，高政治技能的成员更愿意与同样具有高政治技能的成员进行交流和沟通；另一方面，根据资源保存理论，高政治技能团队成员为了保持与领导的良好关系、保持自己的“圈内人”优势地位，可能会对低政治技能成员进行打压，同时低政治技能成员有动力通过自身的努力改变“圈外人”身份，力争成为领导的“圈内人”。因此，团队政治技能差异导致团队成员之间地位、利益的争夺和平衡，这一过程必将影响团队人际关系互动的动态性，从而对团队绩效带来影响。其二，团队政治技能差异有可能引致团队成员之间的竞争、冲突等不和谐人际互动，导致部分团队成员由于不适应或者不满意团队现状而产生离职；部分团队成员由于感知到政治技能差异的威胁而寻求新的信息和资源获取渠道。此外，团队成员的政治技能与团队目标需要不相适应时，团队领导有可能对团队成员的搭配进行合理调整。这些团队关系动态必将对团队绩效带来影响。其次，团队政治技能差异影响团队转换和行动过程。一方面，团队政治技能差异是根据团队目标需要按照政治技能对团队成员进行合理搭配的过程，这一过程涉及团队目标的确立、达成目标方案的计划、团队资源的组织以及团队内、团队间的沟通和协调，都会对团队绩效具有重要影响。另一方面，具有不同政治技能水平的团队成员在为人处世、处理关系、解决问题等方面存在差异，这些差异使得面对同一目标或任务，他们的参与程度和参与方式有区别，这些区别通过影响团队决策过程给团队绩效带来影响。

3. 团队政治技能差异影响团队报酬结构的公平性

团队政治技能差异对报酬结构的公平性具有影响。一方面，高政治技能的团队成员会灵活运用自己的社会机敏度和人际影响力操纵与领导之间的关系，获得更多的资源；另一方面，低政治技能的团队成员会认为高政治技能团队成员目标的实现是凭借“小聪明”，凭借与领导的关系而非因为其实力真的比自己强，因而会产生不公平感知。由于相对较高的政治技能有助于帮助团队成员与领导建立良好的关系，从而被领导认定为“圈内人”；相对较低的政治技能则阻碍了团队成员与领导关系的建立，从而逐渐被边缘化，被领导认定为“圈外人”。而“圈内人”相对于“圈外人”从领导那里获得的信息和资源相对较多，个人实现目标的可能性较大，从而有机会在团队中获得更高的报酬。这样一来，“圈外人”更加会感知到团队报酬结构的不公平性，从而减少对团队工作有利的付出和努力，对团队绩效造成不利的影响。

4. 团队政治技能差异影响团队的表现状态

团队政治技能差异对团队表现状态具有重要影响。和团队工作能力差异一样，团队政治技能差异也是一种基于社会比较和地位差异视角的多样性，对团队成员的认知、动机和情感具有负面影响。第一，团队政治技能差异影响团队信任、满意度和凝聚力。当团队成员之间的政治技能存在差异性时，团队成员处理与领导和同事关系的风格和方式存在差异，较高政治技能团队成员的社会机敏度、人际影响力、网络运营力和表现真诚性可能不被低政治技能团队成员所理解，可能被误认为是一种为了巴结领导、取得重点资源分配资格和地位优势的手段，因而低政治技能团队成员可能会对高政治技能团队成员表现出不满；相反，低政治技能团队成员由于不善于处理与领导和同事的关系可能被高政治技能团队成员理解为拖团队后腿；这种双向的不理解必然影响团队成员的信任、满意度和影响力，从而给团队绩效带来不利的影响。第二，团队政治技能差异影响团队成员的信心和个体效能。当团队成员之间政治技能存在差异性时，高政治技能团队成员因为与领导具有良好的交换关系、能够获得更多的信息和资源、对团队决策具有较强的控制力而表现出较高的信心和自我效能；相反，低政治技能团队成员一方面感觉到自卑和沮丧，另一方面感到不公平，这些负面情绪必然对工作期望和信心造成负面影响。因此，团队政治技能差异通过对团队成员工作期望和信心的影响对团队绩效产生影响。第三，团队政治技能差异对团队授权具有影响。团队领导往往给予政治技能较强的团队成员更多的自主决策权，这些团队成员因为受到领导重视和倾斜的资源分配，表现出对环境和目标绩效具有较强的控制力，从而对团队决策和绩效具有更强的信心；而政治技能较低的团队成员由于得到领导较少的重视和资源分配，对目标绩效的控制力较弱，从而对团队决策和绩效缺乏信心。所以团队政治技能差异通过对团队授权的作用对团队绩效带来影响。第四，团队政治技能差异影响团队氛围。为了能够在团队中获得较高的地位，实现自己的目标，高政治技能的团队成员一方面会灵活运用自己的社会机敏度和人际影响力操纵与领导之间的关系，获得更多的资源；另一方面他们会运用网络运营力倾轧和打压队友，使之受挫，甚至被迫离开团队中的资源和权力中心地带[130]，高政治技能成员的这些行为会对团队的沟通氛围带来负面影响；而低政治技能的团队成员受到高政治技能队友的打压，感到无助和沮丧；同时他们也会认为高政治技能团队成员目标的实现是凭借“小聪明”，凭借与领导的关系而非因为其实力真的比自己强，因而会产生不公平感知。因此，团队政治技能差异通过对团队沟通氛围和公平氛围的影响对团队绩效造成影响。

3.2 团队工作能力差异与绩效关系的理论模型和研究假设

3.2.1 理论模型构建

目前研究中关于与工作任务直接相关的能力这一概念的定义存在分歧。Bass (1982)指出与工作任务直接相关的能力分为两种不同的类型，一种是与人的天赋相关的能力，称为认知能力(cognitive ability)，另一种是与工作任务相关的解决任务的能力，称为工作能力(task-related ability)[63]。现有文献中关于与工作任务直接相关的能力的研究中多围绕认知能力展开。认知能力是人们处理信息和学习的能力，这种能力在学习新技术或解决新颖问题方面具有重要作用；然而，随着技能的获得，工作能力对绩效的预测力逐渐增强[65]。在团队情境中，团队成员对自身工作能力的评价主要依赖于与队友的社会比较[27]，这种比较基于团队成员之间的工作能力差异，那么团队成员之间的能力差异究竟对团队和个体两个层面的绩效有怎样的影响呢？这种影响通过何种作用机制实现？团队目标相依和领导的政治技能在这种机制中扮演怎样的角色呢？基于对以上问题的回答，本节的基本研究框架如图3.1所示。

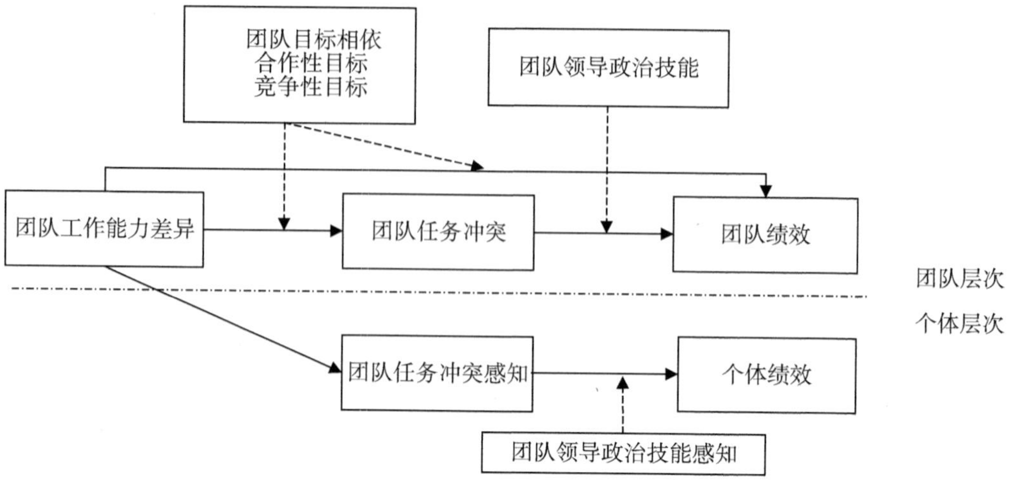

图 3.1　团队工作能力差异对绩效作用机理模型

3.2.2　理论推演与研究假设

3.2.2.1　团队目标相依调节下工作能力差异与个体和团队绩效的关系

团队目标相依影响工作能力差异与个体绩效的关系是因为它与团队成员的公平感知有关。Beersma 等(2013)认为合作性目标稀释了团队成员提高个体绩效的动力，负向影响个体绩效[142]。根据公平理论，团队中的高能力成员对搭便车效应更加敏感，其工作动力更多受到合作性目标的负向影响[127]。团队中的低能力成员由于受到高能力成员消极怠工行为的影响会感到沮丧，从而减少努力程度降低工作绩效。因此，本研究认为，当团队实施合作性目标时，工作能力差异与个体绩效负相关。相反，竞争性目标强调依据团队成员的能力和贡献分配报酬，这将显著提升团队成员的工作动力[143]。团队动力理论认为，团队成员的个体绩效通过技能互补和信息分享来实现，而这种互补和分享会受到队友人力资本的影响[144]。竞争性目标中，高能力成员的工作能力溢出效应对提升低能力成员的个体绩效有一定帮助[145]。此外，工作能力差异与学习潜力正相关：差异越大，低能力成员能够向高能力成员学习的空间越大[24]。因此本研究认为当团队实施竞争性目标时，工作能力差异与个体绩效正相关。

基于以上分析，本研究提出以下研究假设：

研究假设 1：团队工作能力差异与个体绩效的关系受到团队目标相依的影响。

研究假设 1a：当团队实施合作性目标时，工作能力差异与个体绩效负相关。

研究假设 1b：当团队实施竞争性目标时，工作能力差异与个体绩效正相关。

公平原则认为，大量的团队合作受到公平动机的驱动，团队不公平的分配方式将会减少团队成员的努力程度，从而降低团队绩效[146]。相反，如果团队成员依据自己的能力和贡献获得报酬，其工作动力将大大提升，团队绩效因而也将得到提高[139]。

合作性目标给每个团队成员平均分配报酬，容易造成团队成员的不公平感知，打击团队成员的工作动力[139]。团队成员的公平感知程度与其工作能力水平有关，高工作能力成员更容易感知到不公平和不公正，感知到自己的贡献和能力被低能力成员所剥削，从而减少为实现团队目标而付出的努力[147]。高工作能力成员的消极怠工将会引起其他成员逃避责任并减少对团队的付出[148]。与之相对的是，竞争性目标根据成员的工作能力水平分配报酬，无论是工作能力高的还是工作能力低的团队成员都感知到公平和公正，能够显著提升团队成员对团队目标的贡献[143]，最终提升团队的整体绩效[149]。因此，关于团队目标相依影响下团队工作能力差异与团队绩效的关系，我们提出以下研究假设：

研究假设 2：团队工作能力差异与团队绩效的关系受到团队目标相依的影响。

研究假设 2a：当团队实施合作性目标时，工作能力差异与团队绩效负相关。

研究假设 2b：当团队实施竞争性目标时，工作能力差异与团队绩效正相关。

3.2.2.2 团队工作能力差异与团队任务冲突的关系

团队任务冲突是指团队成员关于任务相关事项（如观点、创意、立场等）的认知差异[58]。社会网络理论认为，成员不同的社会网络关系提供不同的信息和机会，成员在网络中的地位和社会联系决定了其从这些信息和机会中获得的好处[150]。不同成员在资源流动和控制这些流动的能力上具有差异性，因而在采取行动和回应他人行动方面有不同的动机和能力[151]。团队任务冲突受到团队成员间关系网络的影响，团队成员之间往往会就团队任务相关事项展开讨论，然而每一个成员对团队任务的认知和对团队绩效的贡献具有不同程度的影响力，这种影响力的大小取决于团队成员在团队中工作能力差异和由此产生的地位差异[77]。

一方面，对称性信息促进团队成员之间的合作[152]，当团队成员之间的工作能力差异小时，团队成员之间的协作得到加强，彼此之间将会就任务相关事项进行讨论并分享彼此的问题解决方案。此时，团队具有较高程度的任务冲突。另一方面，有研究表明，与工作能力比自身强的队友相比，团队成员与工作能力相当的队友更难合作[153]。由于受到纵向个人主义价值观和地位竞争思维的影响，团队成员具有与队友进行竞争和比较的内部动机。而社会比较理论认为，多数情况下人们更愿意与自身工作能力相当的人进行比较，当团队成员之间工作能力差异较大时，这种社会比较就没有意义[27]。当团队工作能力差异较小时，为了获得自身在团队中的影响力，提升自己在团队中的地位，每一位团队成员将会尽最大努力提出问题解决方案，并争取说服其他成员同意自己的方案，因而团队任务冲突较高。而当团队工作能力差异较大时，低工作能力成员明白凭借自身能力难以超越高工作能力队员在团队中的地位，因而并不会付出更多努力提出自己的解决方案。同时，中国人受到纵向集体主义思维的影响，低工作能力团队成员对工作能力差异持接受而非抵触态度[119]，由于高工作能力成员在团队中的地位较高，对团队结果影响最大，低工作能力成员对高工作能力成员提出的问题解决方案往往持认可和支持态度。基于上述分析，本研究认为，团队工作能力差异与团队任务冲突负相关。

研究假设 3：团队工作能力差异与团队任务冲突负相关。

3.2.2.3　目标相依对团队工作能力差异与任务冲突关系的调节作用

公平理论认为，人们对事物的反应受到公平感知的影响[32]，团队中这种影响的程度依赖于成员之间的互动，而目标相依则是决定团队互动的关键因素[112]。因此，团队成员对工作能力差异的感知受到目标相依的影响。具体而言，团队采取合作性或者竞争性目标对团队成员由于工作能力差异而产生的团队任务冲突具有重要影响。

合作性目标对工作能力差异与团队任务冲突的负相关关系具有强化作用。首先，虽然合作性目标与团队建设性争论正相关[111]，但是这一结论仅仅在团队成员之间不存在地位差异的前提下成立[115]。当团队成员由于工作能力差异而导致地位差异时，合作性目标会让高工作能力团队成员产生不公平感知，从而对合作性目标产生如不满意、自我效能低等消极的反应[147]。合作性目标还会让高工作能力成员感觉自己的工作能力和对团队的贡献受到低能力成员的剥削[154]，这些消极反应将会导致高工作能力团队成员不愿意为团队目标作出更多积极的努力，不愿意与队友讨论和分享自己对于问题解决的观点和立场，从而加剧了工作能力差异对团队任务冲突的负向影响。对于工作能力较低的团队成员而言，一方面，与高工作能力成员的上行社会比较使他们感到沮丧，产生不满意等消极情绪[155]，降低其积极参与方案讨论的积极性。另一方面，由于合作性目标稀释了每一个团队成员对团队目标应负的责任，往往与搭便车和社会散漫行为正相关[79]，低工作能力团队成员期望通过享受高工作能力成员的工作能力和对团队的贡献获得报酬，不愿意承担风险，抑制了团队成员为了达成团队目标而努力的动力，这一动力的缺失，导致团队成员不愿意就如何解决问题、如何获得最优方案做出努力，更不愿意与其他成员讨论分享自己的创意和想法[156]，从而降低了团队的任务冲突。其次，由于较强的工作能力和在团队中地位的绝对优势，高工作能力团队成员对团队结果的影响最大。合作性目标强调共同报酬，因此低工作能力成员为了团队和自身利益的最大化，会支持和拥护高工作能力成员的观点和问题解决方案[24]。地位差异的存在使得低工作能力成员对自身能力持怀疑态度，降低了自我效能。出于维护自尊的需要，他们往往会夸大高工作能力团队成员的能力[29]，不敢或者不愿意表达自己的看法。此外，作为一种团队互动方式，合作性目标与团队信任正相关[157]，合作性目标增强了低工作能力成员对高工作能力成员的信任，因而更加支持和拥护高工作能力成员提出的问题解决方案，从而降低团队的任务冲突。对于高工作能力团队成员而言，一方面，根据社会比较理论，在合作性目标中，具有绝对工作能力优势的成员往往对自身能力评价更高，他们对低工作能力成员提出的观点持反对和抵触态度[157]，降低了具有工作能力差异的团队成员之间讨论和分享信息和创意的可能性；另一方面，合作性目标增强了团队成员对地位差异的感知和接受[33]。由于工作能力和地位的绝对优势，高工作能力成员在团队中具有权威性，为了保持和维护自身的权威，高工作能力成员强化自己方案的优越性，降低了团队任务冲突发生的可能性。

竞争性目标对团队工作能力差异与团队任务冲突的关系具有弱化作用。首先，建立在工作能力和地位差异基础上的团队目标让人更愉悦。竞争性目标更公平，团队成员根据自己的工作能力和在团队中的贡献获得报酬[112]，高工作能力成员从团队绩效的提升中获得更多好处，因而感到满意，为了寻求达成团队目标的最优解决方案，他们具有更大的动力去与队友讨论和分享信息，增加了团队任务冲突发生的可能性。其次，竞争性目标使得所有团队成员更加关注怎样才能超越具有竞争关系的队友[158]，都会为了自身利益付出更多的努力。为了在团队中获得更有利的地位，每一位团队成员期望自己提出的创意和方法能够在团队中脱颖而出并最终被采纳。因此，他们一方面竭尽全力提出最优的方案，另一方面，为了自身地位的提升和团队目标的实现，可能会向具有竞争关系的队友学习[128]，从队友的方案中获取灵感、启发思维。此外，竞争性目标可能增加高工作能力团队成员的焦虑感，降低其自我效能和在团队中的优越感[159]，他们采取更开放的态度对待低工作能力队友提出的创意和方案，增加了团队成员之间讨论和分享信息与创意的可能性。根据公平理论[32]，竞争性目标中的等级报酬(ranked rewards)减少了低工作能力团队成员由于较低的团队贡献带来的内疚感，更有底气参与团队讨论，更有动力为团队最优方案提供思考方向。因此，我们提出以下研究假设：

研究假设4：团队目标相依调节团队工作能力差异与团队任务冲突的关系。

研究假设4a：合作性目标调节了团队工作能力差异与团队任务冲突的负相关关系：团队合作性目标越强，团队工作能力差异对团队任务冲突的负向影响越强。

研究假设4b：竞争性目标调节了团队工作能力差异与团队任务冲突的负相关关系：团队竞争性目标越强，团队工作能力差异对团队任务冲突的负向影响越弱。

3.2.2.4 团队任务冲突与个体和团队绩效的关系

团队成员的个体绩效是指个体成员被团队领导和同伴评价的绩效以及个体生产

记录达到或满足团队或组织标准的程度[97]。团队成员的个体绩效受到团队任务冲突的正向影响。有学者(如 Wanous 和 Youtz，1986)指出团队成员之间的不一致意见刺激团队成员产生新的计划或创造性思维等认知活动(cognitive activity)，他们从任务冲突中得到新的灵感、启发更有价值的决策，从而促进其个体绩效[160]。Putnam(1994)认为团队任务冲突帮助成员识别和更好地理解完成任务所涉及的问题，鼓励他们开发新的想法和方法，提升其决策质量[161]。Fiol 通过实证研究证明，当团队成员对任务相关事项有不同的理解时，团队成员的学习和对情境的准确评估能力将会提升[162]。团队任务冲突中展现的不同观点和视角鼓励团队成员获取更多信息，对不同的观点和视角进行更深入的思考，提出更独到的想法[163]。相反，在任务冲突低的团队中，团队成员致力于维持与他人的一致性，他们将会忽略成员之间观点的差异，难以提高决策的质量和数量，从而难以获得理想的个体绩效[164]。由于不同团队成员对团队冲突的感知具有差异性[165]，团队任务冲突感知对团队成员的个体绩效具有重要影响[104]。因此，本研究认为，在个体层面上，团队成员对团队冲突的感知，而非任务冲突本身影响团队成员的个体绩效。

研究假设5：团队成员对团队任务冲突的感知与团队成员个体绩效正相关。

团队绩效是指团队的产出达到或者满足既定绩效标准的能力，是为了达到或满足团队绩效标准，团队成员根据自身和队友知识、观点和能力评估现状、理解任务、提出解决方案，以促成问题解决[16]。从众压力理论认为，当团队成员感觉到有压力迫使自己同意其他成员的观点或行动时，他们往往不会提出反对观点，从而会忽略更优方案的选择[97]。从众压力迫使团队成员聚焦于达成一致意见而非提出有价值的创意，压制团队成员的创造性思维。团队任务冲突促进团队成员对问题解决方案的关键评价，将会通过增加深思熟虑的思维和更优替代方案降低团队的集体思维现象[166]。团队任务冲突允许团队成员识别并讨论不同的观点，提高团队成员对任务的理解，这将促进团队成员对团队需要达成的绩效标准进行更透彻的评估，做出高质量的决策，提高团队成员对集体决策的接受程度，促进团队绩效的提升[167]。团队任务冲突促进团队的高质量决策：团队成员从不同的视角提出的观点和解决方案的整合不仅优于个体视角的方案，而且可能产生新的思维方式，促进团队从全新的视角探讨团队问题，作出更高质量的决策，从而促进团队目标的达成[86]。团队任务冲突给予团队成员更多表达自己观点和解决方案的机会，鼓励团队对所有备选方案的全面评价，尊重团队成员的立场和观点，从而有助于提高团队成员的任务承诺[168]。任务承诺有助于提升团队成员积极主动投入团队工作的积极性，对团队绩效具有促进作用。

研究假设6：团队任务冲突与团队绩效正相关。

3.2.2.5 团队任务冲突对工作能力差异与个体和团队绩效的中介作用

团队 IPO 理论模型认为，团队投入要素(input)并不必然影响团队和个体产出

(output)，而是通过对团队内部过程(process)和心理特征等中介变量(mediator)产生影响[169]。其中中介机制是团队投入发生作用的关键要素，这种中介既涉及团队的行为，也涉及团队成员的认知、动机及情感状态[43]。因此，本研究认为，团队工作能力差异对个体和团队绩效的作用必须以员工和团队的知觉及行为为纽带。根据地位差异和地位分层理论，团队成员之间的地位差异在个体层面将对团队成员的任务冲突感知产生影响，在团队层面将对团队冲突产生影响[170]。根据以往的研究结论，我们可以发现，团队与工作相关的投入变量产生的地位差异影响团队任务冲突，与关系相关的投入变量产生的地位差异影响关系冲突。基于此，本研究认为，团队任务冲突在工作能力差异与团队绩效之间起中介作用，团队任务冲突感知在工作能力差异与个体绩效之间起中介作用。

首先，工作能力差异负向影响团队任务冲突。由于受到中国差序格局氛围的影响[132,171]，团队成员对彼此之间的地位差异持接纳态度，和谐思维和面子观念使得团队成员不愿意挑战高工作能力成员的地位[153,172]。因为少数成员具有较高的工作能力，他们在团队中具有较高的地位和发言权，使得工作能力较低的团队成员一方面对高工作能力成员具有依赖性，另一方面不敢也不愿意提出自己的观点和看法去挑战具有高工作能力的团队成员。团队成员间工作能力差异越大，团队成员的这种思维越明显，因此，团队任务冲突与工作能力差异呈现负相关关系。

其次，团队任务冲突正向影响团队和个体绩效。大量研究表明，团队任务冲突给团队问题解决和目标实现展示了不同的视角、提供了多样的信息，促使团队努力选择最优方案，因而能够促进团队绩效的提升[167]。同时，任务冲突通过促使团队成员对多种观点和创造性方法的理解产生新的灵感、提出新的思路、激发新的创造性思维，从而显著提升个体的绩效[173]。此外，团队任务冲突还创造了一种“百家争鸣、百花齐放”的团队氛围，团队成员积极思考、敢于提问、不怕犯错的思维得到鼓励，既激发了团队成员为了达成个体和团队目标努力工作的动力，也提升了团队成员的创造力[174]，因而对团队和个体绩效都有积极的影响。由于团队成员对任务冲突感知具有差异性，因此任务冲突对团队成员个体绩效的影响必须通过团队成员对任务冲突的感知发生作用，因此我们认为，团队成员个体绩效与团队任务冲突感知正相关。

综上所述，由于较高的团队工作能力差异使团队成员感知较低水平的团队任务冲突，降低其积极参与讨论、努力探索最优解决方案的积极性，由此对团队绩效和个体绩效产生消极作用。也就是说，团队工作能力差异影响了团队成员间积极分享信息和讨论方案的态度与行为，即降低了团队的任务冲突。正是这种具体表现为团队任务冲突的态度与行为，而不是团队工作能力差异本身，对团队绩效和个体绩效产生了重要影响。

基于上述分析，本研究对团队任务冲突的中介作用，形成以下假设：

研究假设 7：团队工作能力差异通过团队任务冲突感知对个体绩效产生负向影响。

研究假设 8：团队工作能力差异通过团队任务冲突对团队绩效产生负向影响。

3.2.2.6　领导政治技能对团队任务冲突与个体和团队绩效关系的调节效应

Ferris 等(2005)认为，政治技能是个体在工作中有效地理解他人，并运用这种理解去影响他人，使他人支持自己，以实现个体目标和组织目标的方式和能力[49]。路燕利(2009)指出，政治技能建立在个体洞察和适应动态环境并用正确的方式理解他人的基础之上，是其采取有效方式影响或者控制他人，以实现预定目标的能力[175]。政治技能存在于个体与其他个体、团队或者组织的互动和相互影响当中，是个体社交效能和人际互动能力的有机结合[176]。Ferris 等(2005)在准确定义政治技能的基础上，提出政治技能包含社会机敏度、人际影响力、网络运营力和表现真诚性四个维度。社会机敏度体现了个体识别动态环境、察言观色的能力；人际影响力体现了个体通过良好的人际交往风格影响他人的能力；网络运营力是指个体善于扩展并有效利用人际关系网络的能力；表现真诚性则是指个体通过人际互动中的真诚表现得到他人信任，影响他人积极预期的能力[49]。Treadway(2005)在总结前人研究成果的基础上，提出领导政治技能是提升团队和组织绩效的关键要素，并归纳了高政治技能领导应该具备的三个特征：首先，高水平政治技能的领导者善于灵活运用暗示性行为，并通过察言观色及时准确地识别并归类他人动机；其次，高水平政治技能的领导者善于影响他人并依据动态环境调整自身态度和行为；最后，高水平政治技能的领导善于通过有效建立和经营人际关系网络，增强自己的社会资本和稀缺资源[177]。团队领导政治技能表现为团队领导运用其社会机敏度、人际影响力、网络运营力和表现真诚性影响团队成员、制订团队工作方案并且有效管理团队的技能的集合。高水平政治技能的团队领导者善于根据团队环境的动态性和团队成员之间的互动表现灵活调整团队管理策略[76]。

团队领导的政治技能是有效管理团队任务冲突的重要因素。根据社会影响理论，具有高水平政治技能的团队领导能够与团队成员相处融洽，在团队互动中给团队成员留足面子，更容易获得团队成员的信任，获得团队成员更高的评价，通过影响团队成员实现对团队的有效管理，实现预期的管理效果[9,178]。团队领导政治技能对团队的冲突管理有效性具有重要影响[76]。首先，有研究表明，过多的团队任务冲突有可能增加团队成员的认知负荷、分散其注意力，甚至可能引发团队关系冲突，从而给个体和团队绩效带来负面影响[174]。具有高政治技能的团队领导能够根据团队成员之间互动状态和冲突程度积极调整团队氛围，影响和控制团队成员的态度和行为，将团队任务冲突水平维持在合理的范围之内，从而促进任务冲突对个体和团队绩效的正向影响。其次，当面对过多的团队任务冲突时，具有高政治技能的团队领导通过社会机敏度、人际影响力和表现真诚性说服团队成员将与自己相异的观点和创意看成学习机会，引导团队成员对不同信息进行整合和反馈；此外，具有高政治技能的团队领导还有助于团队信任氛围的建立，防止团队成员将任务冲突错误地归结为人际威胁，防止团队任务冲突转化为对团队绩效有害的团队关系冲突[179]。最后，团队领导政治技能正向影响团队成员的信任，负向影响团队成员的玩世不恭行为[180]。高政治技能的团队领导能够根据团队成员不同的特点，了解其工作动机，根据团队成员特性的差异性对团队成员进行归类并有针对性地采取合适的沟通风格与沟通策略，增加其对领导的信任[181]，促使其以积极的态度对待团队任务冲突，将任务冲突看作团队成员为达成一致目标而付出的努力，促进个体为了团队和个体目标的努力程度[182,183]，从而强化了团队任务冲突对团队绩效和成员个体绩效的正向影响。此外，团队成员对于团队领导政治技能感知具有差异性，因此团队任务冲突感知对团队成员个体绩效的影响更多地受到团队成员对团队领导政治技能感知的影响。

据此，关于团队领导政治技能对任务冲突与绩效的关系提出以下研究假设：

研究假设9：团队成员对领导政治技能的感知调节团队任务冲突感知对个体绩效的正向影响：团队成员感知到的团队领导政治技能越强，团队任务冲突感知对团队成员个体绩效的正向影响越强。

研究假设10：团队领导政治技能调节团队任务冲突对团队绩效的正向影响：领导政治技能越强，团队任务冲突对团队绩效的正向影响越强。

3.2.3 研究假设汇总

根据前文的理论分析和假设推演，本节提出了一系列有关团队工作能力差异与个体和团队绩效关系及其中介效应和调节效应的研究假设，汇总如表3.1所示。

表3.1 **团队工作能力差异与绩效关系的研究假设汇总**

序号	假设类型	假设内容
H1	交互效应	团队工作能力差异与个体绩效的关系受到团队目标相依的影响
H1a		当团队实施合作性目标时，工作能力差异与个体绩效负相关
H1b		当团队实施竞争性目标时，工作能力差异与个体绩效正相关
H2	交互效应	团队工作能力差异与团队绩效的关系受到团队目标相依的影响
H2a		当团队实施合作性目标时，工作能力差异与团队绩效负相关
H2b		当团队实施竞争性目标时，工作能力差异与团队绩效正相关
H3	主效应	团队工作能力差异与团队任务冲突负相关

续表

序号	假设类型	假设内容
H4	调节效应	团队目标相依调节了团队工作能力差异与团队绩效的关系
H4a		合作性目标调节了团队工作能力差异与团队任务冲突的负相关关系：团队合作性目标越强，团队工作能力差异对团队任务冲突的负向影响越强
H4b		竞争性目标调节了团队工作能力差异与团队任务冲突的负相关关系：团队竞争性目标越强，团队工作能力差异对团队任务冲突的负向影响越弱
H5	主效应	团队成员对团队任务冲突的感知与团队成员个体绩效正相关
H6	主效应	团队任务冲突与团队绩效正相关
H7	中介效应	团队工作能力差异通过团队任务冲突感知对个体绩效产生负向影响
H8	中介效应	团队工作能力差异通过团队任务冲突对团队绩效产生负向影响
H9	调节效应	团队成员对领导政治技能的感知调节团队任务冲突感知对个体绩效的正向影响：团队成员感知到的团队领导政治技能越强，团队任务冲突感知对团队成员个体绩效的正向影响越强
H10	调节效应	团队领导政治技能调节团队任务冲突对团队绩效的正向影响：领导政治技能越强，团队任务冲突对团队绩效的正向影响越强

本节 10 个假设共涉及 7 个变量，提出的研究假设仅根据本研究的研究目的考虑理论模型中特别关注的变量之间的关系，其他变量之间可能存在其他的关系：比如，团队目标相依与团队和个体绩效的关系、团队领导政治技能与团队和个体绩效的关系等已经在过往研究中得到了实证检验，本研究并不作考虑，不提出研究假设也不做数据分析和实证检验。

3.3　团队政治技能差异与绩效关系的理论模型和研究假设

3.3.1　理论模型构建

组织政治无处不在，随着组织中不确定因素的不断增加，政治行为在组织中扮演的角色越来越重要，尤其是在中国这样一个“重面子”“官本位”思想严重的文化氛围中，组织已然成为“政治的竞技场”[184]。为了适应组织的政治氛围，无论是领导还是普通员工都必须掌握一定的政治技能。政治技能是不同层次职员必须掌握的一种必备能力。大量研究证实，政治技能对管理者和员工的职业生涯成功具有正向的影响作用[131,140]。随着团队成为现代组织的重要工作单元，大量实践管理者和学者开始关注领导政治技能对团队绩效的积极作用。团队成员之间政治技能的差异对其个体绩效和团队绩效都有重要影响。然而，目前鲜有研究对两者关系展开研究。在上一节中，本研究对团队工作能力差异对个体和团队绩效的影响机理进行了探讨，那么，作为团队成员必备重要能力的政治技能差异是否也对个体和团队绩效有重要影响呢？这种影响是通过什么实现的呢？其作用机制和作用边界是什么？团队目标相依和领导政治技能在这种机制中扮演怎样的角色呢？基于对以上问题的回答，本节的基本研究框架如图 3.2 所示。

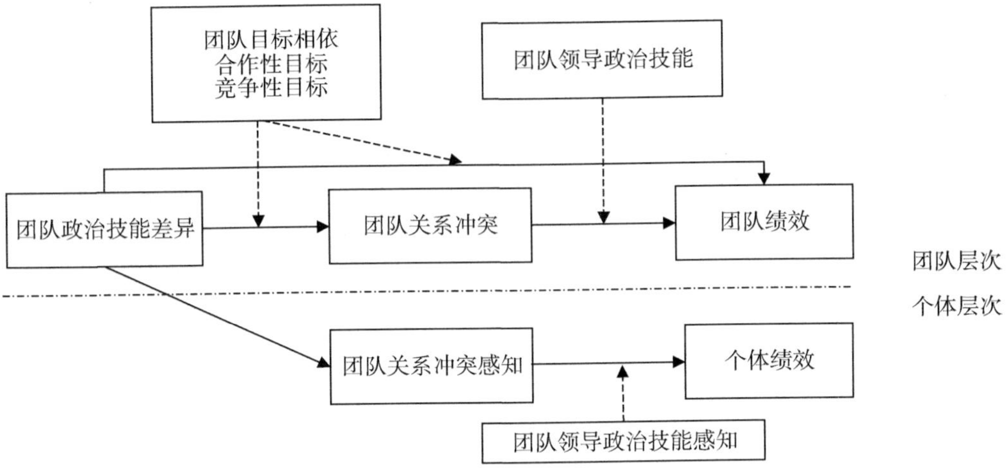

图 3.2　团队政治能力差异对绩效作用机理模型

3.3.2　理论推演与研究假设

3.3.2.1　团队目标相依调节下政治技能差异与个体和团队绩效的关系

合作与竞争理论认为，团队目标相依决定了团队成员之间的互动，团队成员对目标相依类型的感知对其绩效期望、互动模式和结果具有重要影响[112]。在实施合作性目标的团队中，团队成员相信，自己的产出与团队中其他成员的产出正相关，一个成员目标的实现将有助于其他成员实现目标，他们明白队友目标的实现对自己是有益的，团队成员彼此希望大家都能运用自身的能力和技能实现互惠互利[185]。因此，团队成员都致力于促进团队互动以鼓励彼此有效地达成目标。根据这一理论逻辑，我们可以推论，合作性目标促使团队成员确信其他团队成员运用政治技能建立与领导良好的关系并不会使自己受到损害；相反，他们认为高政治技能的队友能够运用政治技能为团队争取更多的有利资源，有助于团队目标的实现。在这样一种信念的支撑下，低政治技能的团队成员不仅不会感到嫉妒和沮丧，反而对高政治技能的成员心存感激，愿意付出更多的努力去达成自身目标和团队目标。对于高政治技能的团队成员而言，如果低政治技能成员的目标无法实现，将会阻碍自身目标和团队目标的实现，因而，他们可能运用自己对他人和团队环境的洞察以及高超的人际交往能力，采取正确的方式处理与领导及其他利益相关者的关系，有效影响和控制他人和环境，达到实现预定目标的目的。因此，本研究认为，合作性目标对团队政治技能差异与个体和团队绩效的负向关系具有抑制作用。

相反，在实施竞争性目标的团队中，团队成员相信，自己的产出与团队中其他成员的产出负相关，自己目标的实现必须以牺牲队友的目标为代价[39]。为了能够在团队中获得较高的地位，实现自己的目标，高政治技能的团队成员一方面会灵活运用自己的社会机敏度和人际影响力操纵与领导之间的关系，获得更多的资源；另一方面会运用网络运营力倾轧和打压队友，使之受挫，甚至被迫离开团队中的资源和权力中心地带[132]。低政治技能的团队成员一方面受到高政治技能队友的打压，感到无助和沮丧；另一方面，由于政治技能并非与完成工作任务直接相关的能力，低政治技能的团队成员会认为高政治技能团队成员目标的实现是凭借“小聪明”，凭借与领导的关系而非因为其实力真的比自己强，因而会产生不公平感知，降低其提高个体绩效和团队绩效的工作动力和努力程度。由此，团队政治技能差异对个体和团队绩效具有消极的影响[21]。此外，团队领导倾向于与高政治技能团队成员建立良好的工作关系和私人关系，在资源分配上更多地向他们倾斜，这种做法更加加剧了低政治技能团队成员的不公平感知，降低他们对团队的情感承诺和认同[186]，丧失其为达成团队目标而努力工作的积极性，降低个体绩效和团队绩效。团队竞争性目标越强，高政治技能的成员越有动力运用政治技能通过牺牲其他成员的利益谋取自身利益最大化，低政治技能的成员越容易感知到工作结果的不公平，越会降低工作动力，严重的甚至会千方百计阻挠高政治技能成员目标的实现。基于以上分析，本研究认为，竞争性目标对团队政治技能差异与个体和团队绩效的负向关系具有增强作用。

基于以上分析，本研究提出以下研究假设：

研究假设11：团队目标相依调节政治技能差异与团队成员个体绩效的关系。

研究假设11a：合作性目标调节团队政治技能差异对个体绩效的负向影响：合作性目标越强，团队政治技能差异对团队成员个体绩效的负向影响越弱。

研究假设11b：竞争性目标调节团队政治技能差异对个体绩效的负向影响：竞争性目标越强，团队政治技能差异对团队成员个体绩效的负向影响越强。

研究假设12：团队目标相依调节政治技能差异与团队绩效的关系。

研究假设12a：合作性目标调节团队政治技能差异对团队绩效的负向影响：合作性目标越强，团队政治技能差异对团队绩效的负向影响越弱。

研究假设12b：竞争性目标调节团队政治技能差异对团队绩效的负向影响：竞

争性目标越强，团队政治技能差异对团队绩效的负向影响越强。

3.3.2.2 团队政治技能差异与团队关系冲突的关系

关系冲突是指团队成员之间由于与团队职能和目标无直接关系的人际摩擦引起的紧张、厌烦、敌对等消极情绪对抗[97]。根据社会分类视角的相似性吸引理论和信息处理视角的多样化理论，团队的浅层多样性和深层多样性是团队关系冲突的主要来源[93]。地位差异属于深层多样性的重要属性，因而也是引起团队关系冲突的重要因素[187]，地位差异视角的团队多样性对团队关系冲突具有重要影响。基于此，本研究认为团队政治技能差异对团队关系冲突具有正向预测作用。

首先，高政治技能团队成员善于运用其高超的人际影响力和网络运营力构建和维系与领导良好的关系[188]，同时他们通过社会机敏度和表现真诚性获得领导的信任和青睐，不仅在工作上而且在工作外与领导保持良好的关系，成为领导的“圈内人”，即高政治技能成员善于运用其政治技能获取较高质量的领导—成员交换关系[26]。而较低政治技能团队成员则成为高政治技能成员倾轧和打压的对象，在由于政治技能差异而形成的差序格局中被动离开团队资源和权力的核心位置，成为领导的“圈外人”[132]。因此，团队政治技能差异最直接的后果是导致领导—成员交换关系差异[26,132]。在这种差异化的交换关系中，领导不是根据公平原则和工作需要原则分配团队资源，而是根据与团队成员关系的远近将团队资源分配给拥有高政治技能的团队成员，这必然引起低政治技能团队成员的不公平感知，他们会嫉妒高政治技能团队成员，出现情绪对抗，这种对抗直接体现为团队关系冲突的升级[107]。

其次，根据社会比较理论[27]，团队政治技能差异引发团队成员之间的社会比较行为。高政治技能成员和低政治技能成员的社会比较方向不一致，因而受到社会比较的影响有差别，由此导致团队成员之间的人际摩擦，从而引起团队关系冲突[189]。社会比较是个体将自己与一个或者多个其他成员进行比较的过程，个体与比自己境况好的他人进行比较称为“上行比较”，而与比自己境况差的他人比较称作“下行比较”[190]。根据以往研究得出的结论，上行比较和下行比较对个体的情感、态度和行为具有迥异的影响。上行比较容易产生低自尊和嫉妒行为，降低工作动机，产生人际冲突[191]；下行比较容易产生紧张和威胁感，带来负面情绪，滋生人际冲突[192]。团队中下行比较的团队成员会把比自己差的成员理解为搭便车行为，容易引起愤怒与沮丧[193]。高政治技能团队成员在与低政治技能成员进行下行比较的过程中，具有优越感和满足感。此外，由于受到中国传统差序思维的影响，高政治技能成员不愿意与低政治技能成员进行互动；基于资源保存理论[194,195]，高政治技能成员为了保护自己已有的政治技能和与领导的良好关系，对低政治技能的成员存在戒备心理，增加了团队的关系冲突。低政治技能成员在与高政治技能成员进行上行比较的过程中，感觉到自己与他人的差距，自尊心和自我形象受到威胁[196]。当感知到自己的政治技能与高政治技能成员存在差距时，低政治技能成员会认为高政治技能成员不是因为实际的工作能力和威望获得优势地位，觉得这种地位既不真实也不合法[21]，因而会产生不公平感知和嫉妒心理，这种嫉妒心理在工作中就体现为对高政治技能成员的不满意，严重的甚至可能采取一定的方式对其进行报复，这无疑增加了团队的关系冲突。

基于上述分析，本研究提出以下研究假设。

研究假设13：团队政治技能差异正向影响团队关系冲突。

3.3.2.3 团队目标相依对政治技能差异与团队冲突关系的调节

如前文所述，在实施合作性目标的团队中，团队成员相信，自己的产出与其他成员的产出正相关，一个成员目标的实现将有助于其他成员实现目标。在合作性目标中，团队成员明白队友目标的实现对自己是有益的，团队成员彼此希望大家都能运用自身的能力和技能实现互惠互利[185]。因此，团队成员都致力于促进团队互动以鼓励彼此有效地达成目标。相反，在实施竞争性目标的团队中，团队成员相信，自己的产出与团队中其他成员的产出负相关，自己目标的实现必须以牺牲队友的目标实现为代价[39]。一个团队实施的是合作性目标还是竞争性目标决定了团队成员之间的互动方式和互动结果[112]。因此，本研究认为团队目标相依对团队政治技能差异与关系冲突的关系具有调节作用。

根据合作与竞争理论，合作性目标正向影响团队成员的心理安全，增强团队抵御消极影响的能力[39]。在实施合作性目标的团队中，团队成员间的目标相容性较强，团队成员即使受到其他成员消极的对待，首先不是消极对抗，而是考虑彼此目标的相互依赖，从而会减弱政治技能差异对消极情绪的影响[197]。根据情绪传染理论[198]，如果部分团队成员放弃对抗情绪，选择以积极情绪应对团队的政治技能差异，其他成员的情绪也会受到传染，从而放弃消极的情绪，最终降低团队成员之间情感不和谐与人际摩擦，减少团队关系冲突。此外，合作性目标促进团队信任氛围的形成，减弱了政治技能差异对人际关系和团结的破坏程度[199]。合作性目标中低政治技能团队成员不会过度地认为高政治技能成员是对自己的一种威胁，相反，他们会将其视为一种帮助自己和团队达成目标的手段，因而降低其敌意程度，削弱了政治技能差异对团队关系冲突的影响[189]。由于高政治技能成员与低政治技能成员的目标依存性，高政治技能成员对低技能成员的戒备心减弱，为了达成团队目标，他们有可能愿意分享自己通过高超人际影响力从领导那里获得的资源和信息[200]，他们的这种行为会减弱低政治技能成员的不公平感知和嫉妒心理，削弱政治技能差异对团队关系冲突的影响。基于此，本研究认为合作性目标削弱了政治技能差异对团队关系冲突的正向影响。

在实施竞争性目标的团队中，团队成员相信，自己的产出与其他成员的产出负相关[39]。竞争性目标使团队成员对其他成员的政治技能持怀疑和抵触态度，认为他人的政治技能是为了获得利益的不合法手段，觉得他人利益的实现是以牺牲自己的利益为代价的。在与低政治技能成员进行下行比较的过程中，高政治技能成员感受到一种优越感，团队内的竞争性目标程度越高，这种优越感越强。强烈的优越感使其不愿意与低政治技能成员进行交流和互动。此外，高政治技能成员人际交往的对象往往是具有资源和权力分配权力的领导，这种“媚上欺下”的作风和做法加剧了低政治技能成员的不满和愤怒。由于竞争性目标的影响，高政治技能团队成员一方面为了获取领导信赖和获取职业利益会竭尽全力运用自身的社会敏锐度、人际影响力、网络运营力和表现真诚性与处于权力中心的领导建立良好关系，另一方面为了防止其他成员超越自己的地位，他们会运用自己高超的政治技能打压队友，使之难以成为领导的“圈内人”[132]。在这种打压下，低政治技能成员不仅感到沮丧，而且容易对高政治技能成员产生嫉妒和敌对情绪。根据情绪传染理论[198]，如果部分团队成员采取敌对和对抗情绪，选择以消极情绪应对团队政治技能差异，其他成员的情绪也会受到传染，从而放弃积极的情绪，增加了团队成员之间情感不和谐与人际摩擦，增强了团队的关系冲突。除此之外，竞争性目标与社会比较正相关，依据社会比较理论，上行社会比较容易产生愤怒、不满等消极情绪[27]。低政治技能团队成员在与高政治技能成员的上行社会比较中，感知到自己在与领导的关系中处于劣势地位。由于政治技能不是一种与工作直接相关的能力，低政治技能成员将地位差异归因为外部因素而非自身原因[189]，从而在竞争性目标的刺激下更容易使得负面情绪升级，加剧了政治技能差异对团队关系冲突的正向影响。

研究假设 14：团队目标相依调节团队政治技能差异与团队关系冲突的关系。

研究假设 14a：合作性目标调节团队政治技能差异与团队关系冲突的正相关关系：合作性目标越强，团队政治技能差异对团队关系冲突的正向影响越弱。

研究假设 14b：竞争性目标调节团队政治技能差异与团队关系冲突的正相关关系：竞争性目标越强，团队政治技能差异对团队关系冲突的正向影响越强。

3.3.2.4 团队关系冲突与个体和团队绩效的关系

团队的有效运作依赖于建立在团队人际和谐、共同规则和价值观基础上的积极、信任的团队氛围[201]。无论在个体层面还是在团队层面，团队关系冲突都强化了团队成员之间的紧张气氛和人际摩擦，对团队成员的个体绩效和团队绩效带来消极影响。

在个体层面上，团队成员对关系冲突的感知负向影响个体绩效。首先，感知到较高的团队关系冲突通常伴随着成员之间的消极交流和表达、不愿意合作以及成员的生气、不信任、害怕沮丧等消极心理情绪[97]。这种消极情绪严重影响团队成员的个体效能、工作积极性，降低其个体绩效。团队关系冲突涉及的冲突内容与团队任务无关，容易引起团队成员的消极情感，严重威胁其自我认同和自我价值感[202]。依据威胁刚度理论，人们在感受到来自外界威胁的时候，往往会停滞、减少或撤回投入[203]。因此，在感知到关系冲突较高时，团队成员往往采取消极怠工行为，降低其个体绩效。其次，根据注意力资源有限理论，团队成员在团队中的注意力资源在与工作相关和与工作无关的事务之间进行分配[204]。当团队成员之间的紧张、摩擦、情绪不和谐等情况普遍存在时，每一个团队成员必须分配大量资源去处理这些与工作无关的事务，只能分配少量资源去思考问题解决方案。特别地，团队成员注意力资源的分散更多地在团队成员出现负面情感和互动时发生。因此，团队关系冲突给团队成员带来紧张、对立情绪，降低团队成员的满意度，分散其工作注意力，降低其个体绩效[104]。此外，团队关系冲突与团队成员的动机状态负相关[97]，较高的关系冲突感知负向影响团队成员完成工作任务的信心和对工作的内在喜爱程度，降低了团队成员的情感承诺和心理授权，对其工作绩效产生负向影响[205]。综上所述，团队关系冲突感知对团队成员个体绩效具有负向影响作用。

研究假设 15：团队关系冲突感知与团队成员个体绩效负相关。

从团队层面来看，De Dreu 和 Van Vianen(2001)通过元分析发现，团队关系冲突无论与团队成员自评的团队绩效、团队领导报告的团队绩效还是客观绩效数据报告的团队绩效均呈负相关关系[206]。第一，团队关系冲突阻碍团队成员之间积极的互动。当团队关系冲突较高时，团队成员倾向于将他人与自己相异的观点和问题解决方案归因为与自己人际关系摩擦的结果，对他人的建议特别是批评性的建议采取敌对态度[207]，因而既不愿意接纳他人的意见，也不会从他人意见中吸取灵感和新思维，不利于团队绩效的提升。第二，团队关系冲突容易引发团队成员的消极情绪，在消极情绪的主导下，团队成员的思维变得狭隘和挑剔，他们不仅可能忽略对团队绩效具有重要影响的信息和资源，而且难以对团队中已有的资源和信息进行有效整合，所以往往难以做出最优的决策[208]，甚至有可能做出错误的决策，影响团队绩效的提升。第三，团队关系冲突限制了团队的信息处理能力，团队成员需要花费更多的时间和精力用于处理彼此之间的关系而忽视了寻求团队问题的解决方案[93]。第四，团队关系冲突增强了团队成员的压力和焦虑程度，阻碍了团队成员认知能力的发挥，难以就达成团队目标提出较好的解决方案，客观上降低了团队绩效。此外，团队关系冲突引起的团队成员间关系不和谐，降低了成员的团队满意度，增强了其离开团队的意向，从根本上伤害了团队绩效[209]。综上所述，团队关系冲突对团队绩效具有负向影响作用。

研究假设 16：团队关系冲突与团队绩效负相关。

3.3.2.5　关系冲突对团队政治技能差异与个体和团队绩效的中介作用

如前所述，团队 IPO 理论模型认为，团队投入要素(input)并不必然影响团队和个体产出(output)，而是通过对团队内部过程(process)和心理特征等中介变量(mediator)产生影响[169]。其中，中介机制是团队投入发生作用的关键要素，这种中介既涉及团队的行为，也涉及团队成员的认知、动机及情感状态[43]。本研究认为，团队政治技能差异对个体和团队绩效的作用必须以员工与团队的知觉和行动为纽带。根据社会比较理论，当团队成员之间的政治技能存在差异时，高政治技能成员会进行下行社会比较，而低政治技能成员则会进行上行社会比较，两个方向的社会比较导致的结果具有显著差异，两种类型成员对这种差异性的反应和归因必将导致人际交往的紧张与不和谐，在个体层面上表现为对个体的情绪和情感的消极影响，在团队层面表现为对团队的信任氛围、人际关系的消极影响。这两个层面的消极影响必将导致团队的关系冲突升级，从而给团队成员的个体绩效和团队绩效带来破坏性影响。基于此，本研究认为，关系冲突感知和关系冲突分别在团队政治技能差异与个体和团队绩效之间起中介作用。

首先，政治技能差异正向影响团队关系冲突。第一，团队成员之间政治技能的差异性决定了高政治技能成员与低政治技能成员在与领导关系上的差异[72]。高政治技能成员运用自己的人际影响力与领导建立和维系良好的关系，促使领导采取对自己有利的方式分配资源和权力。低政治技能成员在与高政治技能成员的上行比较中感觉到自己在处理与领导关系等方面处于劣势地位，伤害了自尊和已经建立起来的自我形象，产生不公平感知和嫉妒心理[189]。第二，政治技能差异阻碍了高政治技能和低政治技能成员之间良性交流和互动，导致两种类型的成员在人际交往中出现紧张、不和谐的气氛。由于领导资源的有限性，高政治技能成员为了保护自己获取有利资源的优势，可能运用自身政治技能采取非常规手段对低政治技能成员进行打压，使之远离团队资源和权力的核心位置，这一举动不仅会让低政治技能成员觉得沮丧、羞辱，而且可能产生怨恨、愤怒和报复行为[132]。

其次，团队关系冲突负向影响个体和团队绩效。从个体层面来说，团队关系冲突感知引发团队成员的消极情绪，降低其个体效能和工作积极性，给个体绩效带来损害。当感知到较高的团队关系冲突时，团队成员感受到来自他人对自我认同和自我价值的威胁和伤害，促使其减少工作投入，降低工作绩效[203]。此外，根据注意力资源有限理论，团队成员在感知到团队关系冲突时，更多的注意力将集聚在如何面对和解决人际纠纷，减少了投入工作的时间和精力，从而降低其个体绩效[39]。从团队层面来说，关系冲突引起团队成员错误归因，当面对其他成员的反对意见时，更容易将其归因为对自己的人身打击和伤害，而不会将其看作一种建设性建议，更不会学习和整合别人的意见，寻求最优的方案[208]。团队关系冲突一方面增加了团队成员的心理压力和紧张感，阻碍其认知能力的发挥，另一方面阻碍了团队成员间有效的信息交流[93]，使得团队不仅难以有效整合和优化资源与信息，而且对现有资源和信息的使用都极其有限，这些无疑阻碍了团队绩效的提升。

综上所述，由于较高的政治技能差异带来较高水平的团队关系冲突，给团队成员带来负面情感，给团队带来消极的互动过程，由此对个体和团队绩效产生消极作用。也就是说，团队政治技能差异引起团队成员间的人际摩擦和不和谐，增加了团队的关系冲突。正是这种具体表现为团队关系冲突的态度与行为，而不是政治技能差异本身，对个体和团队绩效产生了重要影响。

基于上述分析，本研究对团队关系冲突的中介作用，形成以下假设：

研究假设 17：团队政治技能差异通过团队关系冲突感知对个体绩效产生负向影响。

研究假设 18：团队政治技能差异通过团队关系冲突对团队绩效产生负向影响。

3. 3. 2. 6　领导政治技能对关系冲突与个体和团队绩效关系的调节效应

如果采取有效的冲突管理策略降低团队关系冲突与团队成员消极情感的关系，团队关系冲突对团队成员个体和团队绩效的负向影响将会减弱[104]。大量研究表明，领导在选择有效的冲突管理方式，弱化关系冲突负面作用方面发挥重要的作用[210,211]。如前所述，高政治技能领导者善于灵活运用暗示性行为，并通过察言观色及时准确地识别并归类他人动机；善于影响他人并依据动态环境调整自身态度和行为；具有高水平政治技能的团队领导善于通过有效建立和经营人际关系网络，增强自己的社会资本和稀缺资源[180]。基于以上特征，高水平政治技能的团队领导在抑制团队关系冲突对个体和团队绩效负向效应方面具有重要的作用。

从个体层面来说，具有高水平政治技能的领导能够与团队成员相处融洽，在团队互动中给团队成员留足面子，更容易获得团队成员的信任[9]。首先，当团队成员感知到领导具有较高的政治技能时，更愿意与之沟通，更愿意将负面情绪宣泄出来，有利于其工作的开展。高政治技能领导善于察言观色，善于针对不同成员的性格特点采用有效的方式缓解由关系冲突带来的生气、不信任、害怕沮丧等消极心理情绪。高政治技能领导能够帮助团队成员采取正确的方式缓解或者消除消极情感，帮助其提升个体效能和工作积极性，从而提升个体绩效。因此，高政治技能的团队领导能够降低关系冲突对团队成员个体绩效的负向影响。其次，当团队成员的自我认同和自我价值感受到威胁时，高政治技能的团队领导能够运用其人际影响力帮助成员恢复自尊，有助于其工作积极性的恢复。高政治技能的领导善于根据不同成员的性格特点，有针对性地采取合适的沟通风格与沟通方式，增强其对领导政治技能的感知，增加对领导的信任，促使其以积极的态度对待团队关系冲突，将关系冲突看作团队成员为达成一致目标而产生的误会，促进团队成员将注意力资源从处理人际摩擦转移到工作任务上来，从而弱化了团队关系冲突对团队成员个体绩效的负向影响。

从团队层面而言，高政治技能领导具有高度的社会敏锐度，能够敏锐觉察团队成员的消极情绪和团队成员之间的敌对关系，能够及时采取有效的措施进行沟通和疏导，将关系冲突对团队绩效的负面影响减少到最小。第一，高政治技能的领导具有较强的人际影响力，引导团队成员对彼此之间的不同意见进行正确的归因，能够帮助团队成员理智地对待其他团队成员的不同意见，引导团队成员接纳他人的意见，从他人意见中吸取灵感和新思维，促进团队绩效的提升。第二，高政治技能的领导具有较强的网络运营力，能够运用自身的影响力和资源将团队成员的注意力集中到团队任务上来，引导团队成员规避狭隘思维，重视对团队绩效具有重要影响的信息和资源，并对团队中已有的资源和信息进行有效整合，做出解决团队问题的最优决策。第三，高政治技能的领导表现真诚，能够建立信任、和谐的团队氛围，减轻关系冲突带给团队成员的紧张和压力感，促使团队成员有效地利用其认知能力为团队决策作贡献。高政治技能团队领导还善于畅通团队成员之间的信息沟通渠道，不仅能够促进拥有不同信息和资源的成员进行有效流通，而且能够引导大家从现有信息和资源中挖掘新的信息和资源，帮助团队获得问题的最优解决方案，从而促进团队绩效的提升。

据此，我们提出以下研究假设：

研究假设 19：团队成员对领导政治技能的感知调节团队关系冲突感知对个体绩效的负向影响：团队成员感知到的领导政治技能越强，团队关系冲突感知对团队成员个体绩效的负向影响越弱。

研究假设 20：团队领导政治技能调节团队关系冲突对团队绩效的负向影响：领导政治技能越强，团队关系冲突对团队绩效的负向影响越弱。

3.3.3　研究假设汇总

根据理论分析和假设推演，本节提出了一系列有关团队政治技能差异与个体和团队绩效关系及其中介效应和调节效应的研究假设，汇总如表 3.2 所示。

表 3.2　**团队政治技能差异与绩效关系的研究假设汇总**

序号	假设类型	假设内容
H11	交互效应	团队目标相依调节政治技能差异与团队成员个体绩效的关系
H11a		合作性目标调节团队政治技能差异对个体绩效的负向影响：合作性目标越强，团队政治技能差异对团队成员个体绩效的负向影响越弱
H11b		竞争性目标调节团队政治技能差异对个体绩效的负向影响：竞争性目标越强，团队政治技能差异对团队成员个体绩效的负向影响越强

续表

序号	假设类型	假设内容
H12	调节效应	团队目标相依调节政治技能差异与团队绩效的关系
H12a		合作性目标调节团队政治技能差异对团队绩效的负向影响：合作性目标越强，团队政治技能差异对团队绩效的负向影响越弱
H12b		竞争性目标调节团队政治技能差异对团队绩效的负向影响：竞争性目标越强，团队政治技能差异对团队绩效的负向影响越强
H13	主效应	团队政治技能差异正向影响团队关系冲突
H14	调节效应	团队目标相依调节团队政治技能差异与关系冲突的关系
H14a		合作性目标调节团队政治技能差异与团队关系冲突的正相关关系：合作性目标越强，团队政治技能差异对团队关系冲突的正向影响越弱
H14b		竞争性目标调节团队政治技能差异与团队关系冲突的正相关关系：竞争性目标越强，团队政治技能差异对团队关系冲突的正向影响越强
H15	主效应	团队关系冲突感知与团队成员个体绩效负相关
H16	主效应	团队关系冲突与团队绩效负相关
H17	中介效应	团队政治技能差异通过团队关系冲突感知对个体绩效产生负向影响
H18	中介效应	团队政治技能差异通过团队关系冲突对团队绩效产生负向影响
H19	调节效应	团队成员对领导政治技能的感知调节团队关系冲突感知对个体绩效的负向影响：团队成员感知到的领导政治技能越强，团队关系冲突感知对团队成员个体绩效的负向影响越弱
H20	调节效应	团队领导政治技能调节团队关系冲突对团队绩效的负向影响：领导政治技能越强，团队关系冲突对团队绩效的负向影响越弱

本节 10 个假设共涉及 7 个变量，本研究提出的研究假设仅根据本研究的研究目的考虑理论模型中特别关注的变量之间的关系，其他变量之间可能存在其他的关系：比如，政治技能对个体绩效的主效应，目标相依与个体和团队绩效的关系等已经在过往研究中得到了实证检验，本研究并不作考虑，不提出研究假设也不做数据分析和实证检验。

3.4　本章小结

本章的主要目的是在前文文献回顾的基础上分析团队能力差异(包含工作能力

差异和政治技能差异)对个体绩效和团队绩效的作用机理，对各变量之间的关系进行理论推演并提出研究假设，在此基础上分别构建团队工作能力和政治技能差异对个体和团队绩效作用机制和作用边界的理论模型。

首先，本章分析了团队工作能力差异在个体层面上对团队关系特征、团队成员的公平感知和团队成员之间的社会比较以及在团队层面上对团队投入、团队过程、团队报酬结构的公平性以及团队的表现状态等的影响来揭示团队工作能力差异对个体绩效和团队绩效的作用机理。

其次，本章分析了团队政治技能差异在个体层面上对团队关系特征、团队成员的公平感知和团队成员之间的社会比较以及在团队层面上对团队投入、团队过程、团队报酬结构的公平性以及团队的表现状态等的影响来揭示团队政治技能差异对个体绩效和团队绩效的作用机理。

再次，在前述作用机理分析的基础上，本章依据社会比较理论、地位差异理论、领导权力理论、合作与竞争理论等理论基础提出工作能力差异与个体和团队绩效关系的基本理论框架，依据团队层次的工作能力、团队目标相依、团队任务冲突、团队领导政治技能、团队绩效与个体层面的团队任务冲突感知、团队领导政治技能感知、个体绩效等变量之间的关系构建一个跨层次作用机理模型。从相关文献出发，根据研究问题就变量间的关系进行理论推演并提出研究假设。

最后，同样基于前述理论分析，本章依据社会比较理论、情绪感染理论、注意力资源有限理论、目标相依理论、归因理论等理论基础提出基本理论框架，依据团队层次的政治技能差异、目标相依、关系冲突、领导政治技能、团队绩效与个体层面的团队关系冲突感知、领导政治技能感知和个体绩效等变量之间的关系构建一个跨层次作用机理模型。从相关文献出发，根据研究问题就变量间的关系进行理论推演并提出研究假设。在此基础上分别构建团队工作能力差异和政治技能差异与个体和团队绩效关系作用机制和作用边界的理论模型。

第4章　团队工作能力差异对个体和团队绩效影响的实证研究

4.1　团队工作能力差异对个体和团队绩效影响的实验检验

鉴于过往研究中关于团队工作能力差异对个体和团队绩效影响的研究相对不足，关于两者间因果关系探讨的研究更是缺乏，本章在前述在理论分析和模型构建的基础上，首先采用实验室实验方法探索团队工作能力差异与个体和团队绩效间的因果关系；在此基础上，进一步采用问卷分析方法探讨团队任务冲突在自变量和因变量之间的中介作用以及这一中介作用的作用边界。研究过程分两部分进行：第一部分包含研究目的确定、实验室实验设计、实验操纵、实验数据获取、实验结果分析与假设检验。这一部分的数据分析主要采用方差(ANOVA)分析方法和多层线性模型(HLM)分析方法。第二部分包含问卷设计、问卷数据获取、问卷结果分析与假设检验。这一部分的数据分析主要采用SPSS层次回归分析、bootstrap技术和多层线性模型(HLM)分析方法。

4.1.1　实验研究目的

采用严格控制的实验室实验方法对团队工作能力差异与个体和团队绩效之间的因果关系以及团队目标相依的调节效应进行检验；在此基础上，为了更准确地验证两者关系的作用机制和作用边界，同时为了克服实验室实验外部效度相对不高的缺陷，采用问卷调研的方法验证团队任务冲突在团队工作能力差异与个体和团队绩效之间的中介作用以及团队目标相依的调节作用；本章还进一步验证了团队领导政治技能对于促进团队任务冲突积极效应的调节效应。本研究试图打开工作能力差异影响个体和团队绩效的黑箱，以期为团队能力组成优化、促进团队任务冲突的积极作用、团队领导技能培训以及个体和团队两个层面绩效提升提供数据支持和管理建议。

4.1.2 实验设计与实验程序

由于关于团队工作能力差异与个体和团队绩效之间的关系在现有文献中并不明晰，关于两者关系的研究尚处于探索阶段，故本研究首先采用2＊2的实验室实验方法探索性研究中国情境下团队工作能力差异高和差异低两种能力组成方式分别在竞争性目标和合作性目标两种情形下对个体绩效和团队绩效的作用。其中自变量是团队工作能力差异，分为高差异和低差异两个水平，调节变量是团队目标相依，分为合作性目标和竞争性目标两个水平，构成四种实验处理，即合作性目标下的高工作能力差异团队，竞争性目标下的高工作能力差异团队，合作性目标下的低工作能力差异团队，竞争性目标下的低工作能力差异团队。被试团队样本共80个团队，个体样本240个团队成员，每种实验处理不同水平下的个体数量和团队数量分配表见表4.1。因变量是每个团队中成员的个体绩效和每个团队的团队绩效。

表4.1　**四种实验处理水平下个体及团队数量分配表**

实验处理	高工作能力差异		低工作能力差异	
	团队数量	个体数量	团队数量	个体数量
合作性目标	16	48	24	72
竞争性目标	24	72	16	48
合计	40	120	40	120

本章实验包含三个连续环节。第一环节中让被试独立完成与第三环节相同的工作任务，以测试被试的工作能力，作为第二阶段计算团队工作能力差异的依据。这一环节中我们要求被试独自完成两轮共60个回合CS游戏，取两轮均值k/bk①作为被试的个人工作能力数据。为了避免个别被试识别实验意图、故意在这一轮实验中隐瞒实力，我们在这一轮中给予个人成绩排名前30%的被试20元到50元不等的奖励(具体见附录1)。在第二个环节中，我们根据第一阶段的工作能力数据将被试分成高工作能力成员、中等工作能力成员和低工作能力成员三种不同的类型，然后在保证每一团队平均能力相等的前提下将团队成员随机分配到不同的三人团队中。这样组成了两种工作能力差异不同的团队：第一种团队由三个中等工作能力成员组成，称为低工作能力差异团队(Small Ability Disparity，SAD)；第二种团队由一个高工作能力成员(High Initial Abiliy，HIA)、一个中等工作能力成员(Medium Initial Ability，MIA)和一个低工作能力成员(Low Initial Ability，LIA)组成，称为高工作能

① k指队员杀死敌人的数量，bk指队友自身被敌人杀死的次数。

力差异团队(Large Ability Disparity, LAD)。第三个环节我们将第二环节组成的两种不同工作能力差异的团队按照随机分配的原则分配到合作性目标和竞争性目标两种团队目标相依处理组中，最后通过两轮共六十个回合的 CS 游戏测量每个成员和两种工作能力差异(LAD 和 SAD)的团队在不同实验操纵中的绩效表现来确定团队工作能力差异在竞争性和合作性两种目标情形下对个体绩效和团队绩效的影响效应。团队实验开始前我们要求同一团队成员间互相告知自己在第一轮比赛中的成绩，以确保每个成员对队友的工作能力水平有准确的感知。

实验开始前，我们招聘了两名对实验目的毫不知情的播音专业的学生对实验程序进行说明，我们也同时将实验说明写在一张纸条上发给每一个队员，确保其完全理解实验规则。为确保任务的一致性和实验操纵的有效性，所有团队在 CS 游戏中扮演的角色都是“反恐精英”，其敌人都是由三个实力一致的机器人扮演的“恐怖分子”。当 80 个团队完成两轮、每轮 30 个回合的游戏后，我们登记其个体绩效 k/bk 和团队绩效 wr/60①。最后，所有被试填写关于团队目标相依和工作能力差异感知的调查问卷并简单阐述其感受后根据绩效表现领取报酬。

4.1.3 实验操作

4.1.3.1 实验工具和任务介绍

本研究选择 Counter-Strike(CS)游戏作为实验工具。CS 游戏是一款枪击游戏，游戏玩家分为“恐怖分子”和“反恐精英”两种阵营，每一阵营由两个或两个以上游戏者组成，每一阵营必须在某一地图上战斗若干回合达成该地图要求的目标，或者消灭敌方阵营中的所有敌人。我们选择这一游戏主要基于以下两个原因：首先，CS 游戏的开创者 Jess Cliffe 曾经说过，CS 是一款基于团队角色的游戏，每一团队可以选择不同的枪支等装备去完成不同地图中需要完成的任务，这一游戏场景是对我们这一研究主题最好的反映。其次，虽然时下有很多与 CS 类似的团队游戏，比如英雄联盟(League of Legends, LOL)，我们没有选择的主要原因在于这些游戏的流行性可能使得被试沉迷于游戏本身带来的快乐和刺激当中，忽视实验中的报酬，从而使得我们的实验操纵失效；相反，CS 是流行于 20 世纪末的游戏，目前已经过时，被试对这一游戏并无很大兴趣，他们参加这一游戏的唯一目的就是为了获得实验报酬，这恰好能够帮助我们确保实验操纵的有效性。此外，CS 游戏中有多个可供选择的地图，我们选择了最经典的地图——飞冰世界(iceworld)，因为这一地图中双方场景最为一致，双方能量最为平衡，而且这一地图最具有可控性，所有这些都与我们理想中的实验场景极为一致，进一步确保了实验操纵的有效性。在这个游

① wr 指团队战胜“恐怖分子”的回合数，60 指每个团队工作的总回合数。

戏中，我们用每一团队在既定回合中的“获胜率”来测量团队绩效，我们用每一个团队成员杀死敌人的个数和自己被杀的次数之比来测量团队成员的个体绩效，即这一比率越高表示该成员的个体绩效越好。

4.1.3.2 实验预测试

正式实验之前，我们在湖南株洲职业技术学院招聘了120个被试组成40个团队进行了预测试，我们还访谈了20个能力超高的资深玩家，确定了游戏中团队目标的难度和行之有效的报酬水平，通过这一过程，我们也确定了合作性目标、竞争性目标和工作能力差异的判别标准，从而有效避免了正式实验中的“地板效应”和“天花板效应”[212]，从根本上保证了实验操纵的有效性。

4.1.3.3 被试招聘与选择

正式实验中所有的被试都是湖南大学不同专业的本科生和研究生。我们首先通过三种招聘渠道在湖南大学进行了广泛的CS玩家招聘：第一种渠道是通过导师和相关老师的课堂资源，利用课间休息时间播放被试招聘PPT并进行口头宣传，登记意向被试的姓名和联系方式；第二种渠道是通过与湖南大学学生社团联合，以社团活动的方式在校园网和各学生宿舍发布广告进行招聘；第三种渠道是建立招聘QQ群和微信群，通过项目研究团队所有成员的QQ空间、微博、微信进行宣传。经过连续三个月的招聘，有450名学生愿意参加我们的实验，我们排除了所有左撇子和资深玩家后有320人参加了第一轮的测试，第一轮测试结束后，为了配合研究目的的需要，确保每一团队的平均水平相等，我们排除了工作能力水平高于3倍均值水平的能力超高玩家和工作能力水平低于平均水平三分之一的超低玩家。这一操作确保了每一个参加团队游戏的成员都不具有特殊性，有助于保证实验的外部效度。最终实验样本包含240个被试，组成80个具有同能力差异水平的团队，所有玩家的平均年龄为21.95岁(标准差为2.07)，其中15%是女性玩家。被试玩CS游戏的平均年限为2.75年(标准差为1.76)，每一个团队成员平均能力值为1.40(标准差为0.99)。

4.1.4 实验操纵

4.1.4.1 团队工作能力差异的操纵

在确保每一团队平均工作能力相等前提下，我们采用聚类分析方法根据团队成员工作能力的标准差将团队分为高工作能力差异团队和低工作能力差异团队。如果成员间工作能力的标准差大于或等于1.1，我们将其归为高工作能力差异团队处理组；反之，当成员间工作能力的标准差小于1.1，我们将其归为低工作能力差异团队处理组，这一操纵设计排除了团队平均工作能力对结果变量的影响，确保了团队绩效的差异完全是由团队成员之间工作能力的差异带来的，从而能够更加科学地预测团队工作能力差异对个体和团队绩效的影响。

4.1.4.2　团队目标相依的操纵

团队采取合作性还是竞争性报酬结构方式决定了团队成员对团队目标相依的感知[197]。因此，本研究中的目标相依是通过团队报酬分配方式进行操纵的。每一团队都根据该团队在任务完成中的绩效表现获得报酬。如果团队获胜率大于或等于40%时，团队有资格获得报酬。根据 Meyer(1995)，当团队获胜率低于或等于 40%时，合作占据支配性地位，竞争的作用并不明显[213]，这与团队的本质是一致的。

表 4.2 详细阐述了合作性目标和竞争性目标两个处理组中团队报酬在团队成员之间的分配方式。当团队实施合作性目标时，团队成员平均分配团队报酬，当团队实施竞争性目标时，团队成员根据自身的个体绩效表现差异性分配团队报酬，个体绩效越高的团队成员在团队报酬中获取的个体报酬比例越大。这一设计区别于一些过往研究(如 Beersma，2003，2013)在竞争性报酬中，无论团队绩效水平如何，每一个团队成员完全依据个体绩效获得报酬[142,214]。这一设计违背团队工作的本质，因为团队本身就是一个相互依赖的实体，其共同目标就是为了实现团队利益最大化，离开团队目标谈个体绩效和个体报酬，团队就失去了其存在的价值。

表 4.2　**不同目标相依情形下的报酬分配**　(单位：元)

合作性目标				竞争性目标			
团队获胜率	团队报酬	分配规则	个体报酬	分配规则	第一名报酬	第二名报酬	第三名报酬
40%以下	0	平均分配	0	第一：80% 第二：15% 第三：5%	0	0	0
40%~60%	30		10		24	4.5	1.5
60%~80%	60		20		48	9	3
80%~90%	120		40		96	18	6
90%~100%	180		60		144	27	9

4.1.5　实验结果分析

4.1.5.1　实验操纵检验

我们采用 5 点李克特量表检验被试对团队工作能力差异的感知，以检验实验处理对团队工作能力差异操纵的有效性。量表问项为“与你所在团队成员的平均工作能力水平相比较，你觉得你自己的工作能力如何”。回答 1 代表“差太远了”；2 代表“差很多”；3代表“不相上下”；4代表“好一点点”；5代表“好很多”。被试对这一问题的回答清晰地表明被试对团队工作能力差异感知较为准确，证明我们的实验操纵是有效的(具体见表4.3)。

表4.3 **团队工作能力差异实验操纵检验结果**

实验处理	团队成员	n	工作能力感知	F值
高工作能力差异	高工作能力(HIA)	40	4.58 (0.42)	3.53***
	中工作能力(MIA)	40	3.25 (0.71)	
	低工作能力(LIA)	40	1.26 (0.24)	
低工作能力差异	中工作能力(MIA)	120	3.32 (0.18)	0.19

注：n(团队成员)=240。*代表$p<0.05$，**代表$p<0.01$，***代表$p<0.001$。均值下括号报告的是该变量的标准差。

我们采用t检验对团队平均工作能力的实验操纵进行检验，数据分析结果显示，不同实验处理下每个团队的平均工作能力没有显著差异(见表4.4)，证实我们对团队平均工作能力的操纵是有效的。

表4.4 **团队平均能力实验操纵检验结果**

实验处理	合作性目标平均工作能力	竞争性目标平均工作能力	t值
工作能力差异			
LAD	1.40 (0.00)	1.40 (0.01)	1.51
SAD	1.40 (0.01)	1.40 (0.00)	1.77

注：N(团队)=80，*代表$p<0.05$，**代表$p<0.01$，***代表$p<0.001$，LAD=高工作能力差异，SAD=低工作能力差异，均值下括号报告的是该变量的标准差。

团队目标相依的实验操纵检验选用团队目标相依5点李克特量表检测被试对团队目标相依的感知是否与实验操纵一致。我们选用经过Tjosvold等改良的适合中国情境的团队目标相依量表进行测量[112]，其中，合作性目标量表信度系数

Cronbach's α值为 0.77；竞争性目标量表信度系数 Cronbach's α 值为 0.72。表 4.5 显示团队成员对团队目标相依的感知与实验操纵是一致的，证实了我们对团队目标相依操纵的有效性。

表 4.5　　　　**团队目标相依操纵检验结果**

实验处理	合作性目标感知均值	竞争性目标感知均值	t 值
合作性目标	4.33 (0.42)	2.40 (0.47)	16.74***
竞争性目标	2.30 (0.27)	4.21 (0.35)	23.80***

注：n(团队成员) = 240，N(团队) = 80，* 代表 $p<0.05$，** 代表 $p<0.01$，*** 代表 $p<0.001$，均值下括号报告的是该变量的标准差。

4.1.5.2　数据分析与假设检验

为了检验团队成员工作能力的稳定性，为下一步数据分析奠定基础，我们首先比较了高工作能力团队成员、中等工作能力团队成员和低工作能力团队成员的个体绩效(见图 4.1)。以不同工作能力团队成员个体绩效为结果变量的单变量方差分析

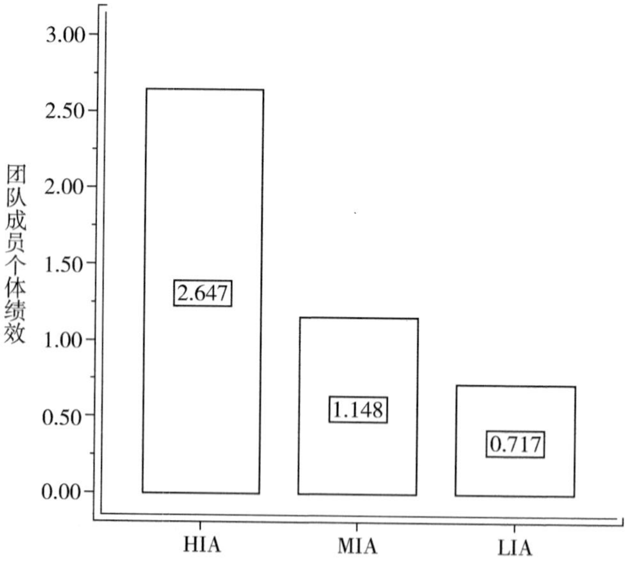

注：HIA 指高工作能力团队成员，MIA 指中等工作能力团队成员，LIA 指低工作能力团队成员。

图 4.1　不同能力团队成员个体绩效的比较

(ANOVA)显示团队成员工作能力对其个体绩效具有显著影响，$F(2, 237)=21.92$，$p<0.001$，$\eta^2=0.15$。高工作能力团队成员个体绩效的后验比较分显著高于中等工作能力团队成员($M=1.15$，$SD=0.88$)，$p<0.001$；中等工作能力团队成员的个体绩效的后验比较分显著高于低工作能力团队成员的个体绩效($M=0.72$，$SD=0.66$)，$p<0.05$；此外，高工作能力团队成员个体绩效显著的后验比较分高于低工作能力团队成员的个体绩效，$p<0.001$。

4.1.5.3 不同实验处理下的数据统计

首先对四种不同实验条件下的团队绩效的均值、标准差、最大值、最小值和95%的置信区间等进行描述性统计(见表4.6和表4.7)。

表4.6　　不同实验处理下团队绩效的描述性统计结果

实验处理		均值	标准差	最大值	最小值	95%置信区间	
						下限值	上限值
合作性目标	高工作能力差异	0.33	0.14	0.60	0.13	0.26	0.40
	低工作能力差异	0.58	0.16	0.93	0.23	0.52	0.65
竞争性目标	高工作能力差异	0.63	0.17	1.00	0.37	0.56	0.70
	低工作能力差异	0.60	0.12	0.87	0.33	0.54	0.66

表4.7　以团队绩效为结果变量的团队工作能力差异与目标相依方差分析结果

变异源	平方和	自由度(d.f.)	均方	*F*值	*P*值
团队工作能力差异	0.259	1	0.259	0.681	0.561
团队目标相依	0.502	1	0.502	1.323	0.456
工作能力差异 * 目标相依	0.380	1	0.380	16.357	0.000

表4.6和表4.7的数据显示，在合作性目标组中，高工作能力差异组的平均数($M=0.33$)明显低于低工作能力差异组的平均数($M=0.56$)，进一步的方差分析结果显示，两者有显著差异($t=5.08$，$p<0.01$)；在竞争性目标组中，高工作能力差异组的平均数($M=0.63$)高于低工作能力差异组的平均数($M=0.60$)，在进一步的方差分析中发现两者差异不显著($t=0.528$，$p>0.1$)。进一步从表4.6中发现，当团队实施合作性目标时，工作能力差异与团队绩效负相关；当团队实施竞争性目标时，工作能力差异与团队绩效不相关。研究假设2a得到初步验证，研究假设2b被拒绝。

4.1.5.4　假设检验

为了比较不同实验处理组中的个体绩效和团队绩效，我们首先将工作能力差异作为二分类别变量进行方差分析，以检验团队工作能力差异对个体绩效和团队绩效的作用以及团队目标相依的调节效应。我们接下来将团队工作能力差异作为连续变量，将团队目标相依作为二分虚拟变量对团队绩效进行回归分析以更清晰地揭示变量之间的关系。此外，由于团队工作能力差异和目标相依是团队层次的变量，而个体绩效是个体层次的变量，我们运用多层线性模型(Hierarchical Linear Modeling，HLM)分析方法来探讨这些跨层次变量间的关系[215]。

1. 团队目标相依影响下团队工作能力差异对个体绩效作用的假设检验

本研究认为个体层次的绩效受到团队层次的工作能力差异和目标相依的交互影响。基于此，我们在检验理论模型的多层嵌套性后进行多层线性分析。多层线性模型(HLM)用来检验较高层次的变量对较低层次变量的作用效应。这一模型的检验需要四个必不可少的步骤。第一步在模型中不放入任何自变量对因变量进行方差分析，检验不同组的残差变异是否真实存在，以判断模型的多层嵌套性质，这一模型称为零模型(null model)；第二步在排除控制变量效应的前提下检验较高层次的自变量对低层次结果变量的主效应，这一模型称为固定斜率模型，也叫截距结果模型；第三步在排除控制变量效应的前提下检验个体层次的自变量与个体层次结果变量的关系，这一模型叫作随机截距模型；第四步检验较高层次的调节变量与较高和较低两个层次自变量之间的交互作用，称为随机斜率模型。本研究中，团队工作能力差异和团队目标相依是团队层面的变量，而个体绩效则是个体层面的变量，这些变量涉及团队和个体两个不同的层次。在将变量放进模型之前，我们先对个体层次的变量进行组均值中心化(group-mean centered)，对团队层次的变量进行总体均值中心化(grand-mean centered)。

团队和个体层次具体进行跨层回归分析的研究变量包括：

团队工作能力差异分数：AD(ability disparity)；

团队目标相依：GI(goal interdependence)

团队工作能力差异和团队目标相依的乘积：AD * GI；

团队成员个体绩效：IP(indivial performance)

其中团队目标相依是二分类别变量，在数据分析中我们将其作为虚拟变量处理，“1”代表合作性目标，“0”代表竞争性目标。

本研究检验研究假设 1a 和研究假设 1b 分为四个步骤进行：

第一步是构建团队成员个体绩效的零模型以检验个体层次的团队成员绩效是否在团队层次存在变异。团队成员个体绩效零模型构建如下：

Level-1 Model：$IP_{ij}=\beta_{0j}+\gamma_{ij}$

Level-2 Model：$\beta_{0j}=\gamma_{00}+\mu_{0j}$

其中：IP 为团队成员个体绩效；β_{0j}为第 j 个团队成员个体绩效的均值；Var(γ_{ij})=σ^2(σ^2是团队成员个体绩效在团队内的方差)；γ_{00}为团队成员个体绩效的总均值；Var(μ_{0j})=τ_{00}(τ_{00}是团队成员个体绩效在团队间的方差)。

表 4.8 显示了多层线性模型的分析结果。前文理论分析中，我们提出个体层次的个体绩效会受到团队层次的工作能力差异和目标相依的影响，我们第一步运用方差分析检验了以个体绩效为结果变量没有加入任何团队层次预测变量的零模型，分析结果显示，个体绩效的组内方差(Intra-Class Correlation，ICC)为 31.1%，卡方检验(Chi-square test)显示个体绩效的组间方差显著，$\chi^2(79)=186.57$，$p<0.001$。这些方差数据证实了模型和数据的多层嵌套性质，说明我们选择多层次分析方法是合理的。

表 4.8 团队工作能力差异与目标相依对个体绩效的多层线性分析(HLM)结果

变量	个体绩效			
	步骤 1 零模型	步骤 2 控制变量	步骤 3 主效应	步骤 4 交互效应
截距 γ_{00}	4.36	0.11	0.72*	0.09
个体层次控制变量				
初始能力		-0.19	-0.20†	-0.21†
性别		-0.10	-0.07	-0.07
工龄		0.30*	0.36*	0.37*
喜爱程度		0.13	0.18	0.17
团队层次变量				
目标相依 γ_{01}			-0.84*	0.11
团队工作能力差异 γ_{02}			-0.18†	0.37
团队层次交互效应				
工作能力差异＊合作性目标 γ_{03}				-0.88***
σ^2	0.34	2.41	2.41	2.41
τ	1.13***	1.12***	1.00***	0.96***
χ^2(d.f.)	186.57(79)	188.66(79)	170.97(77)	165.67(77)
Pseudo R^2		0.01	0.12	0.15

注：n(团队成员)=240，N(团队)=80，＊代表 $p<0.05$，＊＊代表 $p<0.01$，＊＊＊代表 $p<0.001$，报告的结果是稳健标准误差固定效果 Final estimation of fixed effects (with robust standard errors)，下同。

第二步，我们将个体层次的所有控制变量放进模型，由于我们的数据来源于严格控制且服从随机分配规则的实验室实验，诸如团队规模、平均能力等对绩效有影响[273]的控制变量已经通过实验处理控制，因此我们并没有将团队层次的控制变量放进模型，下同。加入个体层次控制变量后团队成员个体绩效模型构建如下：

Level-1 Model：$IP_{ij}=\beta_{0j}+\beta_{ij}(\text{level-1 Control Variables})+\gamma_{ij}$

Level-2 Model：$\beta_{0j}=\gamma_{00}+\mu_{0j}$

其中：level-1 Control Variables 为个体层次的控制变量，包括性别、玩 CS 游戏的年限、初始能力和对 CS 游戏的喜爱程度。下同。

第三步是构建截距结果模型，在第一、二步的基础上，以第二层次的变量(团队工作能力和团队目标相依)为自变量，对第一层次回归方程的截距进行回归。通过截距结果模型可以判断团队工作能力差异和团队目标相依对团队成员个体绩效是否有跨层次主效应。团队成员个体绩效的截距结果模型如下：

Level-1 Model：$IP_{ij}=\beta_{0j}+\beta_{ij}(\text{level-1 Control Variables})+\gamma_{ij}$

Level-2 Model：$\beta_{0j}=\gamma_{00+}\gamma_{01}(AD)+\gamma_{02}(GI)+\mu_{0j}$

最后一步，构建随机斜率模型，将团队层次的团队工作能力差异和目标相依的交互项放进模型以验证团队目标相依对工作能力差异与团队成员个体绩效关系的调节效应。关于交互效应的随机斜率模型构建如下：

Level-1 Model：$IP_{ij}=\beta_{0j}+\beta_{ij}(\text{level-1 Control Variables})+\gamma_{ij}$

Level-2 Model：$\beta_{0j}=\gamma_{00+}\gamma_{01}(AD)+\gamma_{02}(GI)+\gamma_{03}(GI*AD)+\mu_{0j}$

如表 4.8 所示，我们发现团队工作能力差异和目标相依对个体绩效具有显著的交互效应($\beta=-0.88$，$p<0.001$)。团队工作能力差异对团队成员个体绩效的主效应边缘显著($\beta=-0.18$，$p<0.10$)。团队目标相依对个体绩效具有显著的主效应($\beta=-0.84$，$p<0.01$)：竞争性目标中的团队成员个体绩效显著高于合作性目标中的团队成员个体绩效。为了进一步检验研究假设，我们分不同的实验处理条件进行多层线性分析。结果显示，在竞争性目标条件下，团队工作能力差异对个体绩效没有显著影响($\beta=0.26$，$p>0.05$)，研究假设 1b 没有得到验证。通过将团队目标相依分为合作性目标和竞争性目标两种类型分别进行多层线性分析，我们进一步发现，在合作性目标条件下，团队工作能力差异与个体绩效显著负相关($\beta=-1.19$，$p<0.01$)，研究假设 1a 得到验证。

2. 团队目标相依影响下团队工作能力差异对团队绩效作用的假设检验

由于在实验处理中团队工作能力差异(高工作能力差异和低工作能力差异两个处理组)和团队目标相依(合作性目标和竞争性目标两个处理组)都是二分类别变量，我们首先对两个变量及其交互项进行方差分析。如表 4.7 所示，方差分析结果表明团队工作能力差异和目标相依对团队绩效具有显著的交互效应，$F(1, 76)=16.36$，$p<0.001$，$\eta^2=0.34$；团队目标相依($F(1, 76)=1.323$，$p>0.10$)和团队工作能力差异($F(1, 76)=0.681$, $p>0.10$)对团队绩效的主效应都不显著。

为了满足本研究的研究需要，我们分合作性目标和竞争性目标两种条件分别运用 t 检验比较高团队工作能力差异和低团队工作能力差异两种不同实验处理条件下团队绩效的差异。数据分析结果表明，在合作性目标影响下，高工作能力差异的团队绩效($M=0.323$)显著低于低工作能力差异的团队绩效($M=0.580$), $t(38)=5.08$, $p<0.001$，研究假设 2a 得到进一步验证。在竞争性目标影响下，高团队工作能力差异的团队绩效($M=0.630$)与低团队工作能力差异的团队绩效($M=0.604$)没有显著差异，$t(38)=0.53$, $p>0.05$，研究假设 2b 的验证没有得到初步支持。

为了更清晰地探析在合作性目标和竞争性目标两种条件下团队工作能力差异对团队绩效的具体影响，我们首先计算每一类型团队在第一轮实验中工作能力的标准差具体数值，将其作为连续变量，将团队目标相依作为虚拟变量("1"代表合作性目标；"0"代表竞争性目标)分三步分析在团队目标相依影响下团队工作能力差异对团队绩效的作用。第一步，将团队工作能力差异放入回归模型，探索团队工作能力差异对团队绩效的主效应；第二步将虚拟变量团队目标相依放入回归模型，探索控制团队工作能力差异时团队目标相依对团队绩效的影响；第三步将团队工作能力差异与目标相依的乘积项放入回归模型，分析团队目标相依对工作能力差异与团队绩效关系的调节效应。表 4.9 左列数据分析结果表明，团队工作能力差异与团队绩效负相关($\beta=-0.078$, $p<0.5$，调整的 $R^2=0.044$)；相对于竞争性目标而言，合作性目标降低了团队绩效($\beta=-0.156$, $p<0.01$，调整的 $R^2=0.206$)；团队工作能力差异与目标相依对团队绩效具有显著的交互效应($\beta=-0.205$, $p<0.01$，调整的 $R^2=0.287$)，即相对于竞争性目标而言，合作性目标强化了团队工作能力差异对团队绩效的负向影响。这一结论为验证假设 2a 和假设 2b 提供充分的数据支持。

表 4.9 **团队目标相依影响下团队工作能力差异对团队绩效作用回归分析结果**

变量	团队绩效			变量	团队绩效	
	模型 1	模型 2	模型 3		合作性目标	竞争性目标
AD	−0.078*	−0.100**	0.029	AD	−0.176***	0.030
GI		−0.156***	0.067	R^2	0.312	0.010
GI * AD			−0.205**	调整的 R^2	0.294	−0.016
R^2	0.056	0.226	0.314	F 值	17.232***	0.369
调整的 R^2	0.044	0.206	0.287			
F 值	4.65*	11.254***	11.603***			
ΔR^2		0.170***	0.088***			

注：N(团队)=80，* 代表 $p<0.05$，** 代表 $p<0.01$，*** 代表 $p<0.001$。

接下来分合作性目标和竞争性目标两种条件运用回归分析方法对团队工作能力差异与团队绩效的关系进行分析，表 4.9 右列结果显示，在合作性目标的影响下，团队工作能力差异对团队绩效具有显著的负向影响($\beta=-0.176$，$p<0.001$，调整的 $R^2=0.294$)，即在合作性目标条件下，相对于低工作能力差异处理组而言，高工作能力差异处理组的团队绩效更低，研究假设 2a 得到进一步验证；在竞争性目标的影响下，团队工作能力差异与团队绩效不相关($\beta=0.30$，$p>0.10$，调整的 $R^2=-0.016$)，即在竞争性目标下，高工作能力差异条件下的团队绩效与低工作能力差异条件下的团队绩效没有显著差别，研究假设 2b 再次被拒绝。

为了更简单明了地反映团队合作性目标和竞争性目标影响下团队工作能力差异与团队绩效关系的差异性，绘制了合作性目标和竞争性目标影响下团队工作能力差异与团队绩效的关系图。如图 4.2 所示，合作性目标时(虚线)，团队工作能力差异与团队绩效的斜率为负；而竞争性目标时(实线)，团队工作能力差异与团队绩效的斜率为零，团队目标相依的类型调节了团队工作能力差异与团队绩效的关系，研究假设 2a 得到进一步验证，而研究假设 2b 进一步被拒绝。

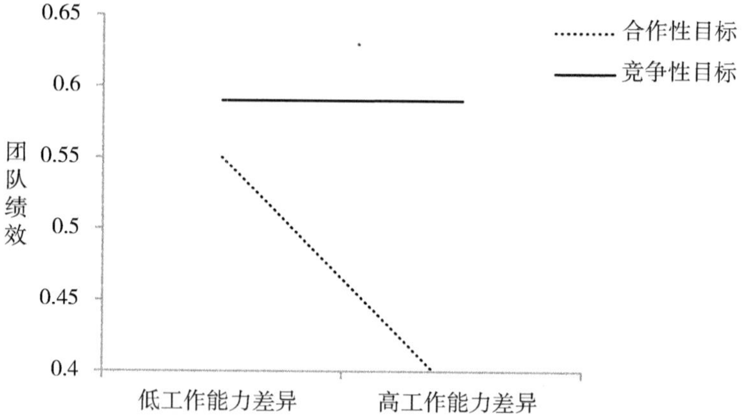

图 4.2　团队目标相依对团队工作能力差异与团队绩效关系的调节效应图

4.2　团队工作能力差异对个体和团队绩效影响的实证分析

4.2.1　问卷研究设计

4.2.1.1　问卷设计与变量测量

1. 问卷设计过程

本节研究所使用的的实证数据采用问卷调研的方式获取，通过问卷获取的一手数据对理论模型进行进一步验证。问卷法是工商管理学科收集一手数据的重要方法，调查问卷的设计对研究的质量具有决定性的影响，因此本研究特别重视问卷设计的科学性和有效性。我们首先通过查寻国内外相关文献资料，寻找与本研究相关的得到研究者广泛认可的比较成熟的团队冲突、团队绩效、个体绩效、团队目标相依、政治技能等变量的测量量表。对于外文核心期刊采用的量表，本研究首先严格遵循量表的翻译原则采用“翻译—回译—文化调试”的程序，然后借鉴国内学者研究成果中的译本进行对照，确保量表问项的准确性和完整性。对于中文期刊采用的量表，本研究采用直接应用进行预测试的方法，根据预测试的情况进行删减和修改，最终完成初始研究问卷的编制工作。在此基础上，本研究就初始问卷的题项、发放方式、合适的问卷样式等问题通过学术梯队会议进行充分讨论，得到本研究问卷的操作范本。最后通过纸质问卷的形式进行预测试和修改，从根本上确保了问卷的有效性和科学性。

2. 问卷的科学性与有效性

为了确保本研究问卷数据的科学性和有效性，我们不仅严格遵循问卷设计的基本原则，而且严格按照科学的操作步骤进行。具体的操作程序如下：

第一，本研究的问卷是基于对国内外文献全面回顾和对部分 MBA 学员深度访谈基础上进行理论模型构建后形成的。从本研究的研究目标出发，在全面分析本研究要解决的基本问题的基础上，对团队工作能力差异、任务冲突、团队绩效、个体绩效、团队目标相依以及领导政治技能的国内外重点文献进行全面阅读和深入分析，本研究在借鉴国内外成熟研究成果的基础上构建研究假设和理论模型，在此基础上严格遵循问卷设计的基本原则和科学程序设计了调查问卷的初稿。

第二，就问卷初稿的问项内容请教导师和几位对管理学科研究方法具有深入理解的教授和博士，力求使问卷得到进一步完善。同时通过学术梯队会议与相关领域的老师和博士生同学就问卷中问项的表达方式、呈现方式和合适的问卷形式进行充分讨论。基于以上讨论中提出的建议和意见对问卷中个别题项的表述和呈现方式进行微调。

第三，就梯队内部讨论成熟的问卷样本与研究者在企事业单位担任团队或部门领导的同学进行探讨，获取他们就如何得到被试真实回答的有效表达方式和题项的建议，特别是对于问卷中有可能造成理解偏差的表达方式进行咨询，在此基础上对问卷进行部分调整。

第四，再次在梯队学术会议上汇报问卷已做的调整和调整的原因，取得导师和梯队学术同仁的认可后，最终确定采用纸质版和问卷星问卷两种形式对问卷进行数据进行收集。

第五，通过小规模纸质问卷进行预测试，对结果进行分析后做适当的删减和修改，形成调查问卷的最终确定稿(见附录 D)。

为了确保问卷有效性，降低同源误差，根据本研究的研究问题，我们采用领导-成员配对的 5 点李克特量表获取被试对于本研究研究问项的感知，为了确保被试对问卷内容认识的客观性，我们在发放问卷之前进行了电话或者邮件征询，最终的被调查对象都是自己主动愿意参与调查的成员。在调查期间，笔者开通了即时沟通微信，当被试对问卷中的内容理解把握不准时，可以随时与笔者取得联系，笔者在保证客观的前提下对问项进行解释，以减少被试对于问项的误解或者错填。在每一份问卷开始，研究者运用醒目的文字声明了问卷的学术研究目的和保密性，打消了被试的疑虑。在关于领导填写的团队成员工作能力、个体绩效和团队绩效的问题上，研究者主要针对过去三个月的情况进行提问，降低了被试对于问项的模糊程度，减少了错填的可能性。

3. 研究变量与数据测量

除控制变量外，本章模型包含七个研究变量的测量，分别为团队工作能力差异、团队任务冲突(含团队任务冲突感知)、团队绩效、个体绩效、团队目标相依(包含合作性目标和竞争性目标)、团队领导政治技能(含团队成员对领导政治技能的感知)和团队成员个体绩效。除团队工作能力差异外，本章涉及的其他七个变量都已经有国内外研究者进行过有效的操作处理，测量方式比较成熟。因此本章将遵循量表修改的取向通过预测试结果分析对国内外成熟量表进行修正，使其符合本章的研究需要。

(1)团队工作能力差异。在团队工作能力差异的测量中，我们首先通过与调研对象的人力资源部门和团队管理部门进行充分沟通和协商，调阅员工所在团队的绩效档案，用三个月前连续三个月的团队成员绩效客观数据的平均值近似为团队成员工作能力，然后根据 Harrison 和 Klein(2007)提出的关于团队差异性的测量方法计算团队的工作能力差异[17]。我们用团队工作能力的变异系数(Coefficient of Variation，CV)来测量团队工作能力差异，具体的计算公式为：$\sqrt{[(\text{工作能力 } i-\text{团队平均工作能力})^2/n]/\text{团队平均工作能力}}$，即团队工作能力的方差/团队平均工作能力。

(2)团队任务冲突。团队任务冲突是团队管理中的重要研究主题，其测量方式也相对丰富和成熟。本章对团队任务冲突的测量，参照了 Jehn(2003)开发的团队任务冲突的定义和四题项测量量表[110]。主要题项包含“团队成员间对于如何完成工作有不同的观点”“团队成员间的工作想法有冲突”“团队成员间在工作上有意见分歧”“团队成员间存在不同的工作观点”。团队任务冲突是一个团队层次的变量，此量表由团队成员根据自己的感知据实填写，在个体层次的数据分析时直接使用，在团队层次的数据分析时聚合到团队层面。

(3)团队关系冲突。团队关系冲突是团队管理中的重要研究主题，其测量方式也相对丰富和成熟。本章对团队关系冲突的测量，参照了 Jehn(1995)开发的团队关系冲突的定义和四题项测量量表[97]。主要题项包含“团队成员间存在紧张的关系”“团队成员间存在摩擦”“团队成员间存在性格冲突”“团队成员间存在情绪上的冲突”。团队关系冲突是一个团队层次的变量，此量表由团队成员根据自己的感知据实填写，在个体层次的数据分析时直接使用，在团队层次的数据分析时聚合到团队层面。

(4)团队绩效。团队绩效的测量量表也非常成熟。我们借鉴了国内外成熟做法，选用 Vegt(2000)开发的团队绩效六题项量表[216]，其主要题项包含“我们团队能有效地工作”“我们团队在工作上很努力”“我们团队关心工作的质量”“我们团队能达到或超出工作要求”“我们团队尽职尽责，能够高质量完成任务工作”“我们团队各司其职，能够确保团队任务按时完成”。团队绩效是一个团队层次的变量，此量表由团队领导根据自己团队情况据实填写，数据分析时直接在团队层面使用。

(5)个体绩效。以往研究表明，团队成员个体绩效分为关系绩效和任务绩效两个维度[217]，为了适应本研究理论模型的研究需要，根据王辉等的建议，我们仅仅选择了团队成员任务绩效进行测量[218]。其测量题项包含“他/她能完成工作岗位职责所要求的任务”“他/她能执行团队希望自己完成的任务”“他/她经常规划与安排自己所负责工作的进度”“他/她的平均工作效率相当高”“整体而言，他/她可以做好领导所指派的工作”。

(6)团队目标相依。本研究对团队目标相依的测量选择的是经过 Tjosvold 等(2014)改良的适合中国情境的目标相依量表[112]，量表分为合作性目标和竞争性目标两个维度。其中，合作性目标量表包含五个题项，分别是：“团队成员共沉浮”“团队成员希望彼此成功”“团队成员寻求相容的目标”“团队成员的目标相互协调”“我与团队成员一起工作，拥有共同的目标”。竞争性目标量表包含五个题项，分别是：“团队成员采取的工作方式支持自己的目标而不是其他团队成员的目标”“团队成员之间是输和赢的关系”“团队成员愿意向他人展示自己的优越性”“团队成员的目标不相容”“团队成员优先考虑完成自己的目标而不是其他团队成员的目标”。

(7)政治技能。本研究对政治技能的测量选择的是 Ferris(2005)开发的政治技能四维量表[49]，该量表包含社会敏锐度、人际影响力、人际网络能力和表现真诚四个维度共 18 个问项量表，具体的问项见表 4.10。由于政治技能的四个维度具有高度相关性，体现的是团队领导通过自身的社会敏锐与人际网络等人格和魅力以及人际影响力对团队成员的影响，这四个方面对团队任务冲突和绩效之间的关系具有相似的作用机制，本研究将 18 题项领导的政治技能作为一个单因素进行分析，我们对量表进行验证性因子分析后发现单因素模型具有良好的拟合度，所有题项的因子载荷均超过 0.50，表明量表的区分效度和聚合效度都较好。

表 4.10　　政治技能的测量

编号	题　　项
PSNA1	在工作中，我花费大量时间和精力与他人建立关系网络
PSNA2	在工作中我善于与有影响力的人物建立关系
PSNA3	当我真的需要帮助时，能够从与我建立良好关系的同事和朋友中获得支持帮助
PSNA3	在工作中，我认识很多重要人物并和他们保持良好关系
PSNA5	在工作中，我花费了大量时间与他人建立联系
PSNA6	在工作中，我很擅长运用我的关系和网络推动事情的进展
PSII1	我善于让他人喜欢我
PSII2	我能够容易并有效地与他人沟通和交流
PSII3	我能够让身边大多数人感到轻松和愉悦
PSII4	我能够容易地与他人和谐相处
PSSA1	我在把自己展现给他人方面有着良好的直觉和悟性
PSSA2	我似乎总是本能地知道该说什么或做什么来影响他人
PSSA3	我非常密切关注他人的面部表情
PSSA4	我能够很好地理解他人
PSSA5	我特别善于察觉他人的动机和意图
PSAS1	与他人沟通交流的时候，我尽可能在言语和行为上表现得很真诚
PSAS2	我认为让人们相信我言行的真诚性很重要
PSAS3	我尽力表现出对他人真正地感兴趣

(8)控制变量。根据以往研究建议(如 Spector 和 Brannick，2011[219]；张涵和康飞，2014[220])，本研究除了测量以上关键变量外，还在个体和团队两个层次控制了可能影响个体绩效和团队绩效的变量。个体层次的控制变量包含团队成员的性别、工龄和学历；团队层次的控制变量有团队类型和团队规模。

以上所有量表的测量均采用 5 点李克特量表，“1”表示“非常不符”；“2”表示“基本不符”；“3”表示“一般”；“4”表示“比较符合”；“5”表示“非常符合”。量表的具体题项见附录 D。

4.2.2　预测试与正式问卷形成

本研究的预测试问卷是以纸质问卷的形式在长沙进行，问卷填写由研究者在征得团队领导同意后利用团队开会的时机现场进行。预测试样本涉及研发、高管、营销等行业的团队或部门。共发放问卷 120 份，回收 120 份，回收率为 100%。剔除由于配对编号失误造成的无效问卷后，预测试样本有效团队 20 个，获取 20 份团队领导问卷和对应的 108 份团队成员问卷。预测试问卷为研究中各量表的效度和信度分析提供了数据支持，为后续数据分析和研究假设检验打下了初步基础。

4.2.2.1 研究量表的效度评价

为了确保问卷测量项目的有效性，根据以往研究建议，本研究运用 SPSS 软件采用探索性因子分析(EFA)和验证性因子分析(CFA)检验各研究量表的效度。具体的分析步骤如下：

首先，通过分析研究量表各问项之间的相关系数矩阵和 KMO 检测值判断问项数据是否适合采用因子分析方法提取公因子。问卷分析数据显示，所有量表的问项数据的 KMO 检测值都高于 0.6，低于 1.0，说明适合进行因子分析。

其次，运用主成分分析法对量表进行探索性因子分析(EFA)衡量问项的因子载荷达标情况。数据分析显示，问卷大部分题项的因子载荷大于 0.7，个别问项的因子载荷大于 0.5 小于 0.7，说明问卷中各题项的因子载荷达到标准。

最后，运用验证性因子分析(CFA)判断量表的建构效度和聚合效度。

1. 团队冲突量表的效度检验

运用 SPSS 软件对团队冲突量表的效度进行检验。如表 4.11 所示，团队任务冲突和关系冲突各题项的因子载荷都达到标准。

表 4.11 团队冲突量表旋转后的因子载荷表

题项	成分	
	团队任务冲突	团队关系冲突
TC1	0.569	
TC2	0.899	
TC3	0.862	
TC4	0.877	
RC1		0.918
RC2		0.897
RC3		0.925
RC4		0.911

检验结果显示，团队任务冲突 KMO 值为 0. 75，Bartlett 球形度检验近似卡方值为 181. 56，自由度达到 6，显著性为 0. 000，说明团队任务冲突量表适合进行探索性因子分析，通过主成分分析和最大方差法对因子进行旋转，得到单个公因子，累计解释度为 66. 112%；同时，团队关系冲突 KMO 值为 0. 86，Bartlett 球形度检验近似卡方值为 327. 39，自由度达到 6，显著性为 0. 000，说明团队关系冲突量表适合进行探索性因子分析，通过主成分分析和最大方差法对因子进行旋转，得到单个公因子，累计解释度为 83. 292%；反映本研究与所借鉴的原始量表的大部分信息一致，证明我们选择的量表是有效的。

2. 团队绩效量表的效度检验

运用 SPSS 软件检验团队绩效量表的效度。检验结果显示，KMO 值为 0. 60，Bartlett 球形度检验近似卡方值为 43. 51，自由度 15，显著性为 0. 000，说明团队绩效量表适合进行探索性因子分析。通过主成分分析和最大方差法对因子进行旋转，得到单个公因子，累计解释度为 70. 771%，反映本研究与所借鉴的原始量表的大部分信息一致，证明我们选择的量表是有效的。如表 4. 12 所示，团队绩效各题项的因子载荷都达到标准。

表 4. 12　　团队绩效量表旋转后的因子载荷表

题　　项	成分
	团队绩效
TP1	0. 754
TP2	0. 671
TP3	0. 650
TP4	0. 789
TP5	0. 788
TP6	0. 740

3. 个体绩效量表的效度评价

运用 SPSS 软件检验团队成员个体绩效量表的效度检验结果如表 4. 13 所示，团队绩效各题项的因子载荷都达到标准。检验结果显示，KMO 值为 0. 82，Bartlett 球形度检验近似卡方值为 273. 075，自由度 10，显著性为 0. 000，说明个体绩效量表适合进行探索性因子分析。通过主成分分析和最大方差法对因子进行旋转，得到单个公因子，累计解释度为 66. 975%，反映本研究与所借鉴的原始量表的大部分信息一致，证明我们选择的量表是有效的。

表 4.13 团队成员个体绩效量表旋转后的因子载荷表

题　　项	成分
	团队成员个体绩效
IP1	0.829
IP2	0.812
IP3	0.786
IP4	0.857
IP5	0.805

4. 团队目标相依量表的效度评价

运用 SPSS 软件检验团队目标相依量表的效度。检验结果显示，KMO 值为 0.76，Bartlett 球形度检验近似卡方值为 389.361，自由度 45，显著性为 0.000，说明团队目标相依量表适合进行探索性因子分析。通过主成分分析和最大方差法对因子进行旋转，得到两个公因子，累计解释度为 59.478%，反映本研究与所借鉴的原始量表的大部分信息一致，证明我们选择的量表是有效的。如表 4.14 所示，团队目标相依各题项的因子载荷都达到标准。

表 4.14 团队目标相依量表旋转后的因子载荷表

题　　项	成　　分	
	合作性目标	竞争性目标
GI1	0.798	0.054
GI2	0.695	-0.036
GI3	0.790	-0.011
GI4	0.827	0.004
GI5	0.737	0.039
GI6	0.254	0.717
GI7	0.155	0.842
GI8	0.055	0.681
GI9	-0.208	0.821
GI10	-0.195	0.661

5. 政治技能量表的效度评价

运用 SPSS 软件检验政治技能量表的效度。检验结果显示，KMO 值为 0.86，Bartlett 球形度检验近似卡方值为 962.784，自由度 136，显著性为 0.000，说明政治技能量表适合进行探索性因子分析。通过主成分分析和最大方差法对因子进行旋转，得到四个公因子，累计解释度为 67.740%，反映本研究与所借鉴的原始量表的大部分信息一致，证明我们选择的量表是有效的。如表 4.15 所示，政治技能各题项的因子载荷都达到标准。

表 4.15　　政治技能量表旋转后的因子载荷表

题项	成分			
	社会敏锐度	人际影响力	网络运营力	表现真诚
LPS1	0.634	−0.326	−0.191	−0.132
LPS2	0.825	−0.314	−0.153	0.002
LPS3	0.594	0.183	0.047	−0.406
LPS4	0.741	−0.214	−0.081	−0.180
LPS5	0.727	−0.385	0.012	−0.146
LPS6	0.764	−0.236	0.070	−0.249
LPS7	−0.099	0.746	0.014	−0.257
LPS8	0.060	0.770	0.117	0.010
LPS9	0.500	0.615	−0.147	0.044
LPS10	0.543	0.612	0.033	−0.209
LPS11	0.414	−0.323	0.668	−0.071
LPS12	0.101	−0.205	0.691	0.270
LPS13	−0.191	−0.317	0.628	0.461
LPS14	0.411	0.003	0.608	0.282
LPS15	−0.204	0.131	0.720	0.333
LPS16	0.016	0.395	0.435	0.561
LPS17	0.057	−0.095	0.032	0.757
LPS18	0.045	0.205	0.051	0.762

4.2.2.2　研究量表的信度评价

本研究中所有变量的测量采用的都是被广泛认可的国内外成熟量表，为了确保问卷测量题项的内部一致性，根据以往研究建议，本研究运用SPSS软件计算量表Cronbach's α系数来判断测量量表各问项之间的内部一致性。依据问项删除后的Cronbach's α值对预测试量表中的问项进行修正。一般认为，总量表信度大于0.80属于比较理想的状况，0.70~0.80比较理想；分量表信度0.70属于比较理想的状况，0.60~0.70比较理想。如果某一问项删除后量表的Cronbach's α值明显提高，则应该删除这个问项。此外，校正的项总计相关性(Corrected Item-Total Correlation，CITC)也是量表修正的重要依据。如果某一问项的该值小于0.3，则应该删除这个问项。表4.16分别是预测试中团队任务冲突、团队关系冲突、团队绩效、个体绩效、团队目标相依及政治技能五个变量量表的信度分析结果。可以发现，预测试中团队任务冲突量表的Cronbach's α值为0.827，团队关系冲突量表的Cronbach's α值为0.933，团队绩效量表的Cronbach's α值为0.757，个体绩效量表的Cronbach's α值为0.876，团队目标相依量表的Cronbach's α值为0.737，政治技能量表的Cronbach's α值为0.924，各量表的Cronbach's α值均大于0.70，表明各量表具有良好的内部一致性；各问项校正的总计相关性值均在0.3以上，虽然部分量表删除某问项后Cronbach's α值稍有提高，但是都不明显，因而本次预测试调查问卷中量表的所有测量问项都保留下来。

表4.16　**预测试各量表的内部一致性分析表**

指标	校正的项总计相关性	删除该题后的α系数	Cronbach's α
团队任务冲突	—	—	0.827
TC1	0.395	0.877	—
TC2	0.783	0.720	
TC3	0.716	0.753	
TC4	0.747	0.737	
团队关系冲突	—	—	0.933
RC1	0.852	0.909	—
RC2	0.817	0.921	
RC3	0.862	0.906	
RC4	0.839	0.914	
团队绩效	—	—	0.757
TP1	0.585	0.695	
TP2	0.554	0.714	

续表

指标	校正的项总计相关性	删除该题后的 α 系数	Cronbach's α
团队绩效	—	—	0. 757
TP3	0. 450	0. 734	
TP4	0. 605	0. 692	—
TP5	0. 573	0. 700	
TP6	0. 337	0. 797	
个体绩效	—	—	0. 876
IP1	0. 717	0. 846	
IP2	0. 691	0. 850	
IP3	0. 663	0. 858	—
IP4	0. 767	0. 831	
IP5	0. 691	0. 851	
团队目标相依	—	—	0. 737
GI1	0. 699	0. 731	
GI2	0. 580	0. 715	
GI3	0. 695	0. 733	
GI4	0. 698	0. 722	
GI5	0. 569	0. 719	
竞争性目标	—	—	0. 800
GI6	0. 553	0. 771	
GI7	0. 703	0. 723	
竞争性目标	—	—	0. 800
GI8	0. 513	0. 782	—
GI9	0. 665	0. 734	
GI10	0. 488	0. 792	
政治技能	—	—	0. 924
社会敏锐度	—	—	0. 874
LPS1	0. 637	0. 859	
LPS2	0. 790	0. 832	

续表

指标	校正的项总计相关性	删除该题后的 α 系数	Cronbach's α
LPS3	0.499	0.880	—
LPS4	0.691	0.850	
LPS5	0.739	0.841	
人际影响力	—	—	0.758
LPS6	0.704	0.848	
LPS7	0.589	0.693	
LPS8	0.655	0.646	—
LPS9	0.563	0.697	
LPS10	0.450	0.754	
网络运营力	—	—	0.808
LPS11	0.598	0.769	
LPS12	0.647	0.753	
LPS13	0.605	0.767	—
LPS14	0.518	0.792	
LPS15	0.604	0.767	
LPS16	0.546	0.540	
LPS17	0.503	0.593	—
LPS18	0.460	0.651	

4.2.2.3 数据搜集工具的最终形成

根据预测试阶段对量表效度和信度分析的结果，本研究再一次就正式问卷的问项、结构、排版、字体、呈现方式和发放形式在导师带领的学术梯队广泛征求意见，对初始问卷再次进行修订和完善，以提高问卷的明晰度，最大限度地降低被调查对象在填写问卷过程中可能出现的误解和错解，确保研究的科学性和有效性。最终形成了正式的调查问卷(详见附录 D)。

4.2.3 样本描述

以中国内地企事业单位的项目团队或部门为调研对象，在北京、广东、上海、浙江、湖北、江西、湖南七地采用便利抽样方法，运用网络问卷和纸质问卷两种形式进行团队领导-成员配对问卷调查。共发放团队领导问卷 100 份，团队成员问卷 480 份。回收领导问卷 90 份、团队成员问卷 420 份，剔除由于漏项、多填等原因导致的无效领导问卷 19 份，无效成员问卷 83 份，剔除由于领导-成员问卷不配对导致的无效领导问卷 1 份，无效成员问卷 5 份，最终得到有效领导问卷 70 份，对应的 70 个团队的配对成员有效问卷 332 份，有效问卷回收率为 70%。样本分布状况见表 4.17。

表 4.17　　**正式调查样本分布情况表**

样本背景变量	类别	数量	所占比例(%)
性别	男	181	54.5
	女	151	45.5
教育程度	高中或中专及以下	37	11.1
	大专	84	25.3
	大学本科	108	32.5
	硕士	98	29.5
	博士	5	1.5
工龄	1 年以下	64	19.3
	1~3 年	71	21.4
	4~5 年	63	19.0
	6~10 年	81	24.4
	11 年以上	53	16.0
团队类型	营销团队	42	60.0
	研发团队	5	7.1
	服务团队	11	15.7
	高管团队	2	2.9
	其他	10	14.3
团队规模	2~4 人	29	41.4
	5~7 人	26	37.1
	8~10 人	12	17.1
	11 人以上	3	4.3
组织性质	国有企业	12	17.1
	民营企业	55	78.6
	合资或外资企业	3	4.3

由表4.17可知，本次调查样本在团队层次的团队类型、团队规模、团队所在组织性质以及个体层次的团队成员的性别、教育程度和工龄等方面分布较为合理，样本选择具有代表性，适合进行本章理论模型的实证检验。

4.2.4 统计方法与数据分析

4.2.4.1 样本数据的信度和效度分析

1. 团队任务冲突

正式样本中团队任务冲突信度系数 Cronbach's α 值为0.860，表明量表具有较好的内部一致性信度。我们对量表进行验证性因子分析后发现单因子模型具有良好的拟合度，$\chi^2/df=2.080$，GFI = 0.902，SRMR = 0.078，RMSEA = 0.060，TLI = 0.978，CFI=0.993，团队任务冲突量表具有良好的结构效度。团队任务冲突是一个团队层次的变量，此量表由团队成员根据自己的感知据实填写，在团队层次的数据分析时聚合到团队层面。团队成员任务冲突感知则是一个个体层次的变量，由团队成员根据自己对所在团队任务冲突的感知据实填写，数据分析时在个体层面进行。

2. 团队绩效

正式样本中团队绩效信度系数 Cronbach's α 值为0.904，表明量表具有较好的内部一致性信度。我们对量表进行验证性因子分析后发现单因子模型具有良好的拟合度，$\chi^2/df=2.262$，GFI = 0.950，SRMR = 0.057，RMSEA = 0.033，TLI = 0.980，CFI=0.928，团队绩效量表具有良好的结构效度。团队绩效是一个团队层次的变量，此量表由团队领导根据团队实际情况填写，数据分析时直接在团队层面展开研究。

3. 个体绩效

正式样本中团队成员个体绩效信度系数 Cronbach's α 值为0.894，表明量表具有较好的内部一致性信度。我们对量表进行验证性因子分析后发现单因素模型具有良好的拟合度，$\chi^2/df=2.470$，GFI=0.972，SRMR=0.031，RMSEA=0.064，TLI=0.903，CFI=0.951，个体绩效量表具有良好的结构效度。团队成员个体绩效是一个个体层次的变量，为了减少同源误差，此量表由团队领导根据每个团队成员的实际情况填写，数据分析时在个体层面研究。

4. 团队目标相依

正式样本中团队目标相依信度系数 Cronbach's α 值为0.725；竞争性目标信度系数 Cronbach's α 值为0.719。合作性目标 Cronbach's α 值为0.774，表明量表具有较好的内部一致性信度。我们对量表进行验证性因子分析后发现双因子模型具有良好的拟合度，$\chi^2/df=2.465$，GFI = 0.946，SRMR = 0.040，RMSEA = 0.043，TLI =

0.926，CFI=0.973，团队目标相依量表具有良好的结构效度。团队目标相依是团队层次的变量，我们根据团队成员对目标相依的感知在数据分析时聚合到团队层面。

5. 领导政治技能

正式样本中领导政治技能量表总的 Cronbach's α 值为 0.913。由于政治技能的四个维度具有高度相关性，体现的是团队领导通过自身的社会敏锐与人际网络等人格和魅力以及人际影响力对团队成员的影响，这四个方面对团队任务冲突和绩效之间的关系具有相似的作用机制，本研究将 18 题项领导的政治技能作为一个单因素进行分析。我们对量表进行验证性因子分析后发现单因素模型具有良好的拟合度，$\chi^2/df=1.850$，GFI = 0.962，SRMR = 0.071，RMSEA = 0.051，TLI = 0.921，CFI = 0.953，团队政治技能量表具有良好的结构效度。领导的政治技能是一个团队层次的变量，为了保证客观性，此量表由团队领导根据自己在团队管理中的实际情况填写，数据分析时直接团队层面展开研究；团队成员对领导政治技能的感知则是一个个体层次的变量，由团队成员根据自己对所在团队领导政治技能的感知据实填写，数据分析时在个体层面进行。

4.2.4.2　数据聚合

除了团队绩效和团队成员个体绩效及团队领导的政治技能由团队领导填写外，本研究中其他变量的测量都是基于团队成员的感知，收集数据在个体层面进行，因此在数据分析之前有必要分析团队成员感知的一致性以确定个体层面的数据能否聚合到团队层面。我们采用了 James、Demaree 和 Wolf(1984) 的程序计算每一个团队中团队成员对变量感知的组内一致性[221]。我们用 James、Demaree 和 Wolf(1993) 提出的 $R_{wg(j)}$ 指数来计算研究变量的内部一致性[222]。团队任务冲突、合作性目标、竞争性目标的 $R_{wg(j)}$ 指数的中位数分别为 0.91，0.90，0.82。根据研究者如 George 和 Bettenhausen(1990) 的建议，如果变量的 $R_{wg(j)}$ 指数的中位数值大于或者等于 0.70，则该变量具有较好的内部一致性，可以聚合到团队层面[223]。我们发现本研究中团队任务冲突、合作性目标、竞争性目标均具有较好的内部一致性，可以聚合到团队层面。此外，为了确保数据聚合的合理性，我们还计算了团队任务冲突、合作性目标、竞争性目标的组内方差和组间方差以进一步判断其能否聚合到团队层次。通过方差分析，我们分别计算出三个变量的 ICC(1) 和 ICC(2) 发现团队任务冲突(ICC(1)= 0.34，ICC(2)= 0.71，$p<0.001$)，合作性目标(ICC(1)= 0.34，ICC(2)= 0.71，$p<0.001$)和竞争性目标(ICC(1)= 0.33，ICC(2)= 0.70，$p<0.001$)都具有足够的一致性，可以聚合到团队层次。332 份个体层次的问卷聚合到团队层次后样本数量与领导问卷数据一致，共 70 份样本数据，构成了 70 份有效的领导-成员配对问卷。

4.2.4.3 描述性统计与相关分析

1. 描述性统计

在排除无效数据后，我们用SPSS软件对数据进行描述性分析，各变量的均值、标准差、最大值、最小值等统计分析结果如表4.18所示。

表4.18 研究变量的描述性统计结果

变量	n	均值	标准差	最大值	最小值
团队层次:					
团队工作能力差异	70	0.17	0.11	0.67	0.00
团队任务冲突	70	3.22	0.64	5.00	1.56
团队绩效	70	3.92	0.69	5.00	2.00
团队合作性目标	70	3.09	1.02	5.00	2.00
团队竞争性目标	70	3.07	0.74	5.00	1.73
团队领导政治技能	70	3.36	1.04	5.00	2.00
个体层次:					
个体绩效	332	4.32	0.85	5.00	1.20
合作性目标感知	332	4.14	0.74	5.00	1.00
竞争性目标感知	332	2.95	0.89	5.00	1.00
任务冲突感知	332	3.73	0.75	5.00	2.00
领导政治技能感知	332	3.96	0.64	5.00	2.00

2. 方差分析

本研究选用方差分析的方法研究各控制变量对结果变量的影响。个体层次的控制变量如团队成员的性别、工龄、学历和团队层次的控制变量如团队类型、团队规模对结果变量影响的方差分析结果如表4.19所示。我们可以发现，个体层次的控制变量性别($F(1)=77.17$，$p<0.001$)、工龄($F(4)=34.04$，$p<0.001$)学历($F(4)=6.37$，$p<0.001$)均对个体绩效有一定的影响，团队层次的控制变量团队类型($F(4)=0.97$，$p>0.1$)对团队绩效没有显著影响；团队规模对团队绩效具有潜在诱发作用($F(3)=2.93$，$p<0.05$)。

表 4.19　　　　　　**个体层次和团队层次控制变量方差分析摘要**

预测变量	控制变量	控制变量类别	*N*	均值	标准差	单因素方差分析	
						F	Sig
个体绩效	性别	男	181	4.66	0.57	77.17	0.000
		女	151	3.92	0.95		
	工龄	1	64	3.53	1.05	34.04	0.00
		2	71	4.10	0.80		
		3	63	4.43	0.72		
		4	81	4.79	0.34		
		5	53	4.71	0.49		
	学历	1	37	4.06	0.10	6.37	0.00
		2	84	4.03	0.91		
		3	108	4.38	0.79		
		4	98	4.57	0.71		
		5	5	4.84	0.13		
团队绩效	团队类型	1	42	3.94	0.57	0.97	0.43
		2	5	4.27	0.71		
		3	11	3.73	0.86		
		4	2	4.42	0.59		
		5	10	3.73	0.95		
	团队规模	1	29	4.17	0.79	2.93	0.04
		2	26	3.84	0.61		
		3	12	3.60	0.43		
		4	3	3.44	0.34		

团队成员工龄：1. 1 年及以下；2. 2~3 年；3. 4~5 年；4. 6~10 年；5. 11 年及以上
团队成员学历：1. 高中及以下；2. 大专；3. 大学本科；4. 硕士；5. 博士
团队类型：1. 营销；2. 研发；3. 服务；4. 高管；5. 其他
团队规模：1. 2~4 人；2. 5~7 人；3. 8~10 人 4. 11 人及以上

3. 相关分析

由于本章第一部分的实验法研究已经探讨了自变量团队工作能力差异和因变量个体与团队绩效之间的因果关系，本部分采用相关分析的方法确定本研究模型中各变量之间的关系以对理论模型的合理性进行判断。本章采用统计软件 SPSS 软件对模型中涉及的变量进行相关分析。团队工作能力差异、团队任务冲突、团队合作性与竞争性目标、团队领导政治技能、个体绩效以及团队绩效之间的显著相关关系为下一步研究假设检验打下了初步基础。

从表 4.20 我们发现，自变量团队工作能力差异除与合作性目标和团队领导的政治技能的关系没有达到显著，与作为中介变量的团队任务冲突和作为结果变量的团队绩效之间均存在显著的相关关系。中介变量团队任务冲突与调节变量团队目标相依的两种类型(合作性目标与竞争性目标)和领导政治技能以及结果变量团队绩效均存在显著的相关关系且相关系数均低于 0.70。此外，调节变量两两之间也显著相关。这些相关关系的显著性提供了理论模型合理性的重要依据，为下一步研究假设的验证奠定了基础。

表 4.20 **PEARSON 相关性分析**

变量	1	2	3	4	5
团队层次					
1. 团队工作能力差异	1				
2. 团队任务冲突	-0.35**	1			
3. 合作性目标	-0.09	-0.71**	1		
4. 竞争性目标	-0.24*	0.56**	0.53**	1	
5. 团队绩效	-0.40**	0.30*	-0.07	0.10	1
6. 领导政治技能	0.08	0.37**	-0.38**	0.36**	-0.63**
个体层次					
1. 团队成员个体绩效	1				
2. 团队任务冲突感知	0.53**	1			
3. 领导政治技能感知	0.21**	0.02			

注：n(团队成员) = 332，N(团队) = 70。* 表示 $p<0.05$，** 表示 $p<0.01$，*** 表示 $p<0.001$。

4.2.5 假设检验

本章的结果变量分为团队层次的团队绩效和个体层次的个体绩效两类，涉及跨层次的分析。我们采用多层线性模型(Hierarchical Linear Modeling，HLM)检验这些变量间的跨层次关系[215]。对于模型中团队层次变量之间的关系检验，我们在团队层次采用单层模型进行数据分析；对于模型中涉及团队和个体两个层次的跨层关系检验，我们采用由个体层次的团队成员和团队层次的团队构成的两层模型进行检验。

在结果变量为团队层次变量的单层模型的假设检验中，本章采用层次回归和 Bootstrap 对中介效应进行检验，运用层次回归分析方法对调节效应进行检验，主要包含：(1)团队任务冲突在团队工作能力差异与团队绩效之间的中介效应；(2)团队目标相依(合作性目标与竞争性目标)对团队工作能力差异与团队任务冲突关系的调节效应；(3)团队领导政治技能对团队任务冲突与团队绩效关系的调节效应。

在结果变量为个体层次变量的跨层次模型假设检验中，本章采用多层线性模型(HLM)分析方法，检验的研究假设主要包含：(1)团队任务冲突感知在团队工作能力差异与个体绩效之间的中介效应；(2)团队领导政治技能感知对团队任务冲突感知与个体绩效关系的调节效应。

前文数据分析发现，团队层次的团队规模和团队类型以及个体层次的成员性别、工龄和学历等控制变量对结果变量具有显著影响，本节在团队层次的多元层次回归分析中将团队规模和团队类型纳入模型进行回归分析；本节在跨层次的多层线性模型分析中将个体层次的性别、工龄、教育程度作为控制变量进行分析。

4.2.5.1　团队-个体跨层次研究假设的检验

由于个体层次团队成员嵌套于团队层次的团队之中，个体层次的结果变量个体绩效受到团队层次的工作能力差异和个体层次的任务冲突感知及领导政治技能感知的影响，我们采用多层线性模型(Hierarchical Linear Modeling，HLM)检验研究假设 5、假设 7 和假设 9。采纳 Hofmann 和 Gavin(1998)的建议，在将变量放进模型之前，我们先将个体层次的变量进行组均值中心化，将团队层次的变量进行总体均值中心化[224]。跨层次的作用效应分析分两步进行，第一步我们运用方差分析检验以个体绩效为结果变量的没有加入任何团队层次预测变量的零模型，分析结果显示，个体绩效的组内方差(Intra-class Correlation，ICC)为 33.75%，卡方检验(Chi-square test)显示个体绩效的组间方差显著，$\chi^2(768)=382.22$，$p<0.001$。这些数据证实了模型和数据的多层嵌套性质，说明我们选择多层次分析方法是完全合理的。第二步我们逐步将两个层次的控制变量、模型的解释变量放入模型解释放入变量对结果变量的影响，我们依照 Snijders 和 Bosker(1999)的建议，计算伪 R^2(pseudo-R^2)来确定变量的效应[225]。计算公式为：伪 R^2=(零模型的方差−解释模型的方差)/零模型的方差。伪 R^2 代表加入解释变量后因变量(被解释变量)被模型中解释变量解释的比例。

团队和个体层次具体进行跨层回归分析的研究变量包括：

团队工作能力差异：AD(ability disparity)

团队任务冲突：TTC（team task conflict）

团队任务冲突感知：PTTC（perceived team task conflict）

领导政治技能：LPS（leader political skills）

领导政治技能感知：PLPS（perceived leader political skills）

团队任务冲突和团队领导政治技能的乘积：TTC * LPS

团队任务冲突感知和团队领导政治技能感知的乘积：PTTC * PLPS

团队成员个体绩效：IP（indivial performance）

1. 任务冲突感知在团队工作能力差异与个体绩效间中介效应的检验

研究假设7认为，团队工作能力差异通过团队任务冲突感知对个体绩效产生负向影响。由于团队工作能力差异是团队层次的变量，团队成员任务冲突感知和个体绩效是个体层次的变量，模型存在多层嵌套性，我们运用HLM程序检验团队任务冲突的中介效应。

Zhang、Zyphur和Preacher（2009）针对不同跨层次中介模型的差异性总结了三种检验跨层次中介作用的方法[226]，其中有一个称为“2-1-1”模型，即自变量是Level-2的变量，中介变量和因变量是Level-1的变量，本节的研究模型中的中介作用部分属于2-1-1型跨层中介模型，其中自变量团队工作能力差异为团队层次的变量，而中介变量团队任务冲突感知和因变量团队成员个体绩效为个体层次的变量，如图4.3所示。根据以往研究建议，我们在检验多层次中介作用时，应该先将变量的组别平均数进行中心化或CWC（M）（Centered within Context with Reintroduction of the Subtracted Means），然后将组别平均数加入在Level-2的模型中[283]。

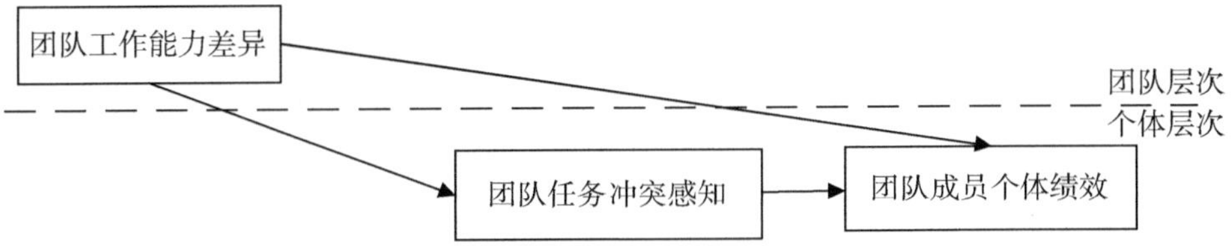

图4.3 团队任务冲突感知跨层中介模型

除了检验零模型和控制变量影响的两步之外，本章2-1-1型多层次中介模型的具体检验步骤如下：

第一：检验团队工作能力差异→团队成员个体绩效

Level-1 Model：$IP_{ij}=\beta_{0j}+\beta_{ij}(\text{level-1Control variables})+\gamma_{ij}$

Level-2 Model：$\beta_{0j}=\gamma_{00}+\gamma_{01}(AD)+\gamma_{0j}(\text{level-2 Control Variables})+\mu_{0j}\rightarrow\gamma_{01}=A$

第二：检验团队工作能力差异→团队任务冲突感知

Level-1 Model：$PTTC_{ij}=\beta_{0j}+\beta_{ij}(\text{level-1 Control variables})+\gamma_{ij}$

Level-2 Model：$\beta_{0j}=\gamma_{00}+\gamma_{01}(AD)+\gamma_{0j}(\text{level-2 Control Variables})+\mu_{0j}\rightarrow\gamma_{01}=B$

第三：控制团队任务冲突感知，检验团队工作能力差异→团队成员个体绩效

Level-1 Model：$IP_{ij}=\beta_{0j}+\beta_{1j}(PTTC)+\beta_{ij}(\text{level-1 Control variables})+\gamma_{ij}$

Level-2 Model：$\beta_{0j}=\gamma_{00}+\gamma_{01}(AD)+\gamma_{0j}(\text{level-2 Control Variables})+\mu_{0j}$

$\beta_{1j=}\gamma_{02}\rightarrow\gamma_{02}=C$，$\gamma_{01}=D$

在此基础上我们可以采用系数乘积检验法(product of coefficients approach)或者系数差异检验法(difference-in-coefficients method)判断中介效应的显著性。如果采用系数乘积检验法，则中介效应等于 B * C，系数乘积检验法的具体数据依据是判断 B * C 是否显著，即 H0：BC=0。如果该中介效应显著不等于零，则说明中介变量的中介效应成立。如果采用系数差异检验法，则中介效应等于 A-D，系数差异检验法的具体数据依据是判断 A-D 是否显著，即 H0：A-D=0。如果 A-D 显著不等于零，则说明中介变量的中介效应成立。本章采用系数乘积检验法对团队任务冲突的中介作用进行检验。具体检验结果如表 4.21 所示。

表 4.21　　**团队任务冲突感知跨层次中介效应的检验结果**

变量	团队成员个体绩效				任务冲突感知
	步骤 1 零模型	步骤 2 控制变量	步骤 3 主效应	步骤 4-1 中介效应	步骤 4-2 中介效应
截距 γ_{00}	4.36***	3.92***	4.05***	4.09***	4.09***
个体层面					
性别		-0.48***	-0.43***	-0.39***	-0.19*
工龄		0.16***	0.11*	0.09*	0.02
教育程度		0.10*	0.06	0.06	-0.00
团队层面					
团队类型		-0.07	-0.04	-0.04	-0.03
团队规模		-0.02	0.05	0.05	0.02
AD γ_{01}			-3.93***	-4.07***	-2.91***
PTTC γ_{02}				0.27***	
σ^2	0.34	0.26	0.26	0.07	0.23
τ	0.40***	0.22***	0.07***	0.23***	0.24***
$\chi^2(d.f.)$	446.22(69)	348.30(67)	149.70(66)	149.13(65)	411.49(66)
Pseudo R^2		0.45	0.83	0.43	0.40

注：n(团队成员)= 332，N(团队)= 70。* 代表 $p<0.05$，**代表 $p<0.01$，***代表 $p<0.001$。

从表4.21步骤4-2发现，团队工作能力差异与团队成员任务冲突感知具有显著负向关系($\beta=-2.91$，$p<0.001$，B显著不等于0)；控制团队任务冲突感知后(步骤4-1)，检验团队工作能力差异与团队成员个体绩效之间的负相关关系，发现团队任务冲突感知对个体绩效依然具有显著的正向关系($\beta=0.27$，$p<0.001$)，pseudo R^2(伪R^2)为0.43，相对于直接效应模型，中介效应模型显著，C显著不等于0，因此，团队成员对任务冲突的感知在团队工作能力差异和成员个体绩效之间起中介作用，中介模型得到验证。

2. 领导政治技能感知对团队任务冲突感知与个体绩效关系的调节

研究假设9预测团队成员对领导政治技能的感知对团队任务冲突感知与团队成员个体绩效关系的调节效应。我们仍然采用多层线性模型对这一效应进行检验。除了与前述模型相似的前两步检验零模型和控制变量影响之外，本部分分两步检验团队成员对领导政治技能的感知对团队任务冲突感知和个体绩效关系的调节效应。首先将团队任务冲突感知和领导政治技能感知放入模型进行主效应分析；然后放入团队任务冲突感知和领导政治技能感知的交互项以验证调节效应。检验结果如表4.22所示。

表4.22 **领导政治技能感知调节任务冲突感知与个体绩效关系的HLM分析结果**

变量	个体绩效			
	步骤1 零模型	步骤2 控制变量	步骤3 主效应	步骤4 交互效应
截距 γ_{00}	4.36***	3.92***	4.23***	3.91***
个体层面				
性别		-0.48***	-0.43***	-0.42***
工龄		0.16***	0.15***	0.14***
教育程度		0.10*	0.07*	0.06**
团队层面				
团队类型		-0.07	-0.06	-0.07
团队规模		-0.02	-0.01	-0.00
团队任务冲突感知(PTTC) γ_{01}			0.28***	1.08**
领导政治技能感知(PLPS) γ_{02}			0.20***	0.93**

续表

变量	个体绩效			
	步骤 1 零模型	步骤 2 控制变量	步骤 3 主效应	步骤 4 交互效应
任务冲突感知 * 政治技能感知(PTTC * PLPS)γ_{03}				0. 18 *
σ^2	0. 34	0. 26	0. 22	0. 25
τ	0. 40 ***	0. 22 ***	0. 24 ***	0. 27 **
$X^2(d.f.)$	446. 22(69)	348. 30(67)	429. 75(66)	420. 32(65)
pseudo R^2		0. 45	0. 40	0. 33

注：n(团队成员) = 332，N(团队) = 70。† 代表 $p<0.1$，* 代表 $p<0.05$，** 代表 $p<0.01$，*** 代表 $p<0.001$。

除零模型和控制变量模型外，本跨层次调节模型的具体检验步骤如下：

第一：检验团队任务冲突感知和领导政治技能感知→团队成员个体绩效

Level-1 Model：$IP_{ij}=\beta_{0j}+\beta_{1j}(PLPS)+\beta_{2j}(PTTC)+\beta_{ij}(\text{level-1 Control variables})+\gamma_{ij}$

Level-2 Model：$\beta_{0j}=\gamma_{00}+\gamma_{0j}(\text{level-2 Control Variables})+\mu_{0j}$

第二：检验团队任务冲突感知和领导政治技能的交互项→团队成员个体绩效

Level-1 Model：$IP_{ij}=\beta_{0j}+\beta_{1j}(PLPS)+\beta_{2j}(PTTC)+\beta_{3j}(PTTC*PLPS)+\beta_{ij}(\text{level-1 Control variables})+\gamma_{ij}$

Level-2 Model：$\beta_{0j}=\gamma_{00}+\gamma_{0j}(\text{level-2 Control Variables})+\mu_{0j}$

如表 4. 22 所示，团队任务冲突感知对个体绩效具有显著的主效应($\beta=0.28$，$p<0.001$)，研究假设 5 得到验证。第三步和第四步伪 R^2 的变化显著，表明团队任务冲突感知和领导政治技能感知交互项对个体绩效具有显著的效应($\beta=0.18$，$p<0.05$)，团队成员感知到的领导政治技能越强，任务冲突感知对个体绩效的正向影响越强，研究假设 9 得到验证。

4. 2. 5. 2　团队层次研究假设的检验

1. 任务冲突在团队工作能力差异与团队绩效间中介效应的检验

本研究运用层次回归和 Bootstrap 方法对团队任务冲突在团队工作能力差异和团队绩效之间的中介效应进行检验，按照 Baron 和 Kenny(1986)关于中介作用检验的方法和步骤[227]，本章要检验团队任务冲突的中介效应必须满足三个条件：(1)团队工作能力差异对团队绩效必须有影响；(2)团队工作能力差异对团队任务冲突必须有影响；(3)当团队任务冲突进入团队工作能力差异与团队绩效的关系分析时，如果团队工作能力差异与团队绩效之间的关系有所减弱或消失，团队任务冲突在团队工作能力差异与团队绩效间具有部分或完全中介作用。

本节首先运用层次回归的方法检验团队任务冲突的中介效应。第一步，在排除控制变量影响的前提下对团队工作能力差异对团队绩效的直接效应进行检验，检验结果显示，团队工作能力差异对团队绩效直接影响的路径系数为-0.36（$p<0.01$）。第二步，在排除控制变量影响的前提下检验团队工作能力差异对团队任务冲突的影响，检验结果显示，团队工作能力差异对团队任务冲突影响的路径系数为-0.36（$p<0.01$）。第三步，在排除控制变量影响的前提下控制团队任务冲突，检验团队工作能力差异对团队绩效的直接效应，检验结果显示，加入团队任务冲突后，团队工作能力差异对团队绩效的路径系数相对于直接效应模型有所减弱，路径系数为-0.26（$p<0.05$），表明团队任务冲突的中介效应成立，研究假设8得到验证。为了更明晰地表明团队任务冲突在团队工作能力差异和团队绩效之间的中介效应，我们绘制了团队任务冲突中介模型。如图4.4所示，团队工作能力差异对团队任务冲突具有显著的负向影响，团队任务冲突对团队绩效具有显著的正向影响，假设3和假设6得到验证。

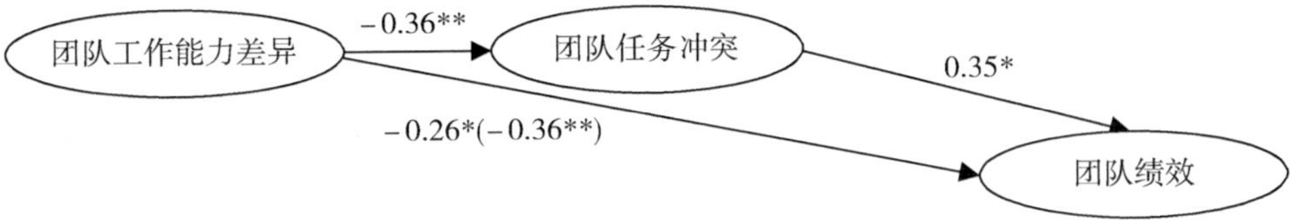

注：* 代表 $p<0.05$（双侧），** 代表 $p<0.01$（双侧）；括号内为直接效应模型路径系数。

图4.4 团队任务冲突中介模型

为更加有效地检验上述中介效应，本节进一步采用 Bootstrap 方法进行检验[278]，在控制团队层面的控制变量前提下，团队工作能力差异到团队绩效的直接效应（-1.61，$p<0.05$，95%CI=[-2.99，-0.24]），团队工作能力差异通过中介变量团队任务冲突到团队绩效的间接效应（-0.56，95%CI=[-1.41，-0.09]），以上区间均不包含零点，研究假设8得到进一步验证。

2. 团队目标相依对团队工作能力差异与团队任务冲突关系的调节作用检验

本章运用SPSS软件采用层次回归的方法检验团队目标相依（合作性目标与竞争性目标）对团队工作能力差异与团队任务冲突关系的调节作用。以团队任务冲突为被解释变量，首先将团队层次的控制变量放入回归模型，在此基础上分别将自变量（团队工作能力差异）和两个调节变量（合作性目标与竞争性目标）放入回归模型，然后通过逐步进入的方法分别将自变量和两个调节变量构成的两个交互项放入回归模型，考察交互项对因变量的效应。如表4.23所示，模型1中放入控制变量，模型2-1中放入团队工作能力差异与合作性目标，模型3-1放入团队工作能力差异与竞争性目标，模型2-2在模型2-1的基础上放入团队工作能力差异与合作性目标的交互项，模型3-2在模型3-1的基础上放入团队工作能力差异与竞争性目标的交互项。

表4.23　**团队目标相依对团队工作能力差异与团队任务冲突关系调节效应**

变量	团队任务冲突				
	模型1	模型2-1	模型2-2	模型3-1	模型3-2
团队规模	0.13	0.05	0.07	0.11	0.07
团队类型	−0.12	−0.04	−0.07	−0.05	−0.02
工作能力差异(AD)		−0.41***	−0.41***	−0.24*	−0.13
合作性目标(COO)		0.73***	0.75***		
竞争性目标(COM)				0.48***	0.52***
AD * COO			−0.13†		
AD * COM					0.21†
Adjusted R^2	0.00	0.66	0.67	0.33	0.35
F Value	1.12	64.65***	3.20†	17.54***	3.07†
ΔR^2	0.03	0.64	0.02	0.34	0.03

注：N(团队)=70；†表示p<0.1，*表示p<0.05，**表示p<0.01，***表示p<0.001。

基于模型2-2发现，团队工作能力差异与合作性目标的交互项边缘显著(β=−0.13，p<0.10)，合作性目标增强了团队工作能力差异与团队任务冲突的负相关关系：团队合作性目标越强，团队工作能力差异对团队任务冲突的负向影响越强，研究假设4a得到验证。

基于模型3-2发现，团队工作能力差异与竞争性目标的交互项边缘显著(β=0.21，p<0.10)，竞争性目标减弱了团队工作能力差异与团队任务冲突的负相关关系：团队竞争性目标越强，团队工作能力差异与团队任务冲突的负向影响越弱。研究假设4b得到验证。

为了更简单明了地反映团队合作性目标和竞争性目标对团队工作能力差异与团队任务冲突关系的调节作用，本章分别取调节变量合作性目标和竞争性目标的均值加减一个标准差作为高合作性目标(竞争性目标)与低合作性目标(竞争性目标)绘制了调节效应图。如图4.5(a)所示，高合作性目标(实线)时，团队工作能力差异与团队任务冲突的斜率比低合作性目标(虚线)时的斜率略微陡峭，表明团队合作性目标程度越高，团队工作能力差异对团队任务冲突的负向影响越强，合作性目标增强了团队工作能力差异与团队任务冲突之间的关系，研究假设4a得到进一步验证。与之不同的是，如图4.5(b)所示，竞争性目标抑制了团队工作能力差异对团队任务冲突的负向影响，使得团队工作能力差异对任务冲突的影响朝正向趋势发展，高竞争性目标相依(实线)时，团队工作能力差异与团队任务冲突的斜率比低竞争性目标相依(虚线)时的斜率陡峭，表明团队竞争性目标程度越高，团队成员能力差异对团队任务冲突的正向影响越强，竞争性目标抑制了工作能力差异与团队任务冲突之间的关系，研究假设4b得到进一步验证。

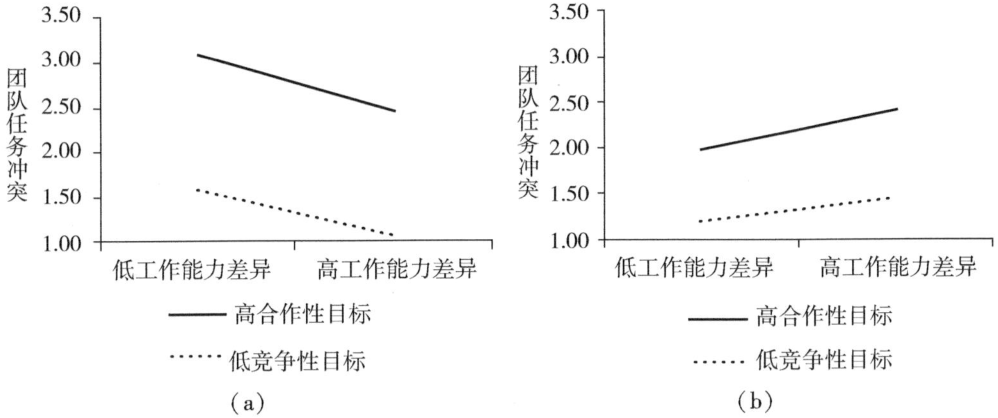

图4.5　团队目标相依对团队工作能力差异与任务冲突关系的调节效应图

3. 团队领导政治技能对团队任务冲突与团队绩效关系调节效应的检验

如前所述，本章仍运用SPSS软件采用层次回归的方法检验团队领导政治技能对团队任务冲突与团队绩效关系的调节作用。以团队绩效为被解释变量，首先将团队层次的控制变量放入回归模型，在此基础上将团队任务冲突和团队领导政治技能放入回归模型，然后通过逐步进入的方法将团队任务冲突和团队领导政治技能的交互项放入回归模型，考察交互项对因变量团队绩效的效应。

如表4.24所示，模型4中放入控制变量，模型5中放入团队任务冲突和领导政治技能，模型6在模型5的基础上放入团队任务冲突与领导政治技能的交互项。基于模型6发现，团队任务冲突与团队领导政治技能的交互项显著($\beta=0.15$，$p<0.05$)，领导政治技能增强了团队任务冲突与团队绩效的正相关关系：团队领导政治技能越强，团队任务冲突对团队绩效的正向影响越强，研究假设10得到验证。

表 4.24　　领导政治技能对团队任务冲突与团队绩效关系调节效应

变量	团队绩效		
	模型 4	模型 5	模型 6
团队规模	−0.35**	0.07	0.67
团队类型	−0.11	−0.05	−0.23
团队任务冲突(TTC)		0.62***	0.63***
领导政治技能(LPS)		−0.89***	−0.91***
TTC * LPS			0.15*
Adjusted R^2	0.10	0.71	0.73
F Value	4.91**	72.20***	5.05*
ΔR^2	0.13	0.60	0.02

注：N(团队)= 70；* 表示 $p<0.05$，** 表示 $p<0.01$，*** 表示 $p<0.001$。

为了更简单明了地反映团队领导政治技能对团队任务冲突与团队绩效关系的调节作用，本章分别取调节变量领导政治技能的均值加减一个标准差作为高领导政治技能与低领导政治技能绘制了调节效应图(见图 4.6)。当团队领导具有较高的政治技能(实线)时，团队任务冲突与团队绩效的斜率比团队领导具有较低政治技能(虚线)时的斜率陡峭，表明团队领导政治技能越强，团队任务冲突对团队绩效的正向影响越强，团队领导政治技能增强了团队任务冲突对团队绩效的正向影响，研究假设 10 得到进一步验证。

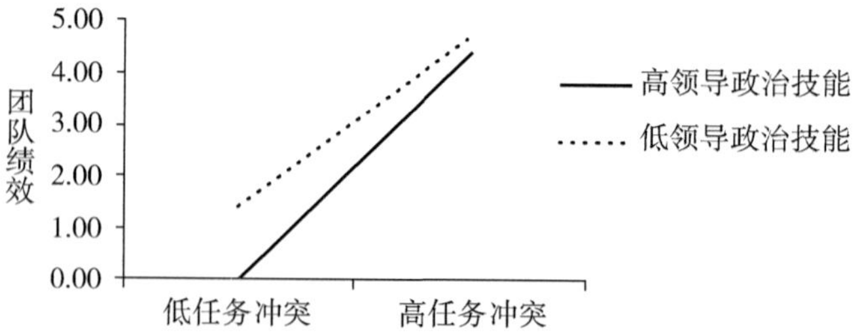

图 4.6　领导政治技能对团队任务冲突与团队绩效关系的调节效应图

4.2.6　研究假设检验结果汇总

本章探讨和验证了团队工作能力差异、团队任务冲突(包含任务冲突感知)、团队绩效和个体绩效间的关系及其作用机制和作用边界。根据前文对研究假设检验的结果，我们对研究假设检验结果进行汇总，如表4.25所示。

表4.25　团队工作能力差异对绩效影响的相关研究假设检验结果汇总

序号	研究假设	假设检验
H1	团队工作能力差异与个体绩效的关系受到团队目标相依的影响	
H1a	当团队实施合作性目标时，工作能力差异与个体绩效负相关	支持
H1b	当团队实施竞争性目标时，工作能力差异与个体绩效正相关	不支持
H2	团队工作能力差异与团队绩效的关系受到团队目标相依的影响	
H2a	当团队实施合作性目标时，工作能力差异与团队绩效负相关	支持
H2b	当团队实施竞争性目标时，工作能力差异与团队绩效正相关	不支持
H3	团队工作能力差异与团队任务冲突负相关	支持
H4	团队目标相依调节了团队工作能力差异与团队绩效的关系	
H4a	合作性目标调节了团队工作能力差异与团队任务冲突的负相关关系：团队合作性目标越强，团队工作能力差异对团队任务冲突的负向影响越强	支持
H4b	竞争性目标调节了团队工作能力差异与团队任务冲突的负相关关系：团队竞争性目标越强，团队工作能力差异对团队任务冲突的负向影响越弱	支持
H5	团队成员对团队任务冲突的感知与团队成员个体绩效正相关	支持
H6	团队任务冲突与团队绩效正相关	支持
H7	团队工作能力差异通过团队任务冲突感知对个体绩效产生负向影响	支持
H8	团队工作能力差异通过团队任务冲突对团队绩效产生负向影响	支持
H9	团队成员对领导政治技能的感知调节团队任务冲突感知对个体绩效的正向影响：团队成员感知到的团队领导政治技能越强，团队任务冲突感知对团队成员个体绩效的正向影响越强	支持
H10	团队领导政治技能调节团队任务冲突对团队绩效的正向影响：领导政治技能越强，团队任务冲突对团队绩效的正向影响越强	支持

4.3 本章小结

本章基于第三章理论分析进行研究假设推演构建的模型，采用实验室实验和领导-成员配对问卷方式对理论模型进行实证检验。

首先，本章采用实验室实验法对团队工作能力差异与个体和团队绩效之间的因果关系及团队目标相依对这一关系的调节效应进行检验，采用了 t 检验、方差分析(ANOVA)和多层线性分析(HLM)等数据分析方法对研究假设进行检验。

然后，本章采用领导-成员配对问卷对团队任务冲突在工作能力差异与绩效关系中的中介作用、团队目标相依对这一中介的调节作用以及领导政治技能对团队任务冲突与绩效关系的调节作用进行检验。通过 SPSS 和 HLM 等统计软件综合运用描述性统计分析、方差分析、量表的信度和效度检验等对研究假设进行检验。

第5章　团队政治技能差异对个体和团队绩效影响的实证研究

5.1　领导访谈与问卷设计

在第三章理论推演和模型构建的基础上，本章对团队政治技能差异与个体和团队绩效关系模型进行实证检验。鉴于目前理论中对团队政治技能差异的研究比较缺乏，在收集问卷之前，我们进行了一项探索性的预测试，以了解团队领导如何认识团队成员政治技能，了解在具体的团队管理实践中团队成员之间政治技能的差异是否对团队过程和团队结果具有影响。我们在2016年10月20日—11月31日完成了这项由与10个团队领导的面对面访谈和15个团队领导的在线(微信或QQ)访谈组成的预测试。两个渠道进行的访谈都是半结构化访谈模式。从预测试中，我们发现团队成员之间确实存在政治技能差异，而且这种差异也的确对个体和团队绩效产生了重要的影响。为了更全面地实证检验团队政治技能差异对个体和团队绩效的作用机制和作用边界，在预测试完成后我们另外对85个有效团队的团队领导和团队成员进行配对问卷调查，问卷实证结果也进一步验证了我们的理论假设。第一部分访谈数据的分析主要采用关键事件(critical incident method)分析方法。第二部分包含问卷设计，问卷数据获取，问卷结果分析与假设检验，这一部分的数据分析主要采用SPSS层次回归、bootstrap技术和多层线性模型(HLM)分析方法。

5.1.1　团队领导访谈

根据Flanagan和John(1954)的研究结论，在探索性的研究中，关键事件法比传统问卷更有效[301]。由于中国人崇尚集体主义倾向，特别看重人际关系[308]，因此，他们愿意在相互信任的人际环境中参与访谈。本章采用半结构化访谈方法对团队政治技能差异与个体和团队绩效之间的关系进行探索性检验；在此基础上，为了更准确地验证两者关系的作用机制和作用边界，采用团队领导-成员配对问卷调研的方法验证团队关系冲突在团队政治技能差异与个体和团队绩效之间的中介作用以及团队目标相依的调节作用；此外，本章还进一步验证了团队领导政治技能对抑制团队关系冲突负向效应的作用。本章综合运用多种统计分析方法和多种统计软件，实证检验理论模型，揭示团队政治技能差异影响绩效的黑箱，以期为团队成员政治技能组成优化、减弱关系冲突的消极作用、领导和团队成员技能培训以及团队和个体两个层面绩效提升提供数据支持和管理建议。

5.1.1.1　访谈对象选择

被访谈的团队领导样本有 36%(9 人)来自于国有企业的部门或团队负责人，有 40%(10 人)来自于中资民营企业的部门主管或项目团队负责人，24%(6 人)来自于中外合资企业的项目经理或团队责任人。其中年龄在 45 岁以上的占 20%(5 人)；年龄在 35 岁与 45 岁之间的占 56%(14 人)；年龄在 25 岁与 35 岁之间的占 16%(4 人)，年龄在 25 岁以下的占 8%(2 人)；被访谈的多半是男性团队领导(21 人)，占比 84%。被访谈对象大多数(92%，23 人)具有本科及本科以上学历，其中硕士及以上学历领导者占 44%(11 人)。被访谈对象平均的工作年龄为 5 年，在本岗位工作的平均年数为 3 年。他们报告自己对所管理的团队成员政治技能的认识和这种政治技能之间存在的差异性对团队日常管理过程和结果的影响。访谈之前我们告知所有的被访谈对象，我们将对访谈内容严格保密并向其签订了保密承诺书。25 个访谈对象每人报告了 2~4 个事件，共构成 76 个事件。

5.1.1.2　访谈设计

我们邀请了 5 名至少有 4 年从事与团队管理或沟通技巧工作相关职业经历的 MBA 学生作为此次领导访谈的访谈主持者，每人负责 5 个被试的访谈工作。在访谈之前，我们组织了一次正式的访谈和反馈信息收集技巧培训和训练，要求他们在访谈过程中遵守标准、工整、客观、保密的原则。在培训过程中我们没有透露任何与本研究的研究假设相关的信息。此外，我们也就如何回答被试特定具体的问题对他们进行了系统的指导和培训。在此基础上，我们根据培训内容绘制了访谈提纲和访谈技巧指导手册，我们也设计了相关的 5 点李克特量表以确保访谈数据的有效性。

5.1.1.3　访谈程序

根据访谈提纲，访谈主持者需要收集关于团队领导对于政治技能这一概念的理解、所在团队成员政治技能的现状、政治技能差异现状以及这些差异将对团队过程和团队结果带来哪些具体影响的客观信息。具体而言，我们需要知道团队成员之间政治技能的差异是否会对团队关系冲突和个体及团队绩效造成影响。访谈之前，访谈主持者首先告知被访谈者此次访谈仅作为学术用途，不会用作他用，所有的回答信息将严格保密。被访谈的团队领导需要描述与访谈内容(团队成员之间政治技能差异的现状以及后果)相关的最近的细节或者重大的事件，并告知这些细节和事件究竟造成了哪些具体影响。他们首先需要回答事件发生的环境、内容和结果。然后需要回答我们事先准备好的具体问题以便于研究者进行编码和解码。接下来，被访谈对象需要回答政治技能差异的不同程度对个体和团队绩效带来哪些具体的影响。我们设计了5点李克特量表探讨团队政治技能差异对个体和团队绩效的影响："1"表示完全没影响，"2"表示有一点儿影响，"3"表示影响一般，"4"表示影响较大，"5"表示有很大影响。为了测量团队政治技能差异的后果及其作用边界，我们还要求被访谈的团队领导回答团队政治技能差异可能会给团队管理带来哪些正面或者负面的影响以及这些影响在什么情况下会增强，在什么情况下会减弱。访谈结束之后，我们要求被访谈的团队领导就团队政治技能差异的现状、后果、原因及作用条件等访谈信息进行文字性描述，以便于数据分析中与访谈者收集到的相关信息进行对比，确保访谈信息的准确性。被访谈对象除了根据李克特量表进行了具体的回答之外，我们还要求其提供描述性的信息。访谈主持者要求被访谈对象回忆日常团队管理中团队成员之间哪些方面的政治技能差异带来了一些什么样的具体影响并对其进行语言描述。整个半结构化访谈持续45分钟左右，我们对访谈内容进行了逐字记录和抄写。

5.1.1.4 访谈结果分析

1. 访谈信息解码

2名研究评判者对访谈中获取的关键事件和信息独立进行分析和归类，在达成一致意见的基础上，独立解码团队政治技能差异对团队过程和团队结果带来的后果。两名研究人员关于团队政治技能差异的表现形式评判间一致性为74%；关于团队政治技能差异对个体绩效和团队绩效影响的评判间一致性分别为92%和95%；关于团队政治技能差异对团队关系冲突影响的评判间一致性为76%。在数据分析之前，两个研究评判者针对不一致的意见进行面对面沟通以达成一致意见。

2. 访谈结果分析

我们从访谈文本中总结了政治技能差异体现的各个方面以及对个体和团队绩效的影响。为了便于理解并与后续研究结论进行比较，我们将这一访谈结果整理成表5.1。

表5.1　**团队领导半结构化访谈结果**

类别	团队领导的表达(举例)
团队绩效的影响因素	1. 团队绩效受到团队成员间互动质量的影响 2. 具有不同水平政治技能的团队成员间会有人际摩擦和冲突，冲突会影响团队绩效 3. 合作则团队绩效高

续表

类别	团队领导的表达(举例)
个体绩效的影响因素	1. 个体绩效受到其他团队成员的影响 2. 个体绩效受到成员间关系的影响
团队成员政治技能	1. 团队成员会花时间建立关系网络 2. 团队成员具有人际影响能力 3. 团队成员具有真诚和理解能力 4. 团队成员具有的社会敏锐度不够
政治技能差异的表现	1. 团队成员政治技能有差异，有的能够花大量时间建立关系网络，有的则不关注关系网络的构建，每个成员的花的时间有区别，关系网络的强弱也因人而异 2. 有的团队成员能够正确处理与周围环境和他人的关系，有的则难以与环境和他人融合 3. 有些成员的言行很受他人欢迎，有的则招人讨厌，这种区别对成员之间的关系有影响 4. 有的团队成员在团队中不善言辞，有的则非常活跃，使得团队中常发生人际误会 5. 有的团队成员能够有效地影响别人，有的则总是被人影响
政治技能差异的后果	1. 不同政治技能的团队成员跟“我”的关系有区别 2. 政治技能高的团队成员与政治技能低的团队成员不容易相处，容易发生误会 3. 团队成员之间有时因为政治技能差异而心生芥蒂，甚至发生摩擦和冲突 4. 团队政治技能差异迫使“我”和每个成员必须花一定的时间和精力来处理这种差异带来的误会和冲突，从而影响团队绩效 5. 团队政治技能差异影响团队成员的工作动力、分散他们的工作精力，从而影响他们的个体绩效

从表 5.1 中我们可以发现，团队领导对团队成员的政治技能及其差异性有明显的感知，而且这一差异性对个体绩效和团队绩效具有深刻的影响。对于这种影响的作用机制和作用边界问题，本章将采用问卷调研的方法进行实证检验。

5.1.2　问卷设计

5.1.2.1　问卷设计与变量测量

同本研究第 4 章，这一部分的问卷设计和实证数据依然遵循了科学、客观、有效的原则进行预测试和信度效度分析，除政治技能差异和团队关系冲突是本节增加的变量、团队成员个体绩效和团队绩效从企业绩效档案中调取客观数据外，其他变量与第 4 章理论模型中的变量一致，出于研究重点和篇幅的考虑，本节省略了与第

4 章有重复关系的问卷设计过程、问卷的科学性和有效性、重复变量的效度和信度分析过程的阐述。

除控制变量外，本章研究模型包含七个研究变量的测量，分别为团队政治技能差异(含团队领导政治技能感知)、团队关系冲突(含团队关系冲突感知)、团队绩效、个体绩效、团队目标相依(包含合作性目标和竞争性目标)、团队领导政治技能。通过第 2 章的文献综述和第 3 章理论探讨可知，除了团队政治技能差异外，本章涉及的其他六个变量都已经有国内外研究者进行过有效的操作处理，测量方式比较成熟。因此本章将遵循量表修改的取向通过预测试结果分析对国内外成熟测量量表进行修正，使其符合本章的研究需要。同时，为了避免主观倾向的影响，本章采用调阅绩效档案的方式调阅三个月后的个体和团队绩效数据，以更客观地验证本章提出的理论模型。

(1)团队政治技能差异。本章首先采用问卷调研法测量团队成员政治技能，选用 Ferris(2005)开发的政治技能四维量表，该量表包含社会敏锐度、人际影响力、人际网络能力和表现真诚四个维度共 18 个问项量表[49]。此量表由团队成员根据自己在团队管理中的实际情况填写。在取得团队成员政治技能数据后，我们根据 Harrison 和 Klein(2007)提出的关于团队差异性的测量方法计算团队成员的政治技能差异[17]。

(2)团队关系冲突。团队关系冲突是团队管理中的重要研究主题，其测量方式也相对丰富和成熟。本章对团队关系冲突的测量，参照了 Jehn(1995)开发的团队关系冲突的定义和四题项测量量表[97]。主要题项包含“团队成员间存在紧张的关系”“团队成员间存在摩擦”“团队成员间存在性格冲突”“团队成员间存在情绪上的冲突”。

(3)个体绩效与团队绩效。本章对个体和团队绩效的测量采用时间滞后客观数据，具体的做法是在团队成员填写完政治技能、关系冲突、目标相依等量表后间隔三个月，从团队绩效档案中调取个体绩效和团队绩效的客观数据。为便于数据分析的统一性，我们平均了每一公司多个团队的绩效数据以及每一团队中多个成员的绩效数据，根据与团队均值之间的差异将团队绩效解码为 1-5(“1”表示低于均值三个标准差，“2”表示低于均值 1 个标准差，“3”表示等于均值，“4”表示高于均值 1 个标准差，“5”表示高于均值 3 个标准差)；根据每一个团队成员与团队成员绩效均值之间的差异将团队成员个体绩效解码为 1-5(“1”表示低于均值三个标准差，“2”表示低于均值 1 个标准差，“3”表示等于均值，“4”表示高于均值 1 个标准差，“5”表示高于均值 3 个标准差)

(4)团队目标相依。同本研究第 4 章，本章对团队目标相依的测量选择的是经过 Tjosvold 等(2014)改良的适合中国情境的目标相互依赖量表[112]，量表分为合作性目标和竞争性目标两个维度。其中，合作性目标量表包含五个题项，分别是：“团队成员共沉浮”“团队成员希望彼此成功”“团队成员寻求相容的目标”“团队成员的目标相互协调”“我与团队成员一起工作，拥有共同的目标”；竞争性目标量表包含五个题项，分别是：“团队成员采取的工作方式支持自己的目标而不是其他团队成员的目标”“团队成员之间是输和赢的关系”“团队成员愿意向他人展示自己的优越性”“团队成员的目标不相容”“团队成员优先考虑完成自己的目标而不是其他团队成员的目标”。此量表由团队成员根据自己的感知据实填写，在数据分析时聚合到团队层面。

(5)领导政治技能。本研究对领导政治技能的测量选用 Ferris(2005)开发的政治技能四维量表，该量表包含社会敏锐度、人际影响力、人际网络能力和表现真诚四个维度共 18 个问项量表[49]，具体的问项见第 4 章表 4. 10。由于政治技能的四个维度具有高度相关性，体现的是团队领导通过自身的社会敏锐与人际网络等人格和魅力人际影响力对团队成员的影响，这四个方面对团队关系冲突和绩效之间的关系具有相似的作用机制，本研究将 18 题项领导的政治技能是一个团队层次的变量，为了保证客观性，此量表由团队领导根据自己在团队管理中的实际情况填写，数据分析时团队层面展开研究；与此同时，由于不同团队成员对领导政治技能的感知具有差异性，我们也请团队的每一位团队成员对所在团队领导者政治技能进行了感知数据的据实填写，这一数据的分析在个体层面展开。

(6)控制变量。本研究除了测量以上关键变量外，还在个体和团队两个层次控制了可能影响团队绩效和个体绩效的变量。个体层次的控制变量包含团队成员的性别、工龄、和学历；团队层次的控制变量有团队规模和团队类型。

以上所有量表的测量均采用 5 点李克特量表，“1”表示“非常不符”；“2”表示“基本不符”；“3”表示“一般”；“4”表示“比较符合”；“5”表示“非常符合”。量表的具体题项见附录 E。

5. 1. 2. 2　预测试与正式问卷形成

本研究的预测试问卷同本研究第 4 章第 78 页同时进行，共发放问卷 120 份，回收 120 份，回收率为 100%。量表的效度和信度分析在第 4 章已经完成，具体程序本章不再赘述。正式问卷详见附录 E。

5. 2　数据处理与结果分析

5. 2. 1　样本描述

以中国内地企事业单位的部门或项目团队为调研对象，在北京、广东、上海、浙江、湖北、江西、湖南七地采用便利抽样方法，运用网络问卷和纸质问卷两种形式进行团队领导-成员配对问卷调查。共发放团队领导问卷 120 份，团队成员问卷

500 份。回收领导问卷 110 份、团队成员问卷 480 份，剔除由于漏项、多填等原因导致的无效领导问卷 20 份，无效成员问卷 43 份，剔除由于领导-成员问卷不配对导致的无效领导问卷 5 份，无效成员问卷 23 份，最终得到有效领导问卷 85 份，对应的 85 个团队的配对成员有效问卷 414 份，有效问卷回收率为 71%。样本分布状况见表 5.2。

表 5.2 **样本分布情况表**

样本背景变量	类别	数量	所占比例(%)
性别	男	223	53.9
	女	191	46.1
教育程度	高中或中专及以下	50	12.1
	大专	95	22.9
	大学本科	131	31.6
	硕士	133	32.1
	博士	5	1.2
工龄	1 年以下	85	20.5
	1~3 年	92	22.2
	4~5 年	75	18.1
	6~10 年	92	22.2
	11 年以上	70	16.9
团队类型	营销团队	13	15.3
	研发团队	2	2.4
	服务团队	15	17.6
	高管团队	8	9.4
团队规模	其他	47	55.3
	2~4 人	6	7.1
	5~7 人	19	22.4
	8~10 人	32	37.6
	11 人以上	28	32.9

续表

样本背景变量	类别	数量	所占比例(%)
组织性质	国有企业	14	16.5
	民营企业	67	78.8
	合资或外资企业	4	4.7

由表 5.2 可知，本次调查样本在团队层次的团队类型、团队规模、团队所在组织性质以及个体层次的团队成员的性别、教育程度和工龄等分布较为合理，样本选择具有代表性，适合进行本章理论模型的实证检验。

5.2.2　统计方法与数据分析

5.2.2.1　正式样本信效度分析

1. 团队成员政治技能

正式样本中团队政治技能量表总的 Cronbach's α 值为 0.921。我们对量表进行验证性因子分析后发现单因子模型具有良好的拟合度，$\chi^2/df=2.231$，GFI=0.942，SRMR=0.049，RMSEA=0.063，TLI=0.936，CFI=0.963，团队成员政治技能量表具有良好的结构效度。此量表由团队成员根据自己在团队管理中的实际情况填写。在取得团队成员政治技能数据后，我们用团队成员政治技能的变异系数(Coefficient of Variation，CV)来测量团队成员政治技能差异，具体的计算公式为：$\sqrt{[(\text{政治技能}\ i-\text{团队平均政治技能})^2/n]/\text{平均政治技能}}$，即团队政治技能的方差/平均政治技能。

2. 团队关系冲突

正式样本中团队关系冲突 Cronbach's α 值为 0.940，表明量表具有较好的内部一致性信度。我们对量表进行验证性因子分析后发现单因子模型具有良好的拟合度，$\chi^2/df=1.965$，GFI = 0.942，SRMR = 0.050，RMSEA = 0.071，TLI = 0.929，CFI=0.950，团队关系冲突量表具有良好的结构效度。团队关系冲突是一个团队层次的变量，此量表由团队成员根据自己的感知据实填写，在个体层次的数据分析时直接使用，在团队层次的数据分析时聚合到团队层面。

3. 团队目标相依

正式样本中团队目标相依总的信度系数 Cronbach's α 值为 0.836。其中合作性目标量表信度系数 Cronbach's α 值为 0.884；竞争性目标量表信度系数 Cronbach's α

值为0.773，表明量表具有较好的内部一致性信度。我们对量表进行验证性因子分析后发现双因子模型具有良好的拟合度，$\chi^2/df=2.248$，GFI = 0.935，SRMR = 0.052，RMSEA=0.061，TLI=0.937，CFI=0.964，团队目标相依量表具有良好的结构效度。此量表由团队成员根据自己的感知据实填写，在数据分析时聚合到团队层面。

4. 领导政治技能

正式样本中领导政治技能量表总的Cronbach's α 值为0.903。由于政治技能的四个维度具有高度相关性，体现的是团队领导通过自身的社会敏锐与人际网络等人格和魅力人际影响力对团队成员的影响，这四个方面对团队关系冲突和绩效之间的关系具有相似的作用机制。我们对量表进行验证性因子分析后发现单因子模型具有良好的拟合度，$\chi^2/df=2.383$，GFI=0.931，SRMR=0.039，RMSEA=0.077，TLI=0.931，CFI=0.963，领导政治技能量表具有良好的结构效度。本研究将18题项领导的政治技能是一个团队层次的变量。为了保证客观性，此量表由团队领导根据自己在团队管理中的实际情况填写，数据分析时团队层面展开研究；与此同时，由于不同团队成员对领导政治技能的感知具有差异性，我们也请团队的每一位团队成员对所在团队领导政治技能进行了感知数据的据实填写，这一数据的分析在个体层面展开。

5.2.2.2　数据聚合

除了个体绩效和团队绩效通过档案调阅时间滞后数据、团队领导的政治技能由团队领导填写外，本研究中其他变量的测量都是基于团队成员的感知，收集数据多在个体层面进行，因此在数据分析之前有必要分析团队成员感知的一致性以确定个体层面的数据能否聚合到团队层面。我们采用了James、Demaree和Wolf(1984)的程序计算每一个团队中团队成员对变量感知的组内一致性[221]。我们用James、Demaree和Wolf(1993)提出的$R_{wg(j)}$指数来计算研究变量的内部一致性[222]。团队关系冲突、合作性目标、竞争性目标的$R_{wg(j)}$指数的中位数分别为0.89、0.92、0.85。根据研究者如George和Bettenhausen(1990)的建议，如果变量的$R_{wg(j)}$指数的中位数值大于或者等于0.70，则该变量具有较好的内部一致性，可以聚合到团队层面[223]。我们发现本研究中团队关系冲突、合作性目标、竞争性目标均具有较好的内部一致性，可以聚合到团队层次。为了确保数据聚合的合理性，我们还计算了团队关系冲突、合作性目标、竞争性目标的组内方差和组间方差以进一步判断其能否聚合到团队层次。通过方差分析，我们分别计算出三个变量的ICC(1)和ICC(2)发现团队关系冲突(ICC(1)= 0.32，ICC(2)= 0.70，$p<0.001$)，合作性目标(ICC

(1)= 0. 35，ICC(2)= 0. 72，$p<0.001$)和竞争性目标(ICC(1)= 0. 32，ICC(2)= 0. 70，$p<0.001$)都具有足够的一致性，可以聚合到团队层次。414 份个体层次的问卷聚合到团队层次后样本数量与领导问卷数据一致，共 85 份样本数据，构成了 85 份有效的领导-成员配对问卷。

5. 2. 2. 3　描述性统计与相关分析

1. 描述性统计

在排除无效数据后，我们用 SPSS 软件对数据进行描述性分析，各变量的均值、标准差、最大值、最小值等统计分析结果如表 5. 3 所示。

表 5. 3　**研究变量的描述性统计结果**

变量	n	均值	标准差	最大值	最小值
团队层次					
团队政治技能差异	85	0. 17	0. 13	0. 79	0. 00
团队关系冲突	85	2. 49	0. 75	4. 00	1. 20
团队绩效	85	3. 59	0. 71	5. 00	1. 00
团队合作性目标	85	3. 12	0. 75	4. 90	1. 73
团队竞争性目标	85	3. 33	0. 80	4. 77	1. 38
团队领导政治技能	85	3. 65	0. 90	5. 00	1. 00
个体绩效	414	4. 42	0. 54	5. 00	1. 80
合作性目标感知	414	4. 11	0. 73	5. 00	1. 00
竞争性目标感知	414	2. 92	0. 90	5. 00	1. 00
领导政治技能感知	414	3. 96	0. 73	5. 00	1. 00

2. 方差分析

本研究选用方差分析的方法研究各控制变量对结果变量的影响。个体和团队两个层次的控制变量对结果变量影响的方差分析结果如表 5. 4 所示。

表 5.4 **个体层次和团队层次控制变量方差分析摘要**

预测变量	控制变量	控制变量类别	*N*	均值	标准差	单因素方差分析	
						F	Sig
个体绩效	性别	男	223	4.66	0.35	124.63	0.000
		女	191	4.35	0.58		
	工龄	1	85	4.01	0.67	36.83	0.000
		2	92	4.23	0.50		
		3	75	4.46	0.45		
		4	92	4.75	0.25		
		5	70	4.67	0.33		
	学历	1	50	4.35	0.51	8.77	0.000
		2	95	4.21	0.60		
		3	131	4.39	0.53		
		4	133	4.60	0.46		
		5	5	4.76	0.17		
团队绩效	团队类型	1	1	43	3.15	1.77	0.14
		2	2	2	4.00		
		3	3	15	3.53		
		4	4	8	3.62		
		5	5	47	3.70		
	团队规模	1	6	4.33	1.03	3.81	0.01
		2	19	3.79	0.54		
		3	32	3.47	0.76		
		4	28	3.59	0.71		

团队成员工龄：1. 1年及以下；2. 2~3年；3. 4~5年；4. 6~10年；5. 11年及以上
团队成员工龄：1. 1年以下；2. 2~3年；3. 4~5年；4. 6~10年；5. 11年
团队成员学历：1. 高中及以下；2. 大专；3. 大学本科；4. 硕士；5. 博士
团队类型：1. 营销；2. 研发；3. 服务；4. 高管；5. 其他
团队规模：1. 2~4人；2. 5~7人；3. 8~10人 4. 11人及以上

从表5.4中我们可以发现，个体层次的控制变量性别（$F(1)=124.63$，$p<0.001$）、工龄（$F(4)=36.83$，$p<0.001$）和学历（$F(4)=8.77$，$p<0.001$）均对个体

绩效有一定的影响，团队层次的控制变量团队类型($F(4)=1.77$，$p>0.1$)对团队绩效没有显著影响；团队规模对团队绩效具有潜在的影响作用($F(3)=3.81$，$p<0.05$)。

3. 相关分析

本章采用统计软件 SPSS 对模型中涉及的变量进行相关分析。团队层次的政治技能差异、团队关系冲突、团队合作性与竞争性目标、团队领导政治技能和团队绩效之间以及个体层次的团队关系冲突感知、领导政治技能感知和个体绩效之间的显著相关关系为下一步研究假设检验打下了初步基础。

表 5.5　**PEARSON 相关性分析**

变量	1	2	3	4	5
团队层次					
1. 团队政治技能差异	1				
2. 团队关系冲突	0.25*	1			
3. 合作性目标	-0.14	-0.45**	1		
4. 竞争性目标	0.16	0.29**	-0.79**	1	
5. 团队绩效	-0.32**	-0.33**	0.33**	-0.37**	1
6. 领导政治技能	-0.11	-0.66**	0.15	-0.06	-0.29**
个体层次					
1. 团队成员个体绩效	1				
2. 关系冲突感知感知	-0.53**	1			
3. 领导政治技能感知	0.53**	-0.23**			

注：N(团队)= 85，n(成员)= 414；* 表示 $p<0.05$，** 表示 $p<0.01$，*** 表示 $p<0.001$。

从表 5.5 我们发现，在团队层面上，自变量团队政治技能差异除与合作性目标和竞争性目标以及团队领导政治技能的相关关系没有达到显著，与作为中介变量的团队关系冲突和作为结果变量的团队绩效之间均存在显著的相关关系。中介变量团队关系冲突与调节变量合作性目标和竞争性目标、领导政治技能以及结果变量团队绩效均存在显著的相关关系且相关系数低于 0.8，此外调节变量合作性目标和竞争性目标之间也显著相关。在个体层面上，团队成员的个体绩效与关系冲突感知和领导政治技能感知两两显著相关。这些相关关系的显著性提供了理论模型合理性的重要依据，为下一步研究假设的验证奠定了基础。

5.2.3 假设检验

本章的结果变量分为团队层次的团队绩效和个体层次的个体绩效两类，涉及跨层次的分析。我们采用多层线性模型(the Hierarchical Linear Modeling，HLM)检验这些变量间的跨层次关系[215]。对于模型中团队层次变量之间的关系检验，我们在团队层次采用单层模型进行数据分析；对于模型中涉及团队和个体两个层次的跨层关系检验，我们采用由个体层次和团队层次构成的两层模型进行检验。

在结果变量为团队层次变量的单层模型的假设检验中，本章采用 SPSS 层次回归和 Bootstrap 对中介效应进行检验，运用层次回归分析方法对调节效应进行检验，主要包含：(1)团队关系冲突对团队政治技能差异与团队绩效的中介效应；(2)团队目标相依(合作性目标与竞争性目标)对团队政治技能差异与团队关系冲突关系的调节效应；(3)团队领导政治技能对团队关系冲突与团队绩效关系的调节效应。

在结果变量为个体层次变量的跨层次模型假设检验中，本章采用多层线性模型(HLM)分析方法，检验的研究假设主要包含：(1)团队关系冲突感知在团队政治技能差异与个体绩效之间的中介效应；(2)团队领导政治技能感知对团队关系冲突感知与个体绩效关系的调节效应。

根据前文数据分析发现，团队层次的团队规模和团队类型以及个体层次的团队成员性别、工龄和学历等控制变量对结果变量具有显著影响，本节在团队层次多元层次回归分析中将团队类型和团队规模纳入模型进行回归分析；本节在跨层次的多层线性模型分析中将个体层次的性别、工龄、学历作为控制变量进行分析。

5.2.3.1 团队-个体跨层次研究假设的检验

由于个体层次团队成员嵌套于团队层次的团队之中，个体层次的结果变量个体绩效受到团队层次的政治技能差异、关系冲突和领导政治技能的影响，我们采用多层线性模型(Hierarchical Linear Modeling，HLM)检验假设 11、假设 17 和假设 19。采纳 Hofmann 和 Gavin(1998)的建议，在将变量放进模型之前，我们先将个体层次的变量进行组均值中心化，将团队层次的变量进行总体均值中心化[224]。跨层次的作用效应分析分两步进行，第一步我们运用方差分析检验以个体绩效为结果变量的没有加入任何团队层次预测变量的零模型，分析结果显示，个体绩效的组内方差(Intra-class Correlation，ICC)为 22.0%，卡方检验(Chi-square test)显示个体绩效的组间方差显著，$\chi^2(84)=922.29$，$p<0.001$。这些方差数据证实了模型和数据的多层嵌套性质，说明我们选择多层次分析方法是合理的。第二步我们逐步将两个层次的控制变量和模型的解释变量放入模型解释放入变量对结果变量的影响，我们依照 Snijders 和 Bosker(1999)的建议，计算伪 R^2 来确定变量的效应。计算公式为：伪 R^2=(零模型的方差-解释模型的方差)/零模型的方差[225]。

团队和个体层次具体进行跨层回归分析的研究变量包括：

团队政治技能差异：PSD（political skills disparity）

团队关系冲突：TRC（team relationship conflict）

团队关系冲突感知：PTRC（perceived team relationship conflict）：

领导政治技能：LPS（leader political skills）

领导政治技能感知：PLPS（perceived leader political skills）

团队关系冲突和团队领导政治技能的乘积：TRC * LPS

团队关系冲突感知和团队领导政治技能感知的乘积：PTRC * PLPS

团队成员个体绩效：IP（indivial performance）

1. 团队关系冲突感知在政治技能差异与个体绩效间中介效应的检验

研究假设 17 认为，团队政治技能差异通过团队关系冲突感知对个体绩效产生负向影响。由于团队政治技能差异是团队层次的变量，团队成员关系冲突感知和个体绩效是个体层次的变量，模型存在多层嵌套性，我们运用 HLM 程序检验团队任务冲突感知的中介效应。

本节的研究模型中的中介作用部分属于 2-1-1 型跨层中介模型，其中自变量团队政治技能能力差异为团队层次的变量，而中介变量团队关系冲突感知和因变量团队成员个体绩效为个体层次的变量，如图 5.1 所示。我们在检验多层次中介作用时，根据以往建议先将变量的组别平均数进行中心化或 CWC（M）（Centered within Context with Reintroduction of the Subtracted Means），然后将组别平均数加入 Level-2 的模型中[187]。

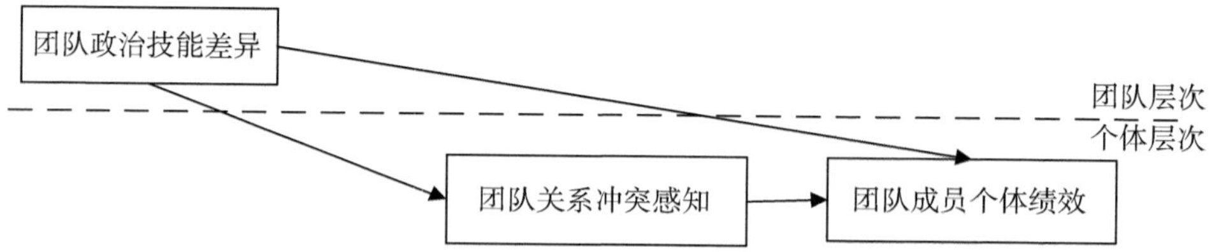

图 5.1　团队关系冲突感知跨层次中介模型

除了检验零模型和控制变量影响的两步之外，本节 2-1-1 型多层次中介模型的具体检验步骤如下：

第一：检验团队政治技能差异→团队成员个体绩效

Level-1 Model：$IP_{ij}=\beta_{0j}+\beta_{ij}$(level-1 Control variables)$+\gamma_{ij}$

Level-2 Model：$\beta_{0j}=\gamma_{00}+\gamma_{01}(PSD)+\gamma_{0j}$(level-2 Control Variables)$+\mu_{0j}\rightarrow\gamma_{01}=A$

第二：检验团队政治技能差异→团队关系冲突感知

Level-1 Model：$PTRC_{ij}=\beta_{0j}+\beta_{ij}$(level-1 Control variables)$+\gamma_{ij}$

Level-2 Model：$\beta_{0j}=\gamma_{00}+\gamma_{01}(\text{PSD})+\gamma_{0j}(\text{level-2 Control Variables})+\mu_{0j}\rightarrow\gamma_{01}=B$

第三：控制团队关系冲突感知，检验团队政治技能差异→团队成员个体绩效

Level-1 Model：$\text{IP}_{ij}=\beta_{0j}+\beta_{1j}(\text{PTRC})+\beta_{ij}(\text{level-1 Control variables})+\gamma_{ij}$

Level-2 Model：$\beta_{0j}=\gamma_{00}+\gamma_{01}(\text{PSD})+\gamma_{0j}(\text{level-2 Control Variables})+\mu_{0j}$

$\beta_{1j}=\gamma_{02}\rightarrow\gamma_{02}=C,\ \gamma_{01}=D$

我们采用系数乘积检验法(product of coefficients approach)判断中介效应的显著性，具体检验结果如表 5.6 所示。从表 5.6 步骤 4-2 发现，团队政治技能差异对团队成员关系冲突感知具有显著正向关系(β=2.26，p<0.01，B 显著不等于 0)；控制团队任关系冲突感知后(步骤 4-1)，检验团队政治技能差异与团队成员个体绩效之间的负相关关系，发现团队关系冲突感知对个体绩效依然具有显著的负向关系(β=−0.11，p<0.001)，pseudo R^2(伪 R^2)为 0.64，相对于直接效应模型，中介效应模型显著，C 显著不等于 0。因此，团队成员对关系冲突的感知在团队政治技能差异和成员个体绩效之间起中介作用，研究假设 17 得到验证。

表 5.6　　**团队关系冲突感知跨层次中介效应的检验结果**

变量	团队成员个体绩效				关系冲突感知	
	步骤 1 零模型	步骤 2 控制变量	步骤 3 主效应	步骤 4-1 中介效应	步骤 4-0 零模型	步骤 4-2 中介效应
截距 γ_{00}	4.45***	3.91***	3.99***	4.01***	2.35***	3.13***
个体层面						
性别		−0.33***	−0.33***	−0.28***		0.49***
工龄		0.08***	0.08***	0.08***		−0.04
教育程度		0.06**	0.06**	0.03†		−0.16**
团队层面						
团队类型		0.07*	0.06**	0.06*		−0.01
团队规模		0.00	−0.01	−0.00		−0.13†
PSD γ_{01}			−1.81**	−1.85**		2.26**
PTRC γ_{02}				−0.11***		
σ^2	0.10	0.06	0.06	0.05	0.80	0.72
τ	0.22***	0.13***	0.08***	0.08***	0.37***	0.20***
$\chi^2(d.f.)$	922.29(84)	922.92(82)	513.16(81)	612.53(81)	272.61(84)	187.74(81)
Pseudo R^2		0.41	0.64	0.64		0.46

注：n（团队成员）= 414，N(团队)= 85；† 代表 p<0.1，* 代表 p<0.05，** 代表 p<0.01，*** 代表 p<0.001。

2. 目标相依对团队政治技能差异与个体绩效关系的调节效应检验

研究假设 11 预测团队目标相依对团队政治技能差异与团队成员个体绩效关系的调节效应。我们采用多层线性模型对这一效应进行检验。除了与前述模型相似的前两步检验零模型和控制变量影响之外，本部分分两步检验团队目标相依对团队政治技能差异和个体绩效关系的调节效应。首先分别将团队政治技能差异和调节变量放入模型进行主效应分析；然后放入团队政治技能差异和调节变量的交互项以验证调节效应，合作性目标和竞争性目标调节作用分析步骤相同，因此，下文将两组调节集中在一起介绍。所有放入模型的变量都进行了均值中心化处理。

除了零模型和控制变量模型外，本章跨层次调节模型的具体检验步骤如下：

第一：检验团队政治技能和团队目标相依→团队成员个体绩效

Level-1 Model：$IP_{ij}=\beta_{0j}+\beta_{ij}(\text{level-1 Control variables})+\gamma_{ij}$

Level-2 Model：$\beta_{0j}=\gamma_{00}+\gamma_{01}(PSD)+\gamma_{02}(GI)+\gamma_{0j}(\text{level-2 Control Variables})+\mu_{0j}$

其中，GI 为团队目标相依，分两个子模型，分别独立将 COO 和 COM 两个变量放入模型进行分析，下同。

第二：检验团队政治技能差异和团队目标相依的交互项→团队成员个体绩效

Level-1 Model：$IP_{ij}=\beta_{0j}+\beta_{ij}(\text{level-1 Control Variables})+\gamma_{ij}$

Level-2 Model：$\beta_{0j}=\gamma_{00}+\gamma_{01}(PSD)+\gamma_{02}(GI)+\gamma_{03}(PSD*GI)+\gamma_{0j}(\text{level-2 Control Variables})+\mu_{0j}$

表 5.7　**团队政治技能差异与目标相依对个体绩效的多层线性分析(HLM)结果**

变量	团队成员个体绩效			
	步骤 1-1 主效应 1	步骤 1-2 调节效应 1	步骤 2-1 主效应 2	步骤 2-2 调节效应 2
截距 γ_{00}	3.96***	4.20***	4.21***	4.21***
个体层面				
性别	−0.33***	−0.33***	−0.33***	−0.33***
工龄	0.08***	0.08***	0.08***	0.08***
教育程度	0.06**	0.06**	0.05*	0.05*
团队层面				
团队类型	0.06**	0.07*	0.06**	0.06*
团队规模	−0.00	0.00	−0.01	−0.00
PSD γ_{01}	−1.76**	−1.78**	−1.81***	−1.75**

续表

变量	团队成员个体绩效			
	步骤 1-1 主效应 1	步骤 1-2 调节效应 1	步骤 2-1 主效应 2	步骤 2-2 调节效应 2
COO γ_{021}	0.05	0.06		
PSD * COO γ_{031}		-0.00		
COM γ_{022}			-0.03	-0.03
PSD * COM γ_{032}				-0.01
σ^2	0.06	0.06	0.06	0.06
τ	0.08***	0.08***	0.08***	0.09***
$\chi^2(d.f.)$	507.59(80)	536.80(81)	540.39(82)	547.58(81)
Pseudo R^2	0.64	0.64	0.64	0.59

注：n（团队成员）= 414，N（团队）= 85；* 代表 $p<0.05$，** 代表 $p<0.01$；*** 代表 $p<0.001$。

如表 5.7 所示，步骤 1-2 中，团队政治技能差异与合作性目标交互项对团队成员个体绩效作用不显著（$\beta=-0.00$，$p>0.10$），Pseudo R^2 相对于步骤 1-1 没有变化，合作性目标的调节作用不显著，研究假设 11a 没有得到验证。同样地，步骤 2-2 中，团队政治技能差异与竞争性目标交互项对团队成员个体绩效作用不显著（$\beta=-0.01$，$p>0.10$），Pseudo R^2 相对于步骤 2-1 没有变化，竞争性目标的调节作用不显著，研究假设 11b 也没有得到验证。

3. 领导政治技能感知对团队关系冲突感知与个体绩效关系的调节效应检验

研究假设 19 预测团队领导政治技能感知对团队关系冲突感知与团队成员个体绩效关系的调节效应。我们仍然采用多层线性模型对这一效应进行检验。除了与前述模型相似的前两步检验零模型和控制变量影响之外，本部分分两步检验团队成员对领导政治技能的感知对团队关系冲突感知和个体绩效关系的调节效应。首先将团队关系冲突感知和领导政治技能感知放入模型进行主效应分析；然后放入团队关系冲突感知和领导政治技能感知的交互项以验证调节效应。

除了零模型和控制变量模型外，本跨层次调节模型的具体检验步骤如下：

第一：检验团队关系冲突感知和领导政治技能感知→团队成员个体绩效

Level-1 Model：$IP_{ij}=\beta_{0j}+\beta_{1j}(PLPS)+\beta_{2j}(PTRC)+\beta_{ij}(\text{level-1 Control variables})+\gamma_{ij}$

Level-2 Model：$\beta_{0j}=\gamma_{00}+\gamma_{0j}(\text{level-2 Control Variables})+\mu_{0j}$

第二：检验团队关系冲突感知和领导政治技能的交互项→团队成员个体绩效

Level-1 Model：$IP_{ij}\beta_{0j}+\beta_{1j}(PLPS)+\beta_{2j}(PTRC)+\beta_{3j}(PTRC*PLPS)+\beta_{ij}$(level-1 Control variables)$+\gamma_{ij}$

Level-2 Model：$\beta_{0j}=\gamma_{00}+\gamma_{0j}$(level-2 Control Variables)$+\mu_{0j}$

如表 5.8 所示，团队关系冲突感知对个体绩效具有显著的主效应($\beta=-0.14$, $p<0.01$)，研究假设 15 得到验证。第三步和第四步伪 R^2 的变化显著，表明团队关系冲突感知和领导政治技能感知交互项对个体绩效具有显著的效应($\beta=0.06$, $p<0.05$)，团队成员感知到的领导政治技能越强，关系冲突感知对个体绩效的负向影响越弱，研究假设 19 得到验证。

表 5.8　领导政治技能感知调节关系冲突感知与个体绩效关系的 HLM 分析结果

变量	个体绩效			
	步骤 1 零模型	步骤 2 控制变量	步骤 3 主效应	步骤 4 交互效应
截距 γ_{00}	4.45***	3.91***	3.84***	3.85***
个体层面				
性别		−0.33***	−0.33***	−0.33***
工龄		0.08***	0.10***	0.10***
教育程度		0.06**	0.06**	0.06**
团队层面				
团队类型		0.07*	0.07†	0.07†
团队规模		0.00	0.01	0.01
团队关系冲突感知(PTRC) γ_{01}			−0.14***	−0.38**
领导政治技能感知(PLPS) γ_{02}			0.12***	−0.05
关系冲突感知 * 政治技能感知(PTRC * PLPS) γ_{03}				0.06*
τ	0.22***	0.13***	0.17***	0.16***
$\chi^2(d.f.)$	922.29(84)	922.92(82)	1075.11(82)	1041.96(82)
pseudo R^2		0.41	0.23	0.27

注：n（团队成员）= 414，N（团队）= 85；† 代表 p<0.1，* 代表 $p<0.05$，** 代表 $p<0.01$，*** 代表 $p<0.001$。

5.2.3.2 团队层次研究假设的检验

1. 关系冲突在团队政治技能差异与团队绩效间中介效应的检验

本研究运用 SPSS 层次回归方法和 Bootstrap 方法对团队关系冲突在团队政治技能差异和团队绩效之间的中介效应进行检验，根据 Baron 和 Kenny 的做法，要检验关系冲突的中介效应必须满足三个条件[227]：(1)团队政治技能差异对团队绩效必须有影响；(2)团队政治技能差异对团队关系冲突必须有影响；(3)当团队关系冲突进入团队政治技能差异与团队绩效的关系分析时，如果团队政治技能差异与团队绩效之间的关系虽有所减弱但依然显著时，团队关系冲突在团队政治技能差异与团队绩效间具有部分中介作用；如果团队政治技能差异与团队绩效之间的关系消失，则团队关系冲突在其关系中起完全中介作用。表 5.5 显示，团队政治技能差异、团队关系冲突和团队绩效之间均两两显著相关，为团队关系冲突中介效应的检验打下了基础。

本节首先运用层次回归的方法检验团队关系冲突的中介效应。第一步，在排除控制变量影响的前提下对团队政治技能差异对团队绩效的直接效应进行检验，检验结果显示，团队政治技能差异对团队绩效直接影响的路径系数为-1.72($p<0.01$)。第二步，检验团队政治技能差异对关系冲突的影响，检验结果显示，团队政治技能差异对团队关系冲突影响的路径系数为 1.46($p<0.05$)；第三步，控制团队关系冲突，检验团队政治技能差异对团队绩效的直接效应，检验结果显示，加入团队关系冲突后，团队政治技能差异对团队绩效的路径系数相对于直接效应模型有所减弱，路径系数为-1.54($p<0.01$)，表明团队关系冲突的中介效应成立，研究假设 18 得到验证。我们绘制了团队关系冲突中介模型，从图 5.2 可知，团队政治技能差异对团队关系冲突具有显著的正向影响，团队关系冲突对团队绩效具有显著的负向影响，研究假设 13 和假设 16 得到验证。

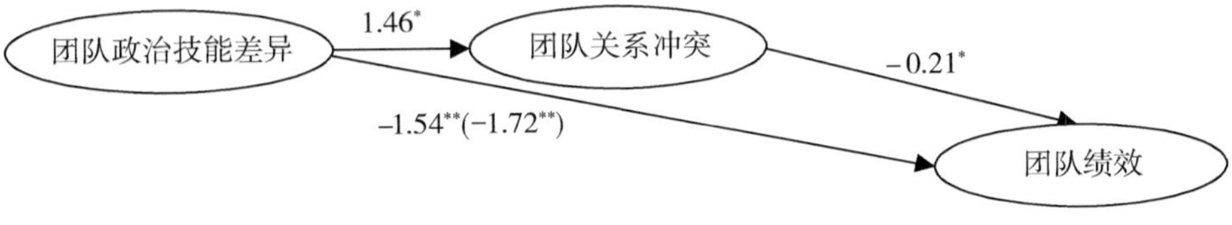

注：* 代表 $p<0.05$(双侧)，** 代表 $p<0.01$(双侧)，*** 代表 $p<0.001$(双侧)，括号内为直接效应模型路径系数。

图 5.2 团队关系冲突中介模型

为了更加有效地检验上述中介效应，本节进一步采用 Bootstrap 方法进行检验[278]，在控制团队层面的控制变量前提下，团队政治技能差异到团队绩效的直接效应(-1.54，$p<0.05$，95%CI=[-2.62，-0.45])，团队政治技能差异通过中介变量关系冲突对团队绩效的间接效应为(-0.18，95% CI=[-0.67，-0.08])，以上区间均不包含零点，研究假设 18 得到进一步验证。

2. 团队目标相依对团队政治技能差异与团队关系冲突关系的调节作用检验

本章运用 SPSS 软件采用层次回归的方法检验团队目标相依(合作性目标与竞争性目标)对团队政治技能差异与团队关系冲突关系的调节作用。以团队关系冲突为被解释变量，首先将团队层次的控制变量放入回归模型，在此基础上分别将自变量(团队政治技能差异)和两个调节变量(合作性目标与竞争性目标)放入回归模型，然后通过逐步进入的方法分别将自变量和两个调节变量构成的两个交互项放入回归模型，考察交互项对因变量的效应。如表 5.9 所示，模型 1 中放入控制变量，模型 2-1 中放入团队政治技能差异与合作性目标，模型 3-1 放入团队政治技能差异与竞争性目标，模型 2-2 在模型 2-1 的基础上放入团队政治技能差异与合作性目标的交互项，模型 3-2 在模型 3-1 的基础上放入团队政治技能差异与竞争性目标的交互项。

表 5.9　**团队目标相依对团队政治技能差异与团队关系冲突关系调节效应**

变量	团队关系冲突				
	模型 1	模型 2-1	模型 2-2	模型 3-1	模型 3-2
团队规模	0.33**	0.27**	0.26**	0.32***	0.29**
团队类型	-0.04	-0.03	-0.03	-0.03	-0.03
团队政治技能差异(PSD)		0.16*	0.06	0.17*	0.04
团队合作性目标(COO)		-0.26***	-0.26***		
团队竞争性目标(COM)				0.16*	0.18*
PSD * COO			-0.18*		
PSD * COM					0.23**
Adjusted R^2	0.16	0.32	0.36	0.25	0.31
F Value	80.79***	10.52***	50.93*	60.18**	70.96**
ΔR^2	0.18	0.17	0.05	0.11	0.07

注：N (团队)= 85；† 代表 $p<0.1$，* 代表 $p<0.05$，**$p<0.01$，***$p<0.001$。

基于模型 2-2 发现，团队政治技能差异与合作性目标的交互项显著($\beta=-0.18$，

$p<0.05$)，合作性目标对团队政治技能差异与团队关系冲突的关系的调节作用显著，合作性目标减弱了团队政治技能差异对关系冲突的正向影响，研究假设 14a 得到验证。

基于模型 3-2 发现，团队政治技能差异与竞争性目标的交互项显著($\beta=0.23$, $p<0.01$)，竞争性目标调节了团队政治技能差异与团队关系冲突的正相关关系：团队竞争性目标越强，团队政治技能差异对团队关系冲突的正向影响越强。研究假设 14b 得到验证。

为了更简单明了地反映合作性和竞争性目标对团队政治技能差异与团队关系冲突关系的调节作用，本章分别取调节变量合作性目标和竞争性目标的均值加减一个标准差作为高合作性目标与低合作性目标(图 5.3(a))/高竞争性目标与低竞争性目标(图 5.3(b))绘制了调节效应图。如图 5.3(a)所示，合作性目标抑制了团队政治技能差异对团队关系冲突的正向影响，使得团队政治技能差异对团队关系冲突的影响朝负向趋势发展，高合作性目标(实线)时，团队政治技能差异与团队关系的负向斜率比低合作性目标(虚线)时的负向斜率陡峭，表明团队合作性目标程度越高，团队政治技能差异对团队关系冲突的正向影响越弱，合作性目标抑制了团队政治技能差异与团队关系冲突之间的关系，研究假设 14a 得到进一步验证。如图 5.4(b)所示，高竞争性目标(实线)时，团队政治技能差异与团队关系冲突的斜率比低竞争性目标(虚线)时的斜率陡峭，表明竞争性目标程度越高，团队成员政治技能差异对团队关系冲突的正向影响越强，竞争性目标增强了团队政治技能差异与团队关系冲突之间的关系，研究假设 14b 得到进一步验证。

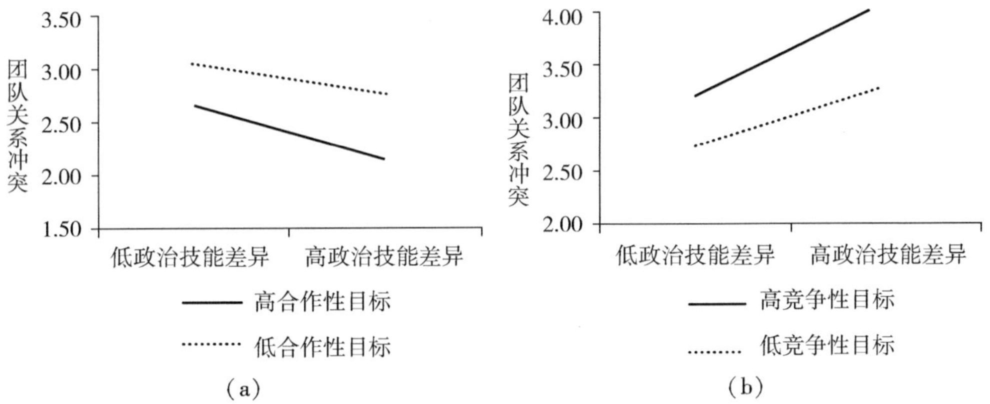

图 5.3 团队目标相依对团队政治技能差异与关系冲突关系的调节效应图

3. 团队目标相依对团队政治技能差异与团队绩效关系的调节效应检验

本章运用 SPSS 软件采用层次回归的方法检验团队目标相依(合作性目标与竞

争性目标)对团队政治技能差异与团队绩效关系的调节作用。以团队绩效为被解释变量，首先将团队层次的控制变量放入回归模型，在此基础上分别将自变量(团队政治技能差异)和两个调节变量(合作性目标与竞争性目标)放入回归模型，然后通过逐步进入的方法分别将自变量和两个调节变量构成的两个交互项放入回归模型，考察交互项对因变量的效应。如表 5.10 所示，模型 4 中放入控制变量，模型 5-1 中放入团队政治技能差异与合作性目标，模型 5-2 在模型 5-1 的基础上放入团队政治技能差异与合作性目标的交互项；模型 6-1 在模型 4 的基础上放入团队政治技能差异与竞争性目标，模型 6-2 在模型 6-1 的基础上放入团队政治技能差异与竞争性目标的交互项。

表 5.10　**团队目标相依对团队政治技能差异与团队绩效关系调节效应**

变量	团队绩效				
	模型 4	模型 5-1	模型 5-2	模型 6-1	模型 6-2
团队规模	−0. 22**	−0. 19**	−0. 20†	−0. 21**	−0. 19*
团队类型	0. 09†	0. 08†	0. 09†	0. 08†	0. 08†
团队政治技能差异(PSD)		−0. 20**	−0. 12	−0. 19**	−0. 11
合作性目标(COO)		0. 16*	0. 16*		
竞争性目标(COM)				−0. 21**	−0. 22**
PSD * COO			0. 17*		
PSD * COM					−0. 15*
Adjusted R^2	0. 11	0. 25	0. 29	0. 28	0. 31
F Value	6. 35**	8. 17**	5. 58*	10. 56***	4. . 05*
ΔR^2	0. 13	0. 15	0. 05	0. 18	0. 03

注：*N* (团队) = 85；† 代表 $p<0.1$，* 代表 $p<0.05$，** 代表 $p<0.01$，*** 代表 $p<0.001$。

基于模型 5-2 发现，团队政治技能差异与合作性目标的交互项显著($\beta=0.17$, $p<0.05$)，合作性目标调节团队政治技能差异与团队绩效的负相关关系：合作性目标越强，团队政治技能差异对团队绩效的负向影响越弱，研究假设 12a 得到验证。

基于模型 6-2 发现，团队政治技能差异与竞争性目标的交互项显著($\beta=-0.15$, $p<0.05$)，竞争性目标调节团队政治技能差异与团队绩效的负相关关系：竞争性目

标越强，团队政治技能差异对团队绩效的负向影响越强。研究假设12b得到验证。

同前文，本章分别取调节变量的均值加减一个标准差作为高合作性目标（竞争性目标）与低合作性目标（竞争性目标）绘制了调节效应图。如图5.4(a)所示，合作性目标抑制了团队政治技能差异对团队绩效的负向影响，使得团队政治技能差异对团队绩效的影响朝正向趋势发展，高合作性目标（实线）时，团队政治技能差异与团队绩效的正向斜率比低合作性目标（虚线）时的斜率陡峭，表明团队合作性目标程度越高，团队政治技能差异对团队绩效的负向影响越弱，研究假设12a得到进一步验证。图5.4(b)显示，高竞争性目标（实线）时，团队政治技能差异与团队绩效的斜率比低竞争性目标（虚线）时的斜率陡峭，表明团队竞争性目标程度越高，团队政治技能差异对团队绩效的负向影响越强，研究假设12b得到进一步验证。

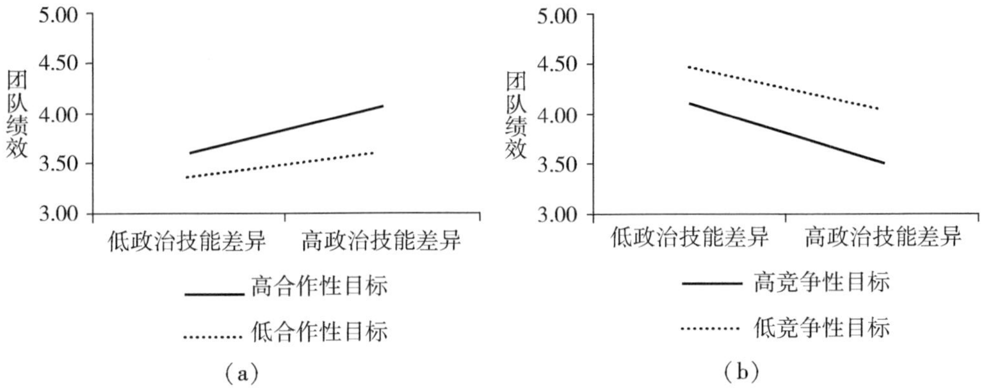

图5.4　团队目标相依对团队政治技能差异与团队绩效的关系调节效应图

4. 团队领导政治技能对团队关系冲突与团队绩效关系调节效应的检验

本章运用SPSS软件采用层次回归的方法检验团队领导政治技能对团队关系冲突与团队绩效关系的调节作用。以团队绩效为被解释变量，首先将团队层次的控制变量放入回归模型，在此基础上将团队关系冲突和团队领导政治技能放入回归模型，然后通过逐步进入的方法将团队关系冲突和团队领导政治技能的交互项放入回归模型，考察交互项对因变量团队绩效的效应。如表5.11所示，模型7中放入控制变量，模型8中放入团队关系冲突和领导政治技能，模型9在模型8的基础上放入团队关系冲突与领导政治技能的交互项。基于模型9发现，团队关系冲突与领导政治技能的交互项显著($\beta=0.11$，$p<0.05$)，领导政治技能调节了团队关系冲突与团队绩效的正相关关系：团队领导政治技能越强，团队关系冲突对团队绩效的负向影响越弱，研究假设20得到验证。

表 5.11　　领导政治技能对团队关系冲突与团队绩效关系调节效应

变量	团队绩效		
	模型 7	模型 8	模型 9
团队规模	−0.22**	−0.07	−0.06
团队类型	0.09†	0.00	0.01
团队关系冲突(TRC)		−0.61***	−0.55***
领导政治技能(LPS)		−0.61***	−0.58***
TRC * LPS			0.11*
Adjusted R^2	0.11	0.53	0.55
F Value	6.35***	37.44***	4.27*
ΔR^2	0.13	0.42	0.02

注：N（团队）= 85；† 代表 $p<0.1$，* 代表 $p<0.05$，** 代表 $p<0.01$，*** 代表 $p<0.001$。

本章分别取调节变量领导政治技能的均值加减一个标准差作为高领导政治技能与低领导政治技能绘制了调节效应图(见图 5.5)。当领导具有较高的政治技能(实线)时，团队关系冲突与团队绩效的斜率比领导具有较低政治技能(虚线)时的斜率平缓，表明团队领导政治技能越强，团队关系冲突对团队绩效的负向影响越弱，团队领导政治技能减弱团队关系冲突对团队绩效的负向影响，研究假设 20 得到进一步验证。

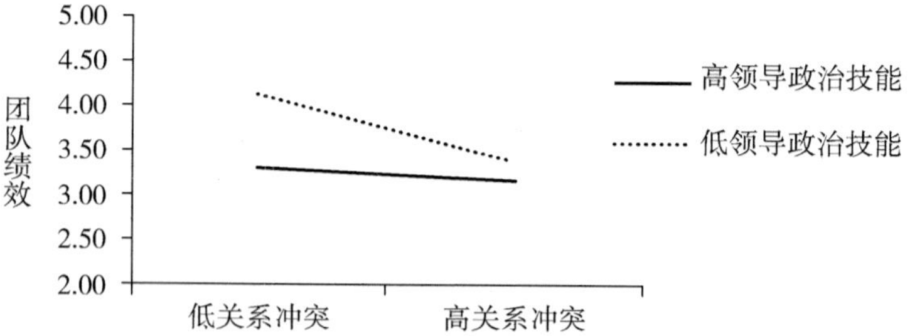

图 5.5　团队领导政治技能对团队政治技能差异与团队绩效的关系调节效应图

5.2.4　研究假设检验结果汇总

本章探讨和验证了团队政治技能差异、团队关系冲突(包含关系冲突感知)、团队绩效和个体绩效间的关系及其作用机制和作用边界。根据前文对研究假设检验的结果，我们对研究假设检验结果进行汇总如表 5.12 所示。

表 5.12 **团队政治技能差异对绩效影响的相关研究假设检验结果汇总**

序号	研究假设	假设检验
H11	团队目标相依调节政治技能差异与团队成员个体绩效的关系	
H11a	合作性目标调节团队政治技能差异对个体绩效的负向影响：合作性目标越强，团队政治技能差异对团队成员个体绩效的负向影响越弱	不支持
H11b	竞争性目标调节团队政治技能差异对个体绩效的负向影响：竞争性目标越强，团队政治技能差异对团队成员个体绩效的负向影响越强	不支持
H12	团队目标相依调节政治技能差异与团队绩效的关系	
H12a	合作性目标调节团队政治技能差异对团队绩效的负向影响：合作性目标越强，团队政治技能差异对团队绩效的负向影响越弱	支持
H12b	竞争性目标调节团队政治技能差异对团队绩效的负向影响：竞争性目标越强，团队政治技能差异对团队绩效的负向影响越强	支持
H13	团队政治技能差异正向影响团队关系冲突	支持
H14	团队目标相依调节政治技能差异与团队关系冲突的关系	支持
H14a	合作性目标调节团队政治技能差异与团队关系冲突的正相关关系：合作性目标越强，团队成员政治技能差异对团队关系冲突的正向影响越弱	支持
H14b	竞争性目标调节团队政治技能差异与团队关系冲突的正相关关系：竞争性目标越强，团队政治技能差异对团队关系冲突的正向影响越强	支持
H15	团队关系冲突感知与团队成员个体绩效负相关	支持
H16	团队关系冲突与团队绩效负相关	支持
H17	团队政治技能差异通过团队关系冲突感知对个体绩效产生负向影响	支持
H18	团队政治技能差异通过团队关系冲突对团队绩效产生负向影响	支持
H19	团队成员对领导政治技能的感知调节团队关系冲突感知对个体绩效的负向影响：团队成员感知到的领导政治技能越强，团队关系冲突感知对团队成员个体绩效的负向影响越弱	支持
H20	团队领导政治技能调节团队关系冲突对团队绩效的负向影响：领导政治技能越强，团队关系冲突对团队绩效的负向影响越弱	支持

5.3　本章小结

本章基于第 3 章理论分析进行研究假设推演构建的模型，采用领导访谈对理论模型进行初步测试和领导-成员配对问卷方式对理论模型进行实证检验。

首先，本章采用团队领导访谈对团队政治技能差异与个体和团队绩效之间的关系进行初步探索，数据分析采用了关键事件法。

其次，本章采用领导-成员配对调研问卷的方法对团队关系冲突在团队政治技能差异与绩效关系中的中介作用、团队目标相依对这一中介的调节作用以及领导政治技能对团队关系冲突与绩效关系的调节作用进行检验。通过 SPSS 和 HLM 等统计分析软件综合运用描述性统计分析、方差分析、量表的信度和效度检验、bootstrap 等方法对研究假设进行检验。

第6章　研究结果讨论与管理建议

本研究基于社会比较理论、公平理论、合作与竞争理论、地位分层理论、领导权力理论等理论的基本观点和研究现状，选用团队IPO理论模型框架构建团队能力差异(包含工作能力和政治技能差异)对个体和团队两个层面绩效的影响机制和作用边界的概念模型、提出相应的研究假设并进行实证检验。由于团队成员的工作能力和政治技能属于两种不同的能力，本研究在理论分析的基础上分两个子研究构建理论模型并进行实证检验。第一个子研究构建了团队工作能力差异通过团队任务冲突对个体绩效和团队绩效产生影响，以及团队的目标相依(合作性目标与竞争性目标)和团队领导政治技能对这一中介模型的调节效应。这一部分的理论模型首先采用实验室实验法进行了因果关系检验，然后采用团队领导-成员配对问卷的形式对模型中自变量对因变量的作用机制和作用边界进行实证检验。第二个子研究构建了团队政治技能差异通过团队关系冲突对个体绩效和团队绩效产生影响，以及团队的目标相依(合作性目标与竞争性目标)和团队领导政治技能对这一中介模型的调节效应。这一部分的理论模型首先采用访谈法进行了初步探索，然后采用团队领导-成员配对问卷以及个体和团队绩效的客观数据对模型中各变量之间的关系进行实证检验。本研究第一个子研究的调研样本涉及70个团队(332个成员)样本的有效数据；第二个子研究的调研样本涉及85个团队(441个成员)样本的有效数据。在实证方法上面，两个子研究都采用统计软件SPSS软件进行验证性因子分析和量表的信度检验，最后采用Bootstrap、HLM数据分析方法对理论研究假设进行检验。除个别假设不成立外，大部分的研究假设都得到了验证。本章分为两部分进行阐述。第一部分对本研究的研究结论进行讨论；第二部分从个体、团队和领导三个层面就如何提升个体和团队绩效提出本研究的管理建议。

6.1　研究结果讨论

本研究以团队组成差异性这一理论界广泛关注的课题为研究对象，选择地位差异视角的团队多样性进行理论构建和实证研究，探讨了地位差异视角的团队多样性对团队过程和团队结果的影响，以及这一影响的作用机制和作用边界。本研究分两个子研究分别探索了团队工作能力和政治技能差异对团队成员个体绩效和团队绩效的作用机制和作用边界。本研究的研究结果既支持了 Harrison 和 Klein 关于团队多样性三种类型中的差异性对个体和团队绩效具有重要影响的结论[17]，也验证了 van Dijk 和 van Engen(2013)及 DiTomaso、Post 和 Parks-Yancy(2007)等人提出的社会比较和地位差异视角的团队多样性的确对团队过程和团队结果具有重要影响的观点[21,77]。本研究的研究结论既解释了以往研究中关于团队多样性研究结论不一致甚至互相矛盾的观点，也回答了我们前文提出的问题：团队成员由于工作能力和政治技能差异导致的地位差异究竟对团队过程和团队绩效具有怎样的影响？这一影响受到哪些因素的制约？具体的研究结果讨论如下。

6.1.1　团队工作能力差异与绩效关系的研究结果讨论

子研究一实证研究部分对团队工作能力差异与个体和团队绩效之间关系及其作用机制和作用边界进行理论探讨和实证检验。采用实验研究和问卷调研方法通过 SPSS 和 HLM 等统计分析软件综合运用描述性统计分析、方差分析、量表的信度和效度检验、bootstrap 等方法对相关研究假设进行检验。

第一，本研究理论分析并实证检验了团队工作能力差异和目标相依对个体和团队绩效的关系。研究结果显示，团队工作能力差异对绩效的影响与团队的目标相依类型有关。合作性目标时，工作能力差异对个体和团队绩效具有负向影响；竞争性目标时，团队工作能力差异对个体绩效和团队绩效没有影响。这一研究结论证实了在中国情境下竞争性目标和合作性目标具有相容性，并不是同一个事物的两个极端，这一结论与 Chen、Xie 和 Chang(2011)提出的中国辩证思维以及合作与竞争的共存性是一致的[117]。这一结论也验证了 Bass(1982)提出的工作能力是区别于认知能力，而且比认知能力对个体和团队绩效具有更强预测力的能力。工作能力差异对团队成员的心理、行为以及团队过程和团队结果具有重要的影响[63]。

第二，本研究理论分析并实证检验了团队任务冲突感知和任务冲突在团队工作能力差异与个体和团队绩效之间的中介效应。研究结论显示，团队工作能力差异与任务冲突负相关，任务冲突感知与个体绩效正向相关，任务冲突与团队绩效正相关，团队成员对任务冲突的感知中介了团队工作能力差异与团队成员个体绩效的关系，团队任务冲突中介了工作能力差异与团队绩效的关系。这一结论与中国传统思维中的“崇尚权威，等级观念”[123]“回避冲突”[117]的观点是一致的。中国人等级观念强，具有较高的权力距离，当团队中某一或某几个团队成员具有绝对的能力优势时，那些相对能力较差的成员往往选择相信和遵从，不愿意对强能力队友提出的问题解决方案提出异议，更不愿意就如何开展工作产生冲突，约束了弱能力者实际工作能力和创新思维的发挥，进而对个体绩效和团队绩效产生负向影响。本研究的实证研究结论也验证了 Jehn 等(2010)提出的团队成员对团队冲突的感知具有差异性的观点[165]。正因为这种感知的差异性导致团队成员对任务冲突的感知，而非团队任务冲突本身对团队成员个体绩效带来影响。

第三，本研究理论分析并实证检验了目标相依对团队工作能力差异与任务冲突关系的调节作用。实证数据得出结论：团队合作性目标越强，团队工作能力差异与团队任务冲突的负向关系越强；团队竞争性目标越强，团队工作能力差异与团队任务冲突的负向关系越弱。这一结论与公平理论的基本观点是一致的[32]，公平理论认为，团队成员近端的心理和行为以及远端的绩效都受到团队公平的影响，当团队成员感知到公平时，则更有动力付出更多的努力致力于团队问题解决的最优方案，更有动力参与关于如何提升个体和团队绩效的讨论；反之，当他们感知到不公平时则会沮丧、受挫，产生消极的情感反应，不愿意参加团队讨论，从而减少团队任务冲突[160]。Patchen (1961)认为，社会比较是两个或者更多资源的同时比较，比较的第一维度可能是报酬，然而，只有当人们同时进行第二个可信的维度(如能力、技能、资质、教育水平等)比较时，第一维度的社会比较才有意义[30]。本研究的研究结论与 Patchen 这一观点是完全一致的，团队工作能力差异本身并不会给团队成员的心理和行为带来实质性的影响，只有同时比较不同能力水平团队成员的报酬时，工作能力差异才会给团队过程和团队结果带来影响。这一结论与公平理论也是一致的。Adams (1965)提出公平理论，认为决定资源分配公平性的是团队成员的能力和获得的报酬两个要素[32]。当团队成员获得的报酬相对于其他成员是合理的或者与其相对于他人的地位是一致的，他们将会感受到公平和满意，从而愿意付出更多的努力参与团队方案的讨论；反之，当团队成员的感知到自身获得的报酬不公平时，他们将会减少努力，严重的会沉默和消极怠工，降低团队任务冲突。团队目标相依决定了团队的报酬结构，影响团队成员因为工作能力差异带来的公平感知，从而增强或者减弱团队工作能力差异与团队任务冲突之间的负向关系。这一研究结论与合作与竞争理论的基本观点也是一致的。合作与竞争理论认为，团队目标相依通过影响团队成员的公平感知对团队互动造成影响，最终影响团队成员的心理和行为[115]。本研究的研究结论证实竞争性目标弱化了团队工作能力差异与任务冲突的负相关关系；合作性目标强化了团队工作能力差异与任务冲突的负相关关系，与合作与竞争理论的基本观点一致。

第四，本研究理论分析并实证检验了领导政治技能和团队成员对领导政治技能的感知对团队任务冲突(团队任务冲突感知)与团队绩效和与个体绩效关系的调节作用。实证结果显示，领导政治技能越强，团队任务冲突对团队绩效的正向影响越强；团队成员对领导政治技能的感知越强，团队任务冲突感知对团队成员个体绩效的正向影响越强。这一结论证实了以往大量研究的基本观点：政治技能对个人职业成功具有重要促进作用[63]。首先，通过良好的政治技能创造良好的团队氛围，促进团队成员之间积极的互动和交流，引导团队成员就如何达成团队目标进行积极的讨论、提出建设性的意见是促成团队领导职业成功的重要组成部分。其次，良好的政治技能不仅有助于和谐团队氛围，鼓励团队成员为提升个体和团队绩效而努力，而且从根本上有助于个体和团队绩效的提升，这无疑是团队领导职业成功重要的评价指标。本研究在个体层次的研究结论也证实了团队成员个体感知的差异性特征对于团队领导管理团队冲突的重要意义[165]。

从子研究一的实证检验结果来看，大部分研究假设得到了验证，实证研究结果与前述理论假设的基本一致。理论分析中研究假设 1b 和研究假设 2b 分别认为，当团队实施竞争性目标时，团队的工作能力差异与个体绩效和团队绩效正相关。而本章的实证研究结果则显示，当团队实施竞争性目标时，团队的工作能力差异与个体绩效和团队绩效不相关，与理论研究假设不符。究其原因，有可能是源于中国人的中庸思想[189]，在中国情境下，竞争性目标实质是建立在合作基础上的竞争，本研究中的竞争性目标实质是一个混合动机目标，合作性目标的消极作用和竞争性目标的共同作用抵消了各自的效应，从而得到当团队实施竞争性目标时，团队的工作能力差异与个体绩效和团队绩效无关的结论。考虑到篇幅和研究重点，并未对这一解释进行进一步的实证检验，这一解释的成立与否还有待在以后的研究中进行深入的研究和探讨。

6.1.2　团队政治技能差异与绩效关系的研究结果讨论

子研究二实证研究部分对团队政治技能差异与个体和团队绩效之间关系及其作用机制和作用边界的理论模型进行实证检验。采用团队领导访谈和问卷调研方法，通过 SPSS 和 HLM 等统计分析软件综合运用描述性统计分析、方差分析、量表的信度和效度检验、bootstrap 等方法对相关研究假设进行检验。

第一，本研究采用访谈方法初步验证了团队政治技能差异在团队中的普遍存在性以及其对团队过程和团队结果具有重要影响，为下一步用问卷调研法对理论模型进行实证检验提供了初步的实证依据。本研究的实证研究结果表明，当同一团队的成员之间的政治技能具有较大差异，尤其是某一或某几人的政治技能显著高于其他人时，有可能被团队成员将政治技能误认为“开后门、走关系”，进而产生不公平感知。这一结论证实了不平等厌恶理论的基本观点[228]。不平等厌恶理论认为，人们不仅关心自己对资源的绝对占有量，而且更关心自己所占有的资源与其他人对比的相对占有量。个体团队成员较高的政治技能对其职业成功具有正向影响；然而，当团队成员之间政治技能存在差异时，团队成员关注的却是自身政治技能与其他团队成员政治技能的相对优势或劣势，分散了他们的注意力资源，对团队过程和团队结果造成负面影响。

第二，本研究理论分析并实证检验了团队关系冲突感知和关系冲突在政治技能差异与个体和团队绩效之间的中介效应。研究结论显示，团队政治技能差异与关系冲突感知正相关，关系冲突感知与团队成员个体绩效负相关，团队关系冲突感知中介了政治技能差异与个体绩效的关系；团队政治技能差异与关系冲突正相关，关系冲突与团队绩效负相关，团队关系冲突中介了政治技能差异与团队绩效的关系。这一结论与刘军等提出的团队政治技能差异对领导成员交换关系差异化具有显著影响的结论[126]是一致的。由于政治技能差异导致的领导成员交换关系差异使得领导不是根据公平原则和工作需要原则分配团队资源，而是根据与团队成员关系的远近将团队资源分配给拥有高政治技能的团队成员，这必然引起低政治技能团队成员的不公平感知，从而加剧团队关系冲突[108]。这一结论再一次证实了不平等厌恶理论。此外，这一研究结论也与社会比较理论的基本观点是一致的。根据社会比较理论[27]，团队成员之间拥有资源差异引发团队成员之间的社会比较行为，拥有较高资源的成员和拥有较低资源成员的社会比较方向不一致，因而受到社会比较的影响有差别，由此导致团队成员之间的人际摩擦，从而引起团队关系冲突[199]。本研究的实证研究结论也验证了 Jehn 等(2010)提出的团队成员对团队冲突的感知具有差异性的观点[165]。正因为这种感知的差异性导致团队成员对关系冲突的感知，而非团队关系冲突本身对团队成员个体绩效带来影响。

第三，本研究理论分析并实证检验了团队目标相依对政治技能差异与关系冲突关系的调节作用。实证数据得出结论：合作性目标越强，团队政治技能差异对团队关系冲突的正向影响越弱；竞争性目标越强，团队政治技能差异与团队关系冲突的正向影响越强。这一结论既验证了合作与竞争理论，合作性目标正向影响团队成员的心理安全，增强了团队抵御消极影响的能力[39]。又进一步验证了 Chen、Xie 和 Chang(2011)提出的在中国情境下，竞争与合作之间的关系与西方情境下有显著的区别这一观点[117]。在西方文化情境下，合作与竞争是同一个事物的两个极端，两者没法相容；而在中国情境下，这一结论明显是不成立的。中国的辩证思维也认为，合作与竞争完全可以并存，两者互不矛盾，竞争中有合作，合作存在于竞争之中。

第四，本研究理论分析并实证检验了团队目标相依对政治技能差异与团队绩效的调节作用。实证数据证明，合作性目标越强，团队政治技能差异对团队绩效的负向影响越弱；竞争性目标越强，团队政治技能差异对团队绩效的负向影响越强；本研究的实证数据也表明团队目标相依对政治技能差异与团队成员个体绩效关系的调节作用不成立，需要在将来的研究中进一步验证。这一结论再次验证了合作与竞争理论提出的团队成员对目标相依的感知对其行为和结果具有重要影响的观点[115]。这一结论也符合互惠原则的基本内容[229]，低政治技能团队成员在合作性目标的主导下会认为队友的高政治技能有助于团队绩效的提升，从根本上有利于自身利益的最大化；同样地，高政治技能成员在合作性目标的主导下觉得只有竭力帮助低政治技能队友才能实现团队绩效的提升和自身利益最大化。相反，在竞争性目标的主导下，高政治技能成员运用网络运营力倾轧和打压队友，使之受挫，甚至被迫离开团队中的资源和权力中心地带[126]，低政治技能团队成员则心生嫉妒，产生不公平感知，从而减少投入，降低团队和个体绩效。这与公平理论的基本观点是一致的[32]。

第五，本研究理论分析并实证检验了领导政治技能和团队成员对领导政治技能的感知分别对团队关系冲突和团队成员关系冲突感知与团队绩效和与个体绩效关系的调节作用。实证结果显示，领导政治技能越强，团队关系冲突对团队绩效的负向影响越弱；团队成员对领导政治技能感知越强，团队关系冲突感知对团队成员个体绩效的负向影响越弱。这一结论印证了有效领导资质和有效管理方式对于缓解团队关系冲突消极作用的重要性，与领导权力理论的基本观点相符[48]。这一结论证实了以往大量研究的基本观点：政治技能对个人职业成功具有重要促进作用[74]。首先，通过良好的政治技能创造良好的团队氛围，引导团队成员之间建立和谐、轻松的工作关系和私人关系，促进团队各项工作顺利开展是促成团队领导职业成功的重要组成部分。其次，良好的政治技能不仅有助于和谐团队氛围，而且能够帮助团队成员将注意力资源集中到工作上来，从根本上有助于个体和团队绩效的提升，这无疑是团队领导职业成功重要的评价指标。本研究在个体层次的研究结论也证实了团队成员个体感知的差异性特征对于团队领导管理团队冲突的重要意义[166]。

从子研究二的实证检验结果来看，大部分研究假设得到了验证，实证研究结果与前述理论假设的基本一致。理论分析中研究假设11认为团队目标相依对政治技能差异与个体绩效的关系具有调节作用，合作性目标越强，团队政治技能差异对团队关系冲突的正向影响越弱；竞争性目标调节团队政治技能差异对个体绩效的负向影响：竞争性目标越强，团队政治技能差异对团队成员个体绩效的负向影响越强。而本研究的实证研究结果则显示，合作性目标和竞争性目标的调节作用均不成立，与理论研究假设不符。究其原因，有可能是中国人讲求面子与和谐[178]，在中国情境下，为了维持表面上的和谐，人们往往不愿意承认与其他成员之间的竞争与合作关系，以免在人际交往中与同事或者领导的关系出现微妙差异，中国人对竞争与合作的回避可能导致其在问卷回答中可能并不完全客观。特别是当团队成员之间的政治技能存在差异时，彼此之间的合作与竞争就显得特别敏感，因此合作性目标和竞争性目标对其个体行为和绩效影响不大。考虑到篇幅和研究重点，并未对这一推测进行进一步的实证检验，这一推测的成立与否还有待在以后的研究中进行深入的研究和探讨。

6.2　管理建议

本研究在管理实践方面旨在帮助组织和团队管理者正确搭配团队成员和培训领导的政治技能以优化团队目标相依策略选择和团队冲突管理过程，提升团队成员的个体绩效和团队绩效，实现团队长期良性发展。本研究通过整合团队工作能力和政治技能差异性组成这两方面的研究成果，在统一的研究框架中分析和探讨团队工作能力和政治技能差异对个体和团队两个层面绩效的作用机理。本研究通过实验室实验、领导访谈以及领导-成员配对问卷收集实证数据，运用多种数据分析方法对理论模型进行实证检验。基于实证分析结果，本研究在团队组建、队友选择、团队目标设置、领导政治技能培训、团队冲突管理、系统思考、个体绩效和团队绩效提升等方面提出管理建议供企业和团队管理者在制定提升个体和团队绩效的策略过程中作为参考。

6.2.1 个体层面管理建议

6.2.1.1 优化队友能力组成结构

合理的团队能力组成对于团队成员冲突感知和个体绩效优化具有重要的影响。团队成员在选择队友组成团队时要考虑到队友工作能力及政治技能与自身能力的匹配性，要考虑到这种匹配对于减轻自身对关系冲突的感知、增加自身对任务冲突的感知以及提升自身绩效表现的作用。本研究的研究结论证明了团队能力组成的重要性，有助于自我组建和自我管理团队的伙伴选择和绩效优化。目前，大多数团队成员不清楚到底如何选择合适的合作伙伴才能实现个体绩效的最优化。多数人在实际的团队伙伴选择过程中更多的是依靠经验和情感，缺乏理性和定量的选择依据，因而造成实际团队运作中困难重重，这也是当前很多自我组建团队难以为继的原因之一。本研究的实证研究结论认为工作能力和政治技能差异较大的队友之间容易抑制团队任务冲突，加剧团队关系冲突，从而对个体绩效造成负面影响，对团队成员发展不利。本研究的结论建议个体在选择队友时尽量选择那些工作能力和个体政治技能水平相近的成员，这样既有利于自身技能的发挥和自我绩效的提升，而且有助于增加团队成员任务冲突感知、降低团队成员关系冲突感知，确保团队成员在一种和谐、有序的团队氛围中工作，分散其在处理与工作无关人际事务上的注意力资源，将其注意力资源集中到有助于提出最优解决方案的良性沟通中来，从根本上保证个体绩效的提升。

6.2.1.2 根据能力差异选择目标结构

团队的目标结构选择对于团队成员的冲突感知和个体绩效具有重要影响。然而，这种影响因团队成员之间的能力差异程度不同而有区别。本研究的研究结论表明，当团队成员之间的工作能力差异较大时，如果团队实施合作性目标将会增加团队成员的不公平感知，降低团队成员的工作积极性，降低有利于提升个体绩效的任务冲突感知，对团队成员的个体绩效带来负面影响；而当团队成员之间工作能力差异较小时，团队采取合作性目标和竞争性目标结构对团队成员任务冲突感知和个体绩效影响不大。本研究的研究结论启示团队成员在选择团队目标结构时应该充分考虑到团队成员之间的工作能力差异，当成员之间工作能力差异较大时，设置竞争性目标结构来鼓励团队成员就如何完成团队任务进行充分讨论，最终提升团队成员的个体绩效；当团队成员之间工作能力差异较小时，可以根据团队的外部和内部工作环境以及竞争对手的情况设置目标结构，而不必过多考虑竞争性或者合作性目标结构的影响。本研究的研究结论还表明，合作性目标有助于缓解团队成员之间政治技能差异对成员关系冲突感知的正向影响，抑制其对个体绩效的不良影响，而竞争性目标则加剧了团队成员之间政治技能差异对团队成员关系冲突感知的正向影响，加剧其对个体绩效的不良影响。该研究结论启示在设置团队目标结构时必须充分考虑团队成员之间的政治技能差异，当团队政治技能差异较大时，团队应该设置合作性目标，以降低团队成员的关系冲突感知，从而抑制政治技能差异对团队成员个体绩效的负向影响。

6.2.1.3　关注团队成员的公平感知

团队成员的公平感知对其心理和行为具有重要影响。本研究的研究结论表明，团队工作能力和政治技能差异本身并不会给团队成员的心理和行为带来影响，只有当其与团队目标相依策略交互时才能对任务冲突和关系冲突感知以及团队成员的个体绩效产生影响。这一结论印证了社会比较理论和公平理论。当团队成员获得的报酬与其自身工作能力和政治技能相匹配，当团队成员的产出/投入比相对于其他成员比较公平时，团队成员才有动力致力于绩效的提升，才会将自己的注意力资源从与团队任务无关的事务上转移到工作上来。因而，团队成员的公平感知有助于增强团队成员的任务冲突感知、降低其团队关系冲突感知，激励团队成员提升工作积极性，从根本上促进团队成员个体绩效的提升。本研究的研究结论揭示团队成员的公平感知有助于设计合理公平的团队报酬结构，实现团队成员经济利益和心理平衡的和谐统一。团队在设计团队报酬策略时应该建立系统思维方式，在公平原则下综合考虑多个因素，从根本上提升团队成员的工作动力和个体绩效。

6.2.2　团队层面管理建议

6.2.2.1　根据目标相依策略优化团队能力组成

团队工作能力和政治技能差异对团队过程和团队结果具有重要的影响。本研究实证检验了团队工作能力和政治技能差异分别通过影响团队任务冲突和团队关系冲突对团队绩效带来的影响，以及这一影响如何受到团队目标相依的作用。团队目标相依的类型和程度决定了团队工作能力和政治技能差异的作用边界并和团队能力组成策略共同作用于团队绩效。因此，管理者在制订团队能力组成方案时一定要考虑到团队目标相依的影响。本研究的研究结论认为，当团队采取合作性目标时，管理者在组建团队时应该选择那些工作能力和政治技能相近的员工进行组合，这样既降低了团队的关系冲突、增加了团队的任务冲突，又促进了团队绩效的提升；反之，当团队采取竞争性目标时，管理者可以忽略团队工作能力差异，着重考虑选择政治技能相近的团队成员组成团队。这样有助于指导团队管理者设计工作能力和政治技能差异程度与目标相依类型的合理组合，以实现团队管理过程的有序化和团队结果的最优化。本研究的研究结论有助于指导企业和团队管理者根据团队的目标相依策略选择团队成员工作能力和政治技能的组合，实现团队能力资源的结构优化以及和团队目标相依策略的匹配，降低对团队绩效有负面影响的团队关系冲突，增加有助于团队绩效提升的任务冲突，从而将团队成员的注意力资源集中到提升团队绩效的工作任务和团队合作上来，实现团队绩效的提升。本研究的实证研究结论证明了团队工作能力和政治技能组成的重要性，能够指导团队管理者将团队冲突的管理视角从单纯关注冲突本身转移到关注团队能力组成和目标相依策略的相容性上面来，有助于提升团队领导的管理效率。

6.2.2.2 根据团队能力差异选择目标相依策略

团队目标相依影响团队工作能力和政治技能差异对团队绩效的作用并和团队能力组成相结合共同作用于团队绩效。因此，管理者在制定团队目标相依时一定要考虑到团队能力组成差异的影响。本研究的结论证明，合作性目标和竞争性目标在中国的管理实践中具有相容性，可以共同存在于一个团队或群体之中。合作性目标和竞争性目标在团队管理实践中的作用都有促进管理效率提升的积极作用，也都有阻碍团队管理策略有效实施的负面效应。因此，团队管理者应该客观辩证地看待合作性目标和竞争性目标两种目标相依策略。合作性目标促进了合作却滋生了搭便车等消极行为；竞争性目标稀释了共同目标却也激发了每一个团队成员的工作动力。本研究的实证研究结论表明，竞争性目标在中国的团队管理中发挥着积极的作用。团队的竞争性目标有助于抑制团队成员之间工作能力差异的负向作用：竞争性目标越强，团队工作能力差异与团队任务冲突的负向影响越弱。反之，团队合作性目标则具有一定程度的负面作用：当团队实施合作性目标时，工作能力差异与个体绩效负相关，合作性目标越强，团队工作能力差异对团队任务冲突的负向影响越强。因此，当团队成员之间工作能力差异大时，团队应该选择竞争性目标。相反，团队的竞争性目标对于团队治技能差异的负向作用有加剧作用，团队合作性目标则会抑制团队政治技能差异的负向作用。团队合作性目标越强，团队政治技能差异对团队绩效的负向影响越弱，团队政治技能差异对团队关系冲突的正向影响越弱；竞争性目标越强，团队政治技能差异对团队绩效的负向影响越强，团队政治技能差异对团队关系冲突的正向影响越强。当团队成员之间政治技能差异大时，团队应该选择合作性目标。本研究的研究结论能够帮助团队管理者采用辩证思维看待竞争性目标和合作性目标，降低经验主义和拿来主义错误，指导其根据团队成员之间的工作能力和政治技能差异选择有利于降低团队关系冲突、增加团队任务冲突的目标相依策略，实现团队目标策略的优化和团队绩效的提升。

6.2.2.3　注重塑造团队公平氛围

团队内部的公平氛围对团队过程和团队结果具有重要影响。本研究的研究结论表明，团队工作能力和政治技能差异本身并不会对团队过程和团队结果产生重要影响，只有当其与团队目标相依策略交互时才能对任务冲突、关系冲突以及团队绩效产生影响。这一结论印证了社会比较理论和公平理论。当团队成员获得的报酬与其自身工作能力和政治技能相匹配，当团队成员的产出/投入比相对于其他成员比较公平时，团队成员才更有积极性参与团队方案的讨论，才会将自己的注意力资源从与团队任务无关的事务上转移到工作上来。因而，团队公平氛围有助于增加团队任务冲突、降低团队关系冲突，从根本上有利于团队绩效的提升。团队管理者应该把团队看作一个动态的管理系统，应该认识到团队公平氛围的重要性，在团队日常管理的各个方面注重团队公平氛围的塑造。

6.2.2.4　重视领导政治技能培训

团队领导在促进团队管理有序化、缓解消极团队冲突、创造积极的团队工作氛围、提升团队绩效等方面发挥着重要的作用。本研究的实证结论证明团队领导的政治技能对于缓解团队关系冲突的负面效应，增强团队任务冲突的积极效应以及提升团队绩效具有积极的作用。领导政治技能越强，团队关系冲突对团队绩效的负向影响越弱，团队任务冲突对团队绩效的正向影响越强。因此，团队管理过程中要提升团队冲突管理水平和团队绩效必须加强团队领导的政治技能培训。本研究结论也给团队冲突管理提供了新的思路，虽然团队关系冲突对团队绩效具有消极作用，而任务冲突有利于团队绩效的提升，然而，团队是一个多个利益主体组成的复杂单元组织，一味地从采取措施降低关系冲突和增加任务冲突方面着手有可能并不是最优的冲突管理方案。在有些情况下，管理者可以考虑从提升团队领导政治技能方面来提升冲突管理的有效性，使得在有效的领导管理方式将关系冲突的消极作用降到最低，将任务冲突的积极作用发挥到最高。本研究的研究结论为团队领导的技能培训提供相关的借鉴与参考，以提升团队领导的团队管理能力，促进团队绩效的提升。

6.2.2.5　重视团队系统管理

团队是一个复杂的动态管理系统，团队内部各种因素对团队绩效的影响不是一个固定的线性过程，设计合理有效的团队目标相依策略已经成为很多团队管理者优先考虑的战略决策。本研究的研究结论表明，在组建和管理团队的过程中，团队成员之间的工作能力和政治技能差异对绩效的影响同样至关重要。除此之外，团队绩效还受到团队任务冲突和关系冲突、团队领导政治技能等多个因素的影响。这些因素错综复杂、交织在一起，共同影响团队过程和团队结果。其中任意一个因素的改变必将对其他因素的作用效应产生影响。本研究的研究结论启示团队管理者应该建立系统思维，在调整或改变团队作用要素时要同时考虑到多个因素的作用，要兼顾整体和局部的关系，只有这样才能确保团队绩效的提升和团队的长期良性发展。

6.2.3 领导层面管理建议

6.2.3.1 重视团队成员感知差异

团队任务冲突和关系冲突是团队管理过程中的客观现象，它们在团队中不可避免并且对团队过程和团队结果具有重要影响。然而，对个体层面的团队成员而言，真正发生作用的不是任务冲突和关系冲突本身，而是团队成员对于任务冲突和关系冲突的感知。本研究的研究结论表明，团队层面的工作能力差异和政治技能差异分别对个体层面的成员任务冲突感知和关系冲突感知具有影响。具体而言，团队工作能力差异负向影响成员的任务冲突感知，而团队政治技能差异正向影响成员的关系冲突感知。因此，团队管理者在进行团队冲突管理时应该关注团队成员的冲突感知差异，尤其是涉及团队成员的个体绩效管理时，不能一味地关注团队的总体冲突水平，而应该根据团队成员的技能水平、人格特点、竞争或者合作性人格导向等多种因素及时分析和了解成员对于冲突水平的感知，在此基础上采取适当的情绪疏导、组织支持等策略帮助其调整冲突感知，将团队成员对于团队任务冲突和关系冲突的感知保持在合理水平，促进其个体绩效的提升。本研究的研究结论还有助于引导团队管理者有效处理好团队中总体冲突与个体冲突感知的差异和平衡、处理好个体绩效和团队绩效的协调和平衡，从根本上实现团队成员个体绩效和团队绩效的一致性以及团队成员绩效与情感健康的协调性。

6.2.3.2 重视团队冲突管理

团队冲突在团队中不可避免，提升团队的冲突管理水平对团队过程优化和团队绩效提升具有重要作用。然而，并非所有的团队冲突都对团队管理具有负面影响，也并非团队冲突产生的所有后果都直接与团队冲突有关，有可能团队冲突只是一个表象，需要分析冲突背后真正的原因。因此，团队管理者对团队冲突的管理既要分清楚团队冲突类型也要挖掘冲突背后的深层次原因，以提升团队冲突管理策略的目的性和有效性。本研究的研究结论证明，来源于团队成员之间与团队职能和目标无直接关系的人际摩擦的团队关系冲突对团队绩效有负面影响；而因为团队成员之间就任务完成方案的选择产生的任务冲突对团队绩效具有积极的作用。因此，团队管理者在管理过程中应该分清团队冲突类型，采取有效的冲突管理策略降低团队关系冲突，增加团队任务冲突，将团队成员的注意力和精力集中到就如何完成团队任务上来，促进团队绩效的提升。本研究研究结论证明，团队工作能力差异正向影响团队任务冲突，而团队政治技能差异正向影响团队关系冲突，这种影响受到团队目标相依的影响。具体而言，合作性目标越强，团队工作能力差异对团队任务冲突的负向影响越强；团队政治技能差异对团队关系冲突的正向影响越弱。竞争性目标越强，团队工作能力差异对团队任务冲突的负向影响越弱；团队政治技能差异对团队关系冲突的正向影响越强。因此，管理团队冲突不能仅仅从冲突本身着手，还要分析每一类型冲突的源头以及受到哪些相关因素的影响，只有这样才能提升团队管理者的冲突管理水平，促进团队任务冲突的积极作用，降低团队关系冲突的消极作用。本研究的实证研究结论能够指导团队管理者从团队工作能力和政治技能组成的差异性程度以及团队目标相依策略的选择方面来管理团队冲突，使得管理策略有的放矢、精准有效，从而从根本上促进团队管理过程优化和绩效提升。

6.2.3.3　重视自身政治技能提升

团队领导在创造良好的团队氛围、疏导团队成员的不良情绪、促进团队成员积极情绪的有效作用等方面发挥着重要的作用。本研究的实证结论证明团队领导的政治技能对于缓解团队成员关系冲突感知的负面效应，增强团队成员任务冲突感知的积极影响以及提升个体绩效具有积极的作用。团队成员对领导政治技能感知越强，团队关系冲突感知对团队成员个体绩效的负向影响越弱，团队任务冲突感知对团队成员个体绩效的正向影响越强。因此，团队管理过程中要降低团队成员对关系冲突的感知、增强其对任务冲突的感知、提升团队成员的个体绩效。本研究结论也给领导者如何管理团队成员冲突感知提供了新的思路，虽然团队关系冲突感知对个体绩效具有消极作用，而任务冲突感知有利于个体绩效的提升，然而，团队是由各个不同利益主体(团队成员)组成的单元，每个团队成员由于工作背景、性格特点、人格导向、技能水平等各个方面的差异，导致其对团队任务冲突和关系冲突的感知存在差异，团队领导在进行冲突管理时一味地从采取措施降低关系冲突和增加任务冲突方面着手有可能并不是最优的冲突管理方案。团队领导应该从提升自身政治技能方面来处理团队内部关系，运用自身政治技能帮助团队成员疏导情绪、提高工作积极性，使团队成员在有效的领导管理方式下降低关系冲突感知的消极作用，提升任务冲突感知的积极作用，从根本上提升个体绩效。本研究的研究结论为团队领导的技能培训提供相关的借鉴与参考，以提升团队领导对团队成员的分析能力，促进个体绩效的提升。

6.3 本章小结

本章结合前文理论分析和实证分析结果就本研究的研究结果进行讨论并从个体、团队和领导三个层面提出管理建议。在结果讨论部分，本章首先对本研究的研究结论进行了回顾，对实证研究与理论假设不符的部分进行了分析和说明，在此基础上将本研究的研究结论与相关文献中该主题的研究结论进行比较，总结出与前人研究结论一致的地方进行深化，分析与前人研究结论不一致的地方进行解释和说明。在管理建议部分，本章从个体、团队和领导三个层面就如何提升个体绩效和团队绩效进行探讨。个体层面的管理建议包含优化队友能力组成结构、根据能力差异选择目标结构、重视团队成员的公平感知三个方面；团队层面的管理建议包含根据目标相依策略优化团队能力组成、根据团队能力差异选择目标相依策略、重视团队公平氛围的塑造、重视领导政治技能培训、系统思考五个方面；领导层面的管理建议包含重视团队成员感知差异、重视团队冲突管理和重视领导自身政治技能培训三个方面。

结　　论

1. 研究结论

(1)本书全面探索了社会比较和地位差异视角的团队差异(多样性)对团队过程和团队结果的影响。实证结果证明了团队成员之间地位和特殊技能的差异(多样性)对团队过程和团队结果具有重要影响。区别于社会分类和信息决策视角团队多样性的研究结论，社会比较或地位差异多样性反映的是资源或者社会资产在团队成员间的集中程度或垂直差异，这种差异会影响成员在团队中的地位和社会比较心理，对团队过程和团队结果造成负面影响。

(2)团队工作能力差异和政治技能差异对团队过程、团队结果以及嵌套于团队中的个体结果具有显著的影响作用，但是两者的影响机制有区别。首先，团队成员之间的工作能力差异对有益于促进团队绩效的任务冲突具有负向影响作用。其次，团队成员之间政治技能存在差异，而且这一差异对阻碍团队绩效的关系冲突具有正向影响作用。

(3)团队的目标相依影响团队工作能力差异和政治技能差异对团队过程和团队结果的影响。首先，团队目标相依调节了团队工作能力差异与团队任务冲突的关系：竞争性目标越强，团队工作能力差异对团队任务冲突的负向影响越弱；合作性目标越强，团队工作能力差异与团队任务冲突的负向影响越强。其次，团队目标相依调节了团队工作能力差异与个体绩效和团队绩效的关系：当团队实施合作性目标时，团队工作能力差异与个体绩效和团队绩效负相关；而当团队实施竞争性目标时，团队工作能力差异与个体绩效和团队绩效无关。再次，团队目标相依(合作性目标和竞争性目标)调节了团队政治技能差异与团队关系冲突的关系：合作性目标越强，团队政治技能差异对团队关系冲突的正向影响越弱。竞争性目标调节团队政治技能差异与团队关系冲突的正相关关系：竞争性目标越强，团队政治技能差异对团队关系冲突的正向影响越强。最后，团队目标相依调节了团队政治技能差异与团队绩效的关系：合作性目标越强，团队政治技能差异对团队绩效的负向影响越弱；竞争性目标越强，团队政治技能差异对团队绩效的负向影响越强。这一结论解释了现有研究中关于团队多样性与团队绩效关系不一致的结论，忽视了团队目标相依的调节作用是重要原因。

(4)领导的政治技能在团队冲突管理中起着重要作用。领导政治技能调节了团队任务冲突和关系冲突与团队绩效的关系：团队领导政治技能越强，团队任务冲突对团队绩效的正向影响越强；团队关系冲突对团队绩效的负向影响越弱。反之，团队领导较低的政治技能会抑制团队任务冲突对团队绩效的正向作用，加剧团队关系冲突对团队绩效的负向作用。表现在个体层面上，领导政治技能感知调节团队任务冲突感知和关系冲突感知与个体绩效的关系：团队成员对领导政治技能感知越强，团队任务冲突感知对个体绩效的正向影响越强；团队关系冲突感知对个体绩效的负向影响越弱。反之，团队成员对领导政治技能感知较低会抑制团队任务冲突感知对个体绩效的正向作用，加剧团队关系冲突感知对个体绩效的负向作用。这个结论不仅支持了理论界关于政治技能正向作用的观点，而且将其应用范围扩展到团队层面，将结论的适用性进行了拓展。

2. 研究局限性

虽然本研究严格遵循了科学的研究逻辑、采用了科学的研究方法并采用多种方法对研究假设进行检验，但由于时间、精力等方面的限制，本研究还存在一些局限性。虽然这些局限不会从系统上对研究结论造成根本性影响，但是有可能影响研究的深度和广度，这给未来研究提供了一些方向和空间。

(1)本研究的样本涉及的行业(团队类型)相对比较分散，缺乏一定的集中性。虽然我们在数据分析时将团队所在行业作为控制变量进行了控制，但是研究结论在普适性和推广性上可能还存在一些问题。事实上某些特定行业，如销售行业团队工作能力和政治技能的差异性可能影响更大，竞争性目标和合作性目标的影响可能比其他行业更为明显。因此，在未来的研究中可以选择某一特定的行业进行研究，以提高研究的外部效度，使提出的管理建议的实践指导意义更有针对性。

(2)不同人格特质的团队成员对工作能力和政治技能差异的感知可能有差异。比如竞争性人格导向的个体社会比较意识更强，对工作能力和政治技能差异以及由此引起的社会地位差异比合作性人格导向的团队成员更加敏感，两种人格导向的团队成员在团队任务冲突和关系冲突的感知上可能存在区别，导致工作能力差异对团队任务冲突以及政治技能差异对关系冲突的影响有差异，最终对个体绩效和团队绩效带来不一样的影响：相对于合作性人格导向的团队成员，工作能力差异和政治技能差异对竞争性人格团队成员的负向影响可能更大。又如大五人格的每一种类型对团队工作能力和政治技能差异感知可能有区别，这些都导致得出的研究结论可能存在出入，在未来的研究中必须予以考虑，使得研究结论更加精准。

(3)由于受到研究目标和论文篇幅的限制，本研究理论模型涉及的多个变量之间可能存在一些本研究所重点关注目标之外的关系。比如，团队任务冲突可能对团队关系冲突有一定影响；如果将关系冲突和任务冲突之间的关系予以考虑，团队工作能力差异和政治技能差异对个体和团队绩效的作用边界不会有根本性变化，但是其作用机制可能会进一步细化；团队工作能力差异与政治技能差异可能存在交互效应，调节变量合作性目标和竞争性目标对团队任务冲突、团队关系冲突及个体绩效和团队绩效的影响可能存在更复杂的多阶交互作用。对这些复杂关系的研究可能会稀释本研究的研究重点。由于本研究重点从社会比较视角探讨引起团队成员间地位差异的团队工作能力差异和政治技能差异对团队过程和团队结果的影响以及这一影响的作用机制和作用边界，因此对上述提到的关系未作探讨，这些关系在未来的研究中可以予以关注。

(4)由于研究时间和精力的限制，本研究两次数据收集的时间间隔还有进一步延长的可能性。本研究探讨团队工作能力差异和政治技能差异对个体和团队绩效的影响，这一影响存在时间滞后性，即团队成员感知到这一差异后需要一段时间才能做出反应，才能给团队过程(任务冲突和关系冲突)以及团队结果(个体绩效和团队绩效)带来实质性影响。虽然本研究考虑到了这一时间滞后性，对工作能力的数据收集采用过去三个月的绩效数据进行平均得到，然后间隔三个月后再收集团队任务冲突、团队关系冲突、个体绩效和团队绩效的数据，有效克服了同一静态时点数据的缺陷。但是在实际的团队工作中，可能对有些类型的团队而言，三个月不足以体现出数据的动态性，在未来的研究中，我们可以采取长期跟踪或者案例分析的形式进行研究，更好地分析和预测团队工作能力和政治技能差异对个体和团队绩效的影响。

3. 研究展望

(1)由于中国人秉持集体主义价值观，强调“和谐”和“面子”，在应对团队合作性目标和竞争性目标时不同于西方人的态度和行为，因而西方文化情境中发展起来的合作与竞争理论在中国可能并不适用。本研究的理论分析和实证检验对这一理论进行了补充和修正，但是中国人对竞争的回避可能导致其在问卷回答中可能并不完全客观。虽然本研究采用实验室实验法进行了探索性研究，但是对于这一理论在中国情境下的应用边界和作用机制以及具体的作用过程如何与中国特有的传统文化相结合的研究还比较欠缺。因此，未来有必要探讨中国某一特定文化背景下合作与竞争理论的作用机制和作用边界。

(2)团队绩效的测量有主观感知和客观测量两套标准，主观感知又包含团队领导或者团队成员对于交流、规则、信任、团队支持、角色、团队信心、目标承诺等的感知；而客观测量包含财务数据、生产数据和人力资源数据等多个指标，由破损率、回应时间、经济价值等多个数据组成，本研究对团队绩效的测量虽然采用了绩效档案客观数据和问卷主观数据相结合的测量方法，但是没有涉及各项子指标和细化标准的测量，在未来的研究中可以从这方面展开，使得研究结论更科学、更全面。此外，团队成员的情感反应，比如团队满意度和未来留在团队的意愿对团队长期发展至关重要，是未来一个重要的研究方向。

(3)本研究重点关注团队内成员之间的互动和作用机制，事实上团队与团队之间、团队与组织之间存在的互动关系可能对团队内各因素的作用机制有一定影响。未来的研究中我们可以同时关注团队内地位差异和团队外各因素的影响，特别是团队外因素比如团队与团队间的竞争、组织对团队的支持、团队所在行业环境特征对团队内作用的调节效应成为未来一个不可缺少的研究方向。

参考文献

[1]Mathieu J E, Tannenbaum S I, Donsbach J S, et al. A review and integration of team composition models: Moving toward a dynamic and temporal framework. Journal of Management,2014,40(1):130-160.

[2]Aguinis H, Gottfredson R K, Joo H. Avoiding a "me" versus "we" dilemma: Using performance management to turn teams into a source of competitive advantage.Business Orizons, 2013,56(4):503-512.

[3]LePine J A, Piccolo R F, Jackson C L, et al. A meta-analysis of teamwork processes: Tests of a multidimensional model and relationships with team effectiveness criteria. Personnel Psychology,2008,61(2):273-307.

[4]Mathieu J, Maynard M T, Rapp T, et al. Team effectiveness 1997-2007: A review of recent advancements and a glimpse into the future. Journal of Management,2008,34(3):410-476.

[5]Kearney E, Gebert D, C. Voelpel S. When and how diversity benefits teams: The importance of team members' need for cognition. Academy of Management Journal, 2009,52(3):581-598.

[6]Tjosvold D. Managing anger for teamwork in Hongkong: Goal interdependence and open-mindedness. Asian Journal of Social Psychology, 2002,5(2):107-123.

[7]Vegt G S VD, Janssen O. Joint impact of interdependence and group diversity on innovation. Journal of Management, 2003,29(5):729-751.

[8]Chen N Y, Tjosvold D, Huang X, et al. Newcomer socialization in China: Effects of team values and goal interdependence. International Journal of Human Resource Management,2011,22(16):3317-3337.

[9]DeOrtentiis P S, Summers J K, Ammeter A P, et al. Cohesion and satisfaction as mediators of the team trust-team effectiveness relationship: An interdependence theory perspective. Career Development International, 2013,18(5):521-543.

[10]Woehr D J, Arciniega L M, Poling T L. Exploring the effects of value diversity on team effectiveness. Journal of Business and Psychology, 2013, 28(1):107-121.

[11]Wong A, Tjosvold D, Chen N Y F. Managing outsourcing to develop business:Goal interdependence for sharing effective business practices in China. Human Relations, 2010,63(10):1563-1586.

[12]Nielsen S. Top management team diversity: A review of theories and methodologies. International Journal of Management Reviews,2010,12(3): 301-316.

[13]Guillaume Y R F, Dawson J F, Woods S A, et al. Getting diversity at work to work: What we know and what we still don't know. Journal of Occupational and Organizational Psychology,2013,86(2):123-141.

[14]Bolton G E, Ockenfels A. ERC: A theory of equity, reciprocity, and competition. American Economic Review,2000,90(1):166-193.

[15]刘雪峰,张志学. 模拟情境中工作团队成员互动过程的初步研究及其测量. 心理学报, 2005,37(2):253-259.

[16] Hackman J R. The design of work teams: Handbook of organizational behavior. Prentice-Hall, Englewood Cliffs, NJ, 1987,35(11):299-301.

[17]Harrison D A, Klein K J. What's the difference? Diversity constructs as separation, variety, or disparity in organizations. Academy of Management Review, 2007,32(4): 199-1228.

[18]Siemens L, Duff W, Cunningham R, et al. "It challenges members to think of their work through another kind of specialist's eyes": Exploration of the benefits and challenges of diversity in digital project teams. Proceedings of the American Society for Information Science & Technology, 2009,46(1):1-14.

[19]Pieterse A N, van Knippenberg D, van Ginkel W P. Diversity in goal orientation, team reflexivity, and team performance. Organizational Behavior and Human Decision Processes, 2011,114(2):153-164.

[20] Jackson S E, Joshi A. Diversity in social context: a multi-attribute, multilevel analysis of team diversity and sales performance. Journal of Organizational Behavior, 2004,25(6):675-702.

[21]van Dijk H, van Engen M L. A status perspective on the consequences of work group diversity. Journal of Occupational and Organizational Psychology, 2013,86(2): 223-241.

[22]Mansoor H S, Ali H, Ali N, et al. Cognitive diversity and team performance: A review.Journal of Basic and Applied Scientific Research, 2013,3(6):9-13.

[23]Curseu P L, Schruijer S, Boros S. The effects of groups' variety and disparity on groups' cognitive complexity. Group Dynamics-Theory Research and Practice,2007, 11(3):187-206.

[24] Franck E, Nüesch S. The effect of talent disparity on team productivity in soccer. Journal of Economic Psychology,2010,31(2):218-229.

[25] Loch C H, Huberman B A, Stout S. Status competition and performance in work groups. Journal of Economic Behavior & Organization, 2000, 43(1): 35-55.

[26] 薛亦伦，张骁，丁雪，等. 高政治技能的员工如何规避工作场所排斥？——基于中国文化情境的研究. 管理世界,2016(7):98-108.

[27] Festinger L. A theory of social comparison processes. Human Relations, 1954,7(2):117-140.

[28] Molleman E, Nauta A, Buunk B P. Social comparison-based thoughts in groups: Their associations with interpersonal trust and learning outcomes. Journal of Applied Social Psychology, 2007,37(6):1163-1180.

[29] Alicke M D, LoSchiavo F M, Zerbst J, et al. The person who out performs me is a genius: Maintaining perceived competence in upward social comparison. Journal of personality and social psychology,1997,73(4): 781-789.

[30] Patchen M.A conceptual framework and some empirical data regarding comparisons of social rewards. Sociometry,1961,24(2):136-156.

[31] Locke K D, Nekich J C. Agency and communion in naturalistic social comparison. Personality and Social Psychology Bulletin,2000,26(7): 864-874.

[32] Adams J S. Inequity in social exchange //Berkowitz L. Advances in experimental social psychology. Orlando; FL: Academic Press, 1965: 267-299.

[33] Fehr E, Schmidt K M. A theory of fairness, competition, and cooperation. Quarterly journal of Economics,1999,114(3): 817-868.

[34] Kölle F, Sliwka D, Zhou N. Inequality, inequity aversion, and the provision of public goods. Iza Discussion Papers, 2011.

[35] Deutsch M. A theory of cooperation and competition. Human relations,1949, 2(2): 129-152.

[36] Johnson D W, Johnson R T. Cooperation and competition. International Encyclopedia of the Social & Behavioral Sciences,2015,74(3):856-861.

[37] Deutsch, Morton, Coleman, et al. The handbook of conflict resolution: Theory and practice. Adr Bulletin,2014,4(6): 87-88.

[38] Qin Z, Johnson D W, Johnson R T. Cooperative versus competitive efforts and problem solving. Review of Educational Research,1995,65(2): 129-143.

[39] Chen G, Tjosvold D. Shared rewards and goal interdependence for psychological safety among departments in China. Asia Pacific Journal of Management,2010,29(2):433-452.

[40]McGrath J E. Social psychology: A brief introduction. New York: Holt, Rinehart & Winston,1964.
[41]Cohen S G, Bailey D E. What makes teams work: Group effectiveness research from the shop floor to the executive suite. Journal of Management, 1997,23(3):239-290.
[42]Ilgen D R, Hollenbeck J R, Johnson M, et al. Teams in organizations: From input-process-output models to IMOI models. Annual Review of Psychology, 2005, 56: 517-543.
[43]Marks M A, Mathieu J E, Zaccaro S J. A temporally based framework and taxonomy of team processes. Academy of Management Review,2001, 26(3):356-376.
[44]Anderson C, Kilduff G J. The pursuit of status in social groups. Current Directions in Psychological Science,2009(18):295-298.
[45]Wittenbaum G M, Bowman J M. Member status and information exchange in decisionmaking groups. Research on Managing Groups and Teams, 2005 (7): 143-168.
[46]Frank R H. Interdependent preferences and the competitive wage structure. Rand Journal of Economics,1984,15(15):510-520.
[47]Yukl G, Falbe C M. Importance of different power sources in downward and lateral relations. Journal of Applied Psychology,1991,76(3):16-423.
[48]French J R P, Jr, Raven B. The bases of social power. University of Michigan, 1959:150-167.
[49]Ferris. Development and validation of the political skill inventory. Journal of Management,2005,31(4):642-643.
[50]Knippenberg D, Schippers M C. Work group diversity. The Annual Review of Psychology, 2007, 58: 515-541.
[51]Hambrick D C, Chen M J. The influence of top management team heterog- eneity on firms' competitive moves. Administrative Science Quarterly, 1996,41(4):659-684.
[52]Milliken F J, Martins L L. Searching for common threads: Understanding the multiple effects of diversity in organizational groups. The Academy of Management Review,1996,21(2):402-433.
[53]Jackson S. Recent research on team and organizational diversity: SWOT analysis and implications. Journal of Management,2003,29(6):801-830.
[54]Krishnan H A, Miller A, Judge W Q. Diversification and top management team complementarity: Is performance improved by merging similar or dissimilar teams? Strategic Management Journal,1997,18(5):361-374.
[55]Tsui A S, Gutek B A. Demographic differences in organizations. Administrative

Science Quarterly,2002,47(3):588-591.

[56]Moynihan L M, Peterson R S. A contingency configurational approach to understanding the role of personality in organizational groups. Research in organizational behavior,2001(23):327-378.

[57]Cox T. Cultural diversity in organizations: Theory, research and practice. Cdoughty & Jwilliams Focus,1994,9(2):239-240.

[58]Jehn K A, Northcraft G B, Neale M A. Why differences make a difference: A field study of diversity, conflict, and performance in workgroups. Administrative Science Quarterly,1999,44(4):741-763.

[59]Lazear E, Rosen S. Rank-order tournaments as optimum labor contracts. Journal of Political Economy,1981(89): 841-864.

[60]Blau P M. Patterns of Deviation in Work Groups. Sociometry, 1960, 23 (3): 245-261.

[61]Von Hippel E. The sources of innovation. Oxford, U. K.: Oxford University Press, 1988.

[62]林嵩,张帏,林强.高科技创业企业资源整合模式研究. 科学学与科学技术管理, 2005,26(3):143-147.

[63]Bass B. Individual capability, team performance, and team productivity//Fleishman. Human performance and productivity. New York: Lawrence Erlbaum Associates, 1982:179-199.

[64]LePine J A. Team adaptation and postchange performance: Effects of team composition in terms of members' cognitive ability and personality. Journal of Applied Psychology,2003,88(1):27-39.

[65]Ackerman P L. Determinants of individual difference during skill acquisition: Cognitive ability and information processing. Journal of Experimental Psychology: General,1988,117(3):288-318.

[66]R.Murphy K. Is the relationship between cognitive ability and job performance stable over time. Human Performance,1989,2(3):183-200.

[67]Devine D J, Philips J L. Do smarter teams do better: A meta-analysis of cognitive ability and team performance. Small Group Research,2001, 32(5):507-532.

[68]Day E, Arthurjr W, Bell S, et al. Ability-based pairing strategies in the team-based training of a complex skill: Does the intelligence of your training partner matter. Intelligence,2005,33(1):39-65.

[69]Ferris G R, Perrewe P L, Anthony W P, et al. Political skill at work. Organizational Dynamics,2000,28(4):25-37.

[70] Mintzberg H. Power in and around organizations. Englewood Cliffs, NJ: Prentice Hall, 1983.

[71] Brass D J, Burkhardt M E. Potential power and power use: An investigation of structure and behavior. The Academy of Management Journal, 1993, 36(3): 441-470.

[72] 王洪青，张文勤. 国外政治技能最新研究进展述评. 外国经济与管理，2012, 34(12): 49-55.

[73] Ferris G R, Treadway D C, Perrewe P L, et al. Political skill in organizations. Journal of Management, 2007, 33(3): 290-320.

[74] Todd S Y, Harris K J, Harris R B, et al. Career success implications of political skill. Journal of Social Psychology, 2009, 149(3): 279-304.

[75] Blickle G, Kramer J, Schneider P B, et al. Role of political skill in job performance prediction beyond general mental ability and personality in cross-sectional and predictive studies. Journal of Applied Social Psychology, 2011, 41(2): 488-514.

[76] Douglas C, Ammeter A P. An examination of leader political skill and its effect on ratings of leader effectiveness. The Leadership Quarterly, 2004, 15(4): 537-550.

[77] DiTomaso N, Post C, Parks-Yancy R. Workforce diversity and inequality: Power, status, and numbers. Annual Review of Sociology, 2007, 33(1): 473-501.

[78] Ravlin E C, Thomas D C. Status and stratification processes in organizational life. Journal of Management, 2005, 31(6): 966-987.

[79] Wu Y Z, Loch C, Ahmad G. Status and relationships in social dilemmas of teams. Journal of Operations Management, 2011, 29(7-8): 650-662.

[80] Anderson C, John O P, Keltner D, et al. Who attains social status? Effects of personality and physical attractiveness in social groups. Journal of Personality & Social Psychology, 2001, 81(1): 116-132.

[81] Siegel P A, Hambrick D C. Pay disparities within top management groups: Evidence of harmful effects on performance of high-technology firms. Informs, 2005, 16(3): 259-274.

[82] Homans G C. Social behavior: Its elementary forms. Revue Française De Sociologie, 1974, 3(4): 479-502.

[83] Pfeffer J, Davis-Blake A. Salary dispersion, location in the salary distribution, and turnover among college administrators. ILR Review, 1992, 45(4): 753-763.

[84] Eisenhardt K M, Iii L J B. Politics of strategic decision making in high-velocity environments: Toward a midrange theory. Academy of Management Journal, 1988, 31(4): 737-770.

[85]Cohen B P, Zhou X. Status processes in enduring work groups. American Sociological Review,1991,56(2):179-188.

[86]Amason A C. Distinguishing the effects of functional and dysfunctional conflict on strategic decision making: Resolving a paradox for top management teams. Academy of Management Journal,1996,39(1): 123-148.

[87]Amason A C, Sapienza H J. The effects of top management team size and interaction norms on cognitive and affective conflict. Journal of Management: Official Journal of the Southern Management Association,1997,23(4): 495-516.

[88]Amason A C, Mooney A C. The effects of past performance on top management team conflict in strategic decision making. International Journal of Conflict Management, 1999,10(4):340-359.

[89]Chen Z J, Qin X, Vogel D. Is cooperation a panacea? The effect of cooperative response to task conflict on team performance. Systems Research and Behavioral Science,2012,29(2):163-178.

[90]陈权. 情绪智力对高管团队冲突、行为整合及战略决策绩效影响研究. 江苏大学学位论文,2013:133-134.

[91]刘咏梅, 车小玲, 卫旭华. 基于 IPO 模型的团队多样性-冲突-绩效权变模型的元分析.心理科学,2014(2):425-432.

[92]Chuang Y-T, and R C, Zikic J. Organizational culture, group diversity and intra-group conflict. Team Performance Management: An International Journal,2004,10(1/2):26-34.

[93]Jehn K A. Diversity, conflict, and team performance: summary of program of research. Performance Improvement uarterly,1999,12(1):6-19.

[94]De Wit F R C, Greer L L. The black box deciphered: A meta analysis of team diversity, conflict, and team performance. Academy of Management Proceedings, 2008,1:v-6.

[95]Pelled L H, Eisenhardt K M, Xin K R. Exploring the black box: An analysis of work group diversity, conflict, and performance. Administrative Science Quarterly, 1999,44(1):1-28.

[96]Gamero N, González-Romá V, Peiró J M. The influence of intra-team conflict on work teams' affective climate: A longitudinal study. Journal of Occupational and Organizational Psychology,2008,81(1):47-69.

[97]Jehn K A. A multi method exannination of the benefits and detriments of intragroup conflict. Administrative Science Quarterly,1995,40:256-282.

[98]Soldá S C, Rodrigues F C, Rasslan S, et al. Team conflict self-efficacy and outcome

expectancy of business students. Journal of Education for Business, 2007, 82(82): 258-266.

[99] Schwenk C R. Conflict in organizational decision making: An exploratory study of its effects in for-profit and not-for-profit organizations. Management Science, 1990, 36(4): 436-448.

[100] Schweiger D M, Sandberg W R, Ragan J W. Group approaches for improving strategic decision making: A comparative analysis of dialectical inquiry, devil's advocacy, and consensus. Academy of Management Journal, 1986, 29(1): 51-71.

[101] Passos A M, Caetano A. Exploring the effects of intragroup conflict and past performance feedback on team effectiveness. Journal of Managerial Psychology, 2005, 20(3/4): 231-244.

[102] Appelbaum S H, Shapiro B, Elbaz D. The management of multicultural group conflict. Team Performance Management: An International Journal, 1998, 4(5): 211-234.

[103] Jehn K A, Mannix E A. The dynamic nature of conflict: A longitudinal study of intragroup conflict and group performance. Academy of Management Journal, 2001, 44(2): 238-251.

[104] De Dreu C K W, Weingart L R. Task versus relationship conflict, team performance, and team member satisfaction: A meta-analysis. Journal of Applied Psychology, 2003, 88(4): 741-749.

[105] Puck J, Pregernig U. The effect of task conflict and cooperation on performance of teams: Are the results similar for different task types. European Management Journal, 2014, 32(6): 870-878.

[106] Huang J-C. Unbundling task conflict and relationship conflict. International Journal of Conflict Management, 2010, 21(3): 334-355.

[107] 赵可汗，贾良定，蔡亚华，等.抑制团队关系冲突的负效应：一项中国情境的研究.管理世界，2014(3)：119-130.

[108] Kuhn T, Poole M S. Do conflict management styles affect group decision making? Evidence from a longitudinal field study. Human Communication Research, 2000, 26(4): 558-590.

[109] De Dreu C, Van Vianen A. Managing relationship conflict and the effective-ness of organizational teams. Journal of Organizational Behavior, 2001, 22(3): 309-28.

[110] Jehn K A, Bendersky C. Intragroup conflict in organizations: A contingency perspective on the conflict-outcome relationship. Research in organizational behavior, 2003, 25: 187-242.

[111] Chen G Q, Tjosvold D, Zhao H Q, et al. Constructive controversy for learning and team effectiveness in China. Asia Pacific Journal of Human Resources, 2011, 49(1):88-104.

[112] Tjosvold D, Chen N Y, Huang X, et al. Developing cooperative teams to support individual performance and well-being in a call center in China. Group Decision and Negotiation, 2012, 23(2):325-348.

[113] Hooper S, Temiyakarn C, Williams M D. The effects of cooperative learning and learner control on high-and average-ability students. Educational Technology Research and Development, 1993, 41(2):5-18.

[114] Austin J R. Competitive and non-competitive goal structures: An analysis of motivation and achievement among elementary band students. Psychology of Music, 1991, 19(2):142-158.

[115] Wang Z, Chen Y F N, Tjosvold D, et al. Cooperative goals and team agreeableness composition for constructive controversy in China. Asia Pacific Journal of Management, 2010, 27(1):139-153.

[116] Schwieren C, Weichselbaumer D. Does competition enhance performance or cheating? A laboratory experiment. Journal of Economic Psychology, 2010, 31(3):241-253.

[117] Chen X P, Xie X F, Chang S Q. Cooperative and competitive orientation among Chinese people: Scale development and validation. Management and Organization Review, 2011, 7(2):353-379.

[118] Ng P Y C, Nowak M, Whiteley A. Cooperative goals in the Chinese work environment: A Hongkong case study. Asia Pacific Business Review, 2008, 14(4):513-533.

[119] Tjosvold D, Law K S, Sun H F. Collectivistic and individualistic values: Their effects on group dynamics and productivity in China. Group Decision and Negotiation, 2003, 12(3): 243-263.

[120] Bailey D E. Manufacturing improvement team programs in the semiconductor industry. Semiconductor Manufacturing, IEEE Transactions on, 1997, 10(1):1-10.

[121] Hyatt D E, Ruddy T M. An Examination of the relationship between work group characteristics and performance: Once more into the breech. Personnel Psychology, 1997, 50(3):53-85.

[122] Bommer W H, Johnson J L, Rich G A, et al. On the interchangeability of objective and subjective measures of employee performance: A meta-analysis. Personnel

Psychology,1995,48(3).
[123]Stout R J, Cannon-Bowers J A, Salas E, et al. Planning, shared mental models, and coordinated performance: An empirical link is established. Human Factors, 1999(41):61-71.
[124]O'Connell M S, Doverspike D, Cober A B, et al. Forging work teams: Effects of the distribution of cognitive ability on team performance. Applied HRM Research, 2001,6(2):115-128.
[125]Welbourne T M. Johnson D E, Erez A. The role-based performance scale: Validity analysis of a theory-based measure. The Academy of Management Journal,1998,41(5):540-555.
[126] Chen G, Kirkman B L, Kanfer R, et al. A multilevel study of leadership, empowerment, and performance in teams. Journal of Applied Psychology,2007,92(2):331-346.
[127]Webb N M, Nemer K M, Chizhik A W, et al. Equity issues in collaborative group assessment: Group composition and performance. American Educational Research Journal,1998,35(4):607-651.
[128]Laughlin P R, Johnson H H. Group and individual performance on a complementary task as a function of initial ability level. Journal of Experimental Social Psychology,1966,2(4):407-414.
[129] Swing S R, Peterson P L. The relationship of student ability and small-group interaction to student achievement. American Educational Research Journal, 1982, 19(2):259-274.
[130]Hill G W,Group Versus Individual Performance:Are N+1 Heads Better Than One? Psychological Bulletin,1982,91(3):517-539.
[131]张弛. 下属政治技能对其职业成功的影响研究. 西南交通大学学位论文, 2013:70-71.
[132]刘军, 章凯, 仲理峰. 工作团队差序氛围的形成与影响: 基于追踪数据的实证分析. 管理世界, 2009(8):92-101.
[133]Hu J, Liden R C. Relative leader-member exchange within team contexts: How and when social comparison impacts individual effectiveness. Personnel Psychology, 2013, 66(1): 127-172.
[134]Duffy M K, Shaw J D. The Salieri syndrome-Consequences of envy in groups. Small Group Research,2000,31(1):3-23.
[135] Pisani M. The impact of team composition and interpersonal communication on perceived team performance-A case study. European Journal of Social Sciences,

2012, 35(3): 411-430.

[136]Laughlin P R, Branch L G. Individual versus tetradic performance on a complementary task as a function of initial ability level. Organizational Behavior & Human Performance,1972,8(2):201-216.

[137]Carboni I, Ehrlich K. The effect of relational and team characteristics on individual performance: A social network perspective. Human Resource Management,2013, 52(4):511-535.

[138]Blanton H, Buunk B P, Gibbons F X, et al. When better-than-others compare upward: Choice of comparison and comparative evaluation as independent predictors of academic performance. Journal of personality and social psychology, 1999,76(3):420-430.

[139]DeMatteo J S, Eby L T, Sundstrom E. Team-based rewards: Current empirical evidence and directions for future research. Research in organizational behavior, 1998,20:141-183.

[140]金沫. 组织政治知觉、政治技能与职业生涯成功关系研究. 西南交通大学学位论文, 2014:62-63.

[141]姚艳虹, 范盈盈.个体-组织匹配对创新行为的影响——中庸思维与差序氛围的调节效应. 华东经济管理,2014(11):123-127.

[142]Beersma B, Homan A C, Van Kleef G A, et al. Outcome interdependence shapes the effects of prevention focus, on team processes and performance. Organizational Behavior and Human Decision Processes,2013,121(2): 194-203.

[143]Irlenbusch B, Ruchala G K. Relative rewards within team-based compensation. Labour Economics,2008,15(2):141-167.

[144]Barron J M, Berger M C, Black D A. How well do we measure training. Journal of labor economics,1997,15(3):507-528.

[145]Battu H, Belfield C R, Sloane P J. Human capital spillovers in the workplace: Evidence for the service sector in Britain. International Journal of Manpower,2004, 25(1):123-138.

[146]Ha J P, Ha J. Organizational justice-affective commitment relationship in a team sport setting: The moderating effect of group cohesion. Journal of Management & Organization,2015,21(1):107-124.

[147]Albanese R D, van Fleet D D. Rational behavior in groups: The free-riding tendency. The Academy of Management Review,1985,10(2): 244-255.

[148]Gully S M, Incalcaterra K A, Joshi A, et al. A meta-analysis of team-efficacy, potency, and performance: Interdependence and level of analysis as moderators of

observed relationships. Journal of Applied Psychology,2002,87(5):819-832.

[149]Nalbantian H R, Schotter A. Productivity under group incentives: An experimental study. The American Economic Review,1997,87(3): 314-341.

[150]Granovetter M S. The strength of weak ties. American Journal of Sociology, 1973, 78(6): 347-367.

[151]Gnyawali D R, Madhavan R. Cooperative networks and competitive dynamics: A structural embeddedness perspective. Academy of Management Review,2001,26(3):431-445.

[152]Wei G X. Team cooperation incorporating inequity aversion and social norms//Lan H. 2009 International Conference on Management Science & Engineering. Moscow, RUSSIA,2009:1174-1181.

[153] Loh J M I, Smith J R, Restubog S L D. The role of culture, workgroup membership, and organizational status on cooperation and trust: An experimental investigation. Journal of Applied Social Psychology, 2010, 40(12):2947-2968.

[154] Kulik J A, Gump B B. Affective reactions to social somparison: The effects of relative performance and related attributes information about another person. Personality and Social Psychology Bulletin,1997,23(5): 452-468.

[155] Buunk B P, Zurriaga R, Gonzalez-Roma V, et al. Engaging in upward and downward comparisons as a determinant of relative deprivation at work: A longitudinal study. Journal of Vocational Behavior,2003,62(2):370-388.

[156] Peterson T M. Motivation: How to increase project team performance. Project Management Journal,2007,38(4):60-69.

[157]Zell E, Alicke M D, Strickhouser J E. Referent status neglect: Winners evaluate themselves favorably even when the competitor is incompetent. Journal of Experimental Social Psychology,2015,56:18-23.

[158] Toma C, Bry C, Butera F. Because I'm worth it! (More than others...) Cooperation, competition, and ownership bias in group decision-making. Social Psychology,2013,44(4):248-255.

[159]Gist M E, Mitchell T R. Self-efficacy: A theoretical analysis of its determinants and malleability. The Academy of Management Review, 1992, 17(2): 183-211.

[160]Weldon E, Jehn K A, Pradhan P. Processes that mediate the relationship between a group goal and improved group performance. Journal of Personality & Social Psychology,1991,61(4):555-569.

[161]Putnam L L. Productive conflict: Negotiation as implicit coordination. International Journal of Conflict Management,1994,5(3):284-298.

[162] Fiol C M. Consensus, diversity, and learning in organizations. Organization Science,1994,5(3):403-420.
[163] Tjosvold D, Wu P, Chen Y F. The effects of collectivistic and individualistic values on conflict and decision making: An experiment in China. Journal of Applied Social Psychology,2010,40(11):2904-2926.
[164] 陈晓红，赵可. 团队冲突、冲突管理与绩效关系的实证研究. 南开管理评论，2010,13(5):31-35.
[165] Jehn K A, Rispens S, Thatcher S M B. The effects of conflict asymmetry on work group and individual outcomes. Academy of Management Journal, 2010,53(3):596-616.
[166] Moorhead G, Ference R, Neck C P. Group decision fiascoes continue: Space shuttle challenger and a revised groupthink framework. Human Relations, 2016, 44(6):539-550.
[167] Amason A C, Schweiger D M. Resolving the paradox of conflict, strategic decision making, and organizational performance. International Journal of Conflict Management,1994,5(3):239-253.
[168] de Wit F R, Greer L L, Jehn K A. The paradox of intragroup conflict: A meta-analysis. Journal of Applied Psychology,2012,97(2):360-390.
[169] McGrath J E, Arrow H, Berdahl J L. The study of groups: Past, present, and future. Personality & Social Psychology Review, 2001,4(1):95-105.
[170] Magee J C, Galinsky A D. Social hierarchy: The self-reinforcing nature of power and status. Academy of Management Annals, 2008,2(2): 351-398.
[171] 阎云翔. 差序格局与中国文化的等级观. 社会学研究,2006(4):201-213.
[172] 陈虎强.论面子观念——一种中国人典型社会心理现象的分析.湖南师范大学社会科学学报,1999(1):111-115.
[173] Kozlowski S W, Gully S M, Nason E R, et al. Developing adaptive teams: A theory of compilation and performance across levels and time//Pulakos. The changing nature of work perfor munce:Implications for staffing, personnel actions, and development, Jossey-Bass, 1999:240-292.
[174] Dreud C K W. When too little or too much hurts: Evidence for a curvilinear relationship between task conflict and innovation in teams. Journal of Management, 2006,32(1):83-107.
[175] 路燕利. 企业员工的政治技能及其相关研究. 河南大学学位论文,2009.
[176] 林忠，孙灵希. 企业员工政治技能的本土维度确认与测量. 财经问题研究，2012(11):116-123.

[177]Treadway D C, Hochwarter W A, Kacmar C J, et al. Political will, political skill, and political behavior. Journal of Organizational Behavior,2005, 26(26):229-245.
[178]王艳子, 罗瑾琏, 李倩. 中国“面子”文化情境下领导政治技能对团队领导社会网络的作用机制研究.预测,2016,35(3):8-12.
[179]Liu S, Hu J, Li Y, et al. Examining the cross-level relationship between shared leadership and learning in teams: Evidence from China. Leadership Quarterly, 2014,25(2):282-295.
[180]Treadway D C, Hochwarter W A, Ferris G R, et al. Leader political skill and employee reactions. Leadership Quarterly,2004,15(4):493-513.
[181]王艳子, 白丽莎, 李倩. 领导政治技能会促进团队领导跨界行为吗? ——信任的中介作用.广西财经学院学报,2016,29(5):33-40.
[182]Jong B A D, Elfring T. How does trust affect the performance of ongoing teams? The mediating role of reflexivity, monitoring, and effort. Academy of Management Journal,2010,53(3):535-549.
[183]霍荣棉, 马剑虹. 企业员工对团队领导的信任结构研究——基于 IT 企业团队的研究.应用心理学,2008,14(1):53-59.
[184]马超, 凌文辁, 时勘. 组织政治认知对员工行为的影响. 心理科学,2006, 29(6):1434-1438.
[185]Tjosvold D, Yu Z Y. Goal interdependence and applying abilities for team in-role and extra-role performance in China. Group Dynamics-Theory Research and Practice,2004,8(2):98-111.
[186]冉霞,徐济超.团队中的情感承诺:相对领导-成员交换关系的多层次影响.西安工业大学学报,2013(11):895-901.
[187]柳青.基于关系导向的新企业团队异质性与绩效:团队冲突的中介作用. 吉林大学学位论文,2010:44-45.
[188]刘军,宋继文,吴隆增.政治与关系视角的员工职业发展影响因素探讨. 心理学报, 2008, 40(2): 201-209.
[189]周明建,侍水生.领导成员交换差异与团队关系冲突:道德型领导力的调节作用.南开管理评论,2013,16(2):26-35.
[190]Brown D J, Ferris D L, Heller D, et al. Antecedents and consequences of the frequency of upward and downward social comparisons at work. Organizational Behavior & Human Decision Processes, 2007, 102(1): 59-75.
[191]Forsyth D R. Social comparison and influence in groups. New York: Plenum, 2000.
[192]Buunk B P, Collins R L, Taylor S E, et al. The affective consequences of social comparison: either direction has its ups and downs. Journal of Personality & Social

Psychology,1990,59(6):1238-1249.

[193]Karau S J, Williams K D. Social loafing: A meta-analytic review and theoretical integration. Journal of personality and social psychology,1993, 65(4):681-706.

[194]曹霞, 瞿皎姣. 资源保存理论溯源、主要内容探析及启示. 中国人力资源开发, 2014(15):75-80.

[195]Hobfoll S E, Ford J S. Conservation of Resources Theory. Encyclopedia of Stress, 2007,3(3):562-567.

[196]Lockwood P. Could it happen to you? Predicting the impact of downward comparisons on the self. Journal of Personality & Social Psychology,2002, 82(3): 343-358.

[197]De Dreu C K W. Cooperative outcome interdependence, task reflexivity, and team effectiveness: A motivated information processing perspective. Journal of Applied Psychology,2007,92(3):628-638.

[198]Barsade S G. The ripple effect: Emotional contagion and its influence on group behavior. Administrative Science Quarterly,2002,47(4):644-675.

[199]刘冰, 谢凤涛, 孟庆春. 团队氛围对团队绩效影响机制的实证分析. 中国软科学,2011(11):133-140.

[200]Toma C, Vasiljevic D, Oberle D, et al. Assigned experts with competitive goals withhold information in group decision making. The British journal of social psychology,2013,52(1):161-172.

[201]Fung H P. Relationships among team trust, team cohesion, team satisfaction, team effectiveness and project performance as perceived by project managers in Malaysia. International Journal of Business Economics & Management,2014,1(1):1-15.

[202]Simons T L, Peterson R S. Task conflict and relationship conflict in top management teams: The pivotal role of intragroup trust. Journal of Applied Psychology,2000,85(1):102-111.

[203] Staw B M, Dutton J E. Threat-rigidity effects in organizational behavior: A multilevel analysis. Administrative Science Quarterly,1981,26(4): 501-524.

[204]Ellis H C, Ashbrook P W. The "state" of mood and memory research: A selective review. Journal of Social Behavior & Personality,1989,4(2):1-21.

[205]Chen G, Sharma P N, Edinger S K, et al. Motivating and demotivating forces in teams: Cross-level influences of empowering leadership and relationship conflict. Journal of Applied Psychology,2011,96(3):541-557.

[206]Van Vianen A E, De Dreu C K. Personality in teams: Its relationship to social cohesion, task cohesion, and team performance. European Journal of Work and

Organizational Psychology,2001, 0(2): 97-120.

[207]Van Kleef G A, De Dreu C K W, Manstead A S R. The interpersonal effects of anger and happiness in negotiations. Journal of Personality & Social Psychology, 2004,86(1):57-76.

[208]Janssen O, Vliert E V D, Veenstra C. How task and person conflict shape the role of positive interdependence in management teams. Journal of Management,1999,25(2):117-141.

[209]Tekleab A G, Quigley N R. Team deep-level diversity, relationship conflict, and team members' affective reactions: A cross-level investigation. Journal of Business Research,2014,67(3):394-402.

[210]张新安, 何惠, 顾锋. 家长式领导行为对团队绩效的影响: 团队冲突管理方式的中介作用.管理世界,2009(3): 121-133.

[211]董临萍. 知识工作团队中变革型领导与团队冲突管理方式研究. 管理学报, 2013,10(10):1470-1477.

[212]Holstein B E, Avlund K, Due P, et al. The measurement of change in functional ability: Dealing with attrition and the floor/ceiling effect. Archives of Gerontology & Geriatrics,2006,43(3):337-350.

[213]Meyer M A. Cooperation and competition in organizations: A dynamic perspective. European Economic Review,1995,39(3-4):709-722.

[214]Beersma B, Hollenbeck J R, Humphrey S E, et al. Cooperation, competition, and team performance: Toward a contingency approach. Academy of Management Journal,2003,46(5):572-590.

[215]McCoach D B. Hierarchical linear modeling. The reviewer's guide to quantitative methods in the social sciences. New York, NY; Routledge,2010: 123-140.

[216]Vegt G V D, Emans B, Vliert E V D. Team members'affective responses to patterns of intragroup interdependence and job complexity. Journal of Management,2000,26(4):633-655.

[217]Van Scotter J R, Motowidlo S J. Interpersonal facilitation and job dedication as separate facets of contextual performance. Journal of Applied Psychology, 1996,81(5):525-531.

[218]王辉,李晓轩,罗胜强.任务绩效与情境绩效二因素绩效模型的验证.中国管理科学, 2003, 11(4): 79-84.

[219]Spector P E, Brannick M T. Methodological urban legends: The misuse of statistical control variables. Organizational Research Methods, 2011, 14(2): 287-305.

[220]张涵,康飞.管理实证研究中的统计控制误用分析及改进.科学学与科学技术管理,2014,35(10):43-50.

[221]James L R, Demaree R G, Wolf G. Estimating within-group interrater reliability with and without response bias. Journal of Applied Psychology, 1984, 69(1): 85-98.

[222]James L R, Demaree R G, Wolf G. Rwg: An assessment of within-group inter-rater agreement. Journal of Applied Psychology, 1993,78(2): 306-309.

[223]George J M, Bettenhausen K. Understanding prosocial behavior, sales performance, and turnover: A group-level analysis in a service context. Journal of Applied Psychology,1990,75(6):698-709.

[224]Hofmann D A, Gavin M B. Centering decisions in hierarchical linear models: Implications for research in organizations. Journal of Management: Official Journal of the Southern Management Association,1998,24(5):623-641.

[225]Snijders TAB, and RJ. Bosker multilevel analysis: An introduction to basic and advanced multilevel modeling.Thousand Oaks, CA: Sage, 1999.

[226]Zhang Z, Zyphur M J, Preacher K J. Testing multilevel mediation using hierarchical linear models. Organizational Research Methods, 2009, 12(4): 695-719.

[227]Baron R M, Kenny D A. The moderator-mediator variable distinction in social psychological research: Conceptual, strategic, and statistical considerations. Journal of Personality & Social Psychology, 1986,51(6):1173-1182.

[228]Rey-Biel P. Inequity aversion and team incentives. Scandinavian Journal of Economics,2008,110(2):297-320.

[229]Xanthopoulou D, Bakker A B, Demerouti E, et al. Reciprocal relationships between job resources, personal resources, and work engagement. Journal of Vocational Behavior,2009,4(3):235-244.

附录 A　实验设计方案与操作说明

一、第一阶段实验说明

大家好！欢迎参加这次实验。我们的实验包含两个阶段，需要提醒大家的是并非每个人都有机会参与第二阶段的实验。现在向大家讲解的是第一阶段的实验说明。这次实验我们将根据您在游戏中的表现发放报酬。你在游戏中的个人表现用你杀死敌人的数量除以你被敌人杀死的数量来表示。如果你的成绩排在前 5%(含)，你将获得 50 元奖励，如果你的成绩排在前 5%(不含)~10%(含)，你将获得 40 元奖励，如果你的成绩排在前 10%(不含)~20%(含)，你将获得 30 元奖励，如果你的成绩排在前 21%(不含)~30%(含)，你将获得 20 元奖励，

请大家认真倾听和阅读实验说明，请大家不要互相讨论，有什么问题，请举手示意，研究人员会第一时间为您解答。

实验说明结束后，请大家用 10 分钟的时间熟悉游戏的场地、枪支的使用方法和连发速度等参数。10 分钟后，大家将完成 2 轮 60 回合 CS 游戏(你将和另外两台专家级电脑机器人一起对战另外三台专家级的电脑机器人)，30 回合游戏结束后请大家举手示意，研究人员会给大家登记分数，接着再进行 30 回合游戏并登记分数。两轮 60 回合游戏的平均值作为获得报酬的依据。然后请大家等待 10 分钟，我们会公布参加第二阶段实验人员的名单，如果你没有资格参加第二轮实验，我们将给予 10 元钱作为实验酬劳，参加第二阶段实验的被试将有机会根据下一阶段的实验规则获得报酬。

二、第二阶段实验说明

辛苦大家填写一份调研问卷，问卷中记得填写您的标签编号，这将成为我们发放报酬的依据，然后稍事休息，等待实验人员的安排(此时，实验人员确认每台电脑的游戏设置均正确无误)。

你们每个人都是一个三人团队中的一员(团队成员的搭配在第一阶段后根据能力差异操纵的要求对被试进行随机分配，每一团队三个人的平均能力是相等的)，请大家根据自己的标签编号就座，标签编号贴在你的桌面右上角。请大家向自己的

组员互相报告自己在第一阶段的实验中的成绩(每一小组将获得一份记录了每个成员在第一阶段成绩数据的表格)。

(一) 总体游戏规则

1. 队友之间可以口头联络也可以使用队内游戏短信，不能使用公共游戏短信；

2. 如果因为非故意和不可预料的原因使所有队员不能比赛，比如服务器停止工作，该回合比分将被取消，加赛1轮；

3. 任务必须三人一起完成，如果小组中有人中途退出，则该组比赛成绩无效；

4. 不能修改与游戏相关的一切参数。除耳机外，不能自带任何游戏装备。

(二)合作性目标的实验说明

你们小组将扮演反恐精英，你们的对手恐怖分子是三个能力一样的电脑机器人，你们将完成两轮，每轮30回合CS游戏，两轮成绩的平均值作为你们的成绩数据。团队绩效用你们团队的胜率来计算即你们小组打败敌人的回合数除以60，你们每个人的个人成绩用你杀死敌人的数量除以自己被杀死的次数计算。你们每完成30回合游戏请举手提示实验人员登记成绩数据，否则你们将不能得到报酬。你们将根据团队成绩获得报酬。如果你们的获胜率达到40%，有机会领取报酬。团队成绩越高，团队获得的报酬越高。你们获得的团队报酬将平均分配给三个小组成员，团队获得的具体报酬将在下表中呈现(每个小组将获得打印的报酬分配表格，指导人员对表格中的内容进行详细的讲解)。

合作性目标的报酬分配表

胜率	报酬总额(元)	分配方式及金额(元)	
		分配规则	每人获得金额
40%(含)以下	0	三人平分	0
40%(不含)~60%(含)	30		10
60%(不含)~80%(含)	60		20
80%(不含)~90%(含)	120		40
90%(不含)~100%(含)	180		60

(再次提醒)请大家每打30回合游戏，举手示意研究人员登记成绩(总成绩和个人成绩)，签名后(标签编号)然后开始下30回合。以此类推。直到60回合游戏结束。

(所有测试问题如果被试回答错误，则由研究人员认真讲解，确保所有被试都能正确理解)。

合作性目标的问题测试

问题 1：如果 60 回合游戏中，你们小组赢了 42 回合次，你排在第一名，你将获得多少奖励？

答案：20 元

问题 2：如果 60 回合游戏中，你们小组赢了 54 回合，你排在第三名，你将获得多少奖励？

答案：40 元

（三）竞争性目标的实验说明

你们小组将扮演反恐精英，你们的对手恐怖分子是三个能力一样的电脑机器人，你们将完成两轮，每轮 30 回合 CS 游戏，两轮成绩的平均值作为你们的成绩数据。团队绩效用你们团队的胜率来计算即你们小组打败敌人的回合数除以 60，你们每个人的个人绩效用你杀死敌人的数量除以自己被杀死的次数计算。你们每完成 30 回合游戏请举手提示实验人员登记成绩数据，否则你们将不能得到报酬。你们将根据团队成绩和个人成绩获得报酬。如果你们的获胜率达到 40%，有机会领取报酬。团队成绩越高，团队获得的报酬越高。你们每个人将根据自己在团队中的排名获得个人报酬，排名越前，报酬越多。排名第一的将获得团队报酬的 80%，排名第二的将获得团队报酬的 15%，排名第三的获得团队报酬的 5%。团队获得的具体报酬将在下表中呈现（每个小组将获得打印的报酬分配表格，指导人员对表格中的内容进行详细的讲解）。

竞争性目标的报酬分配表

胜率	报酬总额（元）	分配方式及每人获得的奖励金额		
		第一名（80%）	第二名（15%）	第三名（5%）
40%以下	0	0	0	0
40%～60%	30	24	40.5	10.5
60%～80%	60	48	9	3
80%～90%	120	96	18	6
90%～100%	180	144	27	9

竞争性目标的问题测试

问题 1：如果 60 回合游戏中，你们小组赢了 42 回合次，你排在第一名，你将获得多少奖励？

答案：48 元

问题 2：如果 60 回合游戏中，你们小组赢了 54 回合，你排在第三名，你将获得多少奖励？

答案：6 元

(四)控制组的实验说明

你们小组将扮演反恐精英，你们的对手恐怖分子是三个能力一样的电脑机器人，你们将完成两轮，每轮 30 回合 CS 游戏，两轮成绩的平均值作为你们的成绩数据。团队绩效用你们团队的胜率来计算即你们小组打败敌人的回合数除以 60，你们每个人的个人绩效用你杀死敌人的数量除以自己被杀死的次数计算。你们每完成 30 回合游戏请举手提示实验人员登记成绩数据，否则你们将不能得到报酬。60 回合游戏结束后只要问卷和分数完整，不论分数大小和输赢情况，每人领取 10 元实验报酬。

控制组的问题测试

问题 1：如果 60 回合游戏中，你们小组赢了 42 回合次，你排在第一名，你将获得多少奖励？

答案：10 元

问题 2：如果 60 回合游戏中，你们小组赢了 54 回合，你排在第三名，你将获得多少奖励？

答案：10 元

(游戏结束并且成绩登记完成后)请大家填写一份关于游戏感受的调研问卷(关于目标相互依赖和对能力差异感知的 5 点李克特量表，然后简单阐述)。请大家一定记得填写您的标签编号，否则我们难以确定您将获得的报酬。

上述过程完成后，请拿好经实验人员签字确认的成绩登记表和填写好的问卷经确认问卷无漏填、乱填后，领取报酬。

非常感谢大家的参与！

三、实验中的成绩登记表

(一) LAD 组合作性目标成绩登记表

游戏规则：你们的对手是 3 台专家级电脑机器人，你们将完成 60 回合游戏，任务是打败对方。你们需要每完成 30 回合举手提示研究人员登记成绩。如果没有登记成绩，则比赛成绩无效，你们将得不到报酬。根据 60 回合游戏的获胜率领取报酬。你们的获胜率达到 40%，有机会领取报酬。具体领取的报酬额如下表所示。

团队胜率	报酬总额(元)	分配方式及金额(元)	
		分配规则	每人获得金额(元)
40%(含)以下	0	三人平分	0
40%(不含)~60%(含)	30		10
60%(不含)~80%(含)	60		20
80%(不含)~90%(含)	120		40
90%(不含)~100%(含)	180		60

LADn 小组比赛成绩登记表(COO)　　(n=1−40)

编号	项目 / 标签	初始能力	1−30 回合	31−60 回合	1−60 回合总成绩	排名/胜率	奖励金额	签名	实验员签名
1	$COOLAD_{n1}$								
2	$COOLAD_{n2}$								
3	$COOLAD_{n3}$								
小组成绩(胜/负)									

注：初始能力在实验前随机分组后根据第一阶段的实验数据由实验人员填写。

(二) SAD 组合作性目标成绩登记表

游戏规则：你们的对手是 3 台专家级电脑机器人，你们将完成 60 回合游戏，任务是打败对方。你们需要每完成 30 回合举手提示研究人员登记成绩。如果没有登记成绩，则比赛成绩无效，你们将得不到报酬。根据 60 回合游戏的获胜率领取报酬。你们的获胜率达到 40%，有机会领取报酬。具体领取的报酬额如下表所示。

团队胜率	报酬总额(元)	分配方式及金额(元)	
		分配规则	每人获得金额(元)
40%(含)以下	0	三人平分	0
40%(不含)~60%(含)	30		10
60%(不含)~80%(含)	60		20
80%(不含)~90%(含)	120		40
90%(不含)~100%(含)	180		60

SADn 小组比赛成绩登记表（COO）　　（n=1–40）

编号	项目/标签	初始能力	1–30 回合	31–60 回合	1–60 回合总成绩	排名/胜率	奖励金额	签名	实验员签名
1	COOSAD$_{n1}$								
2	COOSAD$_{n2}$								
3	COOSAD$_{n3}$								
小组成绩（胜/负）									

注：初始能力在实验前随机分组后根据第一阶段的实验数据由实验人员填写。

（三）LAD 组竞争性目标成绩登记表

游戏规则：你们的对手是 3 台专家级电脑机器人，你们将完成 60 回合游戏，任务是打败对方。你们需要每完成 30 回合，举手提示研究人员登记成绩。如果没有登记成绩则比赛成绩无效。你们将得不到报酬。根据 60 回合游戏的获胜率领取报酬。你们的获胜率达到 40%，有机会领取报酬。具体领取的报酬额如下表所示。

团队胜率	报酬总额（元）	分配方式及每人获得的奖励金额（元）		
		第一名（80%）	第二名（15%）	第三名（5%）
40%（含）以下	0	0	0	0
40%（不含）~60%（含）	30	24	40. 5	10. 5
60%（不含）~80%（含）	60	48	9	3
80%（不含）~90%（含）	120	96	18	6
90%（不含）~100%（含）	180	144	27	9

LADn 小组比赛成绩登记表（COM）　　（n=1–40）

编号	项目/标签	初始能力	1–30 回合	31–60 回合	1–60 回合总成绩	排名/胜率	奖励金额	签名	实验员签名
1	COMLAD$_{n1}$								
2	COMLAD$_{n2}$								
3	COMLAD$_{n3}$								
小组成绩（胜/负）									

注：初始能力在实验前随机分组后根据第一阶段的实验数据由实验人员填写。

（四）SAD 组竞争性目标成绩登记表

游戏规则：你们的对手是 3 台专家级电脑机器人，你们将完成 60 回合游戏，任务是打败对方。你们需要每完成 30 回合，举手提示研究人员登记成绩。如果没有登记成绩则比赛成绩无效。你们将得不到报酬。根据 60 回合游戏的获胜率领取报酬。你们的获胜率达到 40%，有机会领取报酬。具体领取的报酬额如下表所示。

团队胜率	报酬总额(元)	分配方式及每人获得的奖励金额(元)		
		第一名(80%)	第二名(15%)	第三名(5%)
40%(含)以下	0	0	0	0
40%(不含)~60%(含)	30	24	40. 5	10. 5
60%(不含)~80%(含)	60	48	9	3
80%(不含)~90%(含)	120	96	18	6
90%(不含)~100%(含)	180	144	27	9

SADn 小组比赛成绩登记表(COM)　　(n=1−40)

编号	项目 标签	初始能力	1−30 回合	31−60 回合	1−60 回合总成绩	排名/胜率	奖励金额	签名	实验员签名
1	$COMSAD_{n1}$								
2	$COMSAD_{n2}$								
3	$COMSAD_{n3}$								
小组成绩(胜/负)									

注：初始能力在实验前随机分组后根据第一阶段的实验数据由实验人员填写。

（五）LAD 组控制组目标成绩登记表

游戏规则：你们的对手是 3 台专家级电脑机器人，你们将完成 60 回合游戏，任务是打败对方。你们需要每完成 30 回合，举手提示研究人员登记成绩。如果没有登记成绩则比赛成绩无效，你们将得不到报酬。60 回合游戏结束后只要问卷和分数完整，不论分数大小和输赢情况，每人领取 10 元实验报酬。

LADn 小组比赛成绩登记表(CTK) (n=1–40)

编号	项目 / 标签	初始能力	1–30 回合	31–60 回合	1–60 回合总成绩	排名/胜率	奖励金额	签名	实验员签名
1	$CTKLAD_{n1}$								
2	$CTKLAD_{n2}$								
3	$CTKLAD_{n3}$								
小组成绩(胜/负)									

注：初始能力在实验前随机分组后根据第一阶段的实验数据由实验人员填写。

（六）SAD 组控制组目标成绩登记表

游戏规则：你们的对手是 3 台专家级电脑机器人，你们将完成 60 回合游戏，任务是打败对方。你们需要每完成 30 回合，举手提示研究人员登记成绩。如果没有登记成绩则比赛成绩无效，你们将得不到报酬。60 回合游戏结束后只要问卷和分数完整，不论分数大小和输赢情况，每人领取 5 元实验报酬。

SADn 小组比赛成绩登记表(CTK) (n=1–40)

编号	项目 / 标签	初始能力	1–30 回合	31–60 回合	1–60 回合总成绩	排名/胜率	奖励金额	签名	实验员签名
1	$CTKSAD_{n1}$								
2	$CTKSAD_{n2}$								
3	$CTKSAD_{n3}$								
小组成绩(胜/负)									

注：初始能力在实验前随机分组后根据第一阶段的实验数据由实验人员填写。

附录 B　实验操纵检验调查问卷

尊敬的女士/先生：

您好！首先真诚地感谢您参与本次实验以及对本课题研究给予的帮助和支持。请您根据您的实际情况和在实验中的感受填写以下问卷。我们向您承诺：问卷采用匿名填写，您的答案仅供学术研究而用，不做个别探讨分析只做整体统计分析，并绝对保密，敬请认真并放心作答。

请逐题回答每一个题目，不要有遗漏，确保问卷回答完整，以免成为无效问卷

填写以下问卷内容大约需要您 5 分钟的时间，请您耐心填写。

最后，对您的大力支持，献上最诚挚的谢意！谢谢您！

湖南大学工商管理学院

第一部分：基本情况

说明：本部分是关于您个人的一些基本信息，请您在相应选项的方框内打“✓”。

1. 您的年龄：
2. 您的性别：□男　□女
3. 您玩 CS 游戏的年限：□1 年以下　□1~3 年　□4~5 年　□6 年以上
4. 您对 CS 游戏的喜爱程度：□非常喜爱　□比较喜爱　□有点喜爱　□不喜爱　□有点讨厌
5. 在刚刚结束的实验中，您觉得与您所在团队成员的平均能力水平相比较，您觉得您自己的能力如何？

□“差太远了”；□“差很多”；□“不相上下”；□“好一点点”□“好很多”。

第二部分：问卷内容

请根据您对自己的感知和评价，选择最符合实际情况的描述，在对应的数字上

打“✓”。认可程度从“完全不同意”到“完全同意”共有5个等级：完全不同意、不同意、部分同意、同意、完全同意。

您参加游戏的小组编号						
顺序	项目内容	完全不同意	不同意	部分同意	同意	完全同意
$COOG_1$	团队成员共沉浮	1	2	3	4	5
$COOG_2$	团队成员希望彼此成功	1	2	3	4	5
$COOG_3$	团队成员寻求相容的目标	1	2	3	4	5
$COOG_4$	团队成员的目标相互协调	1	2	3	4	5
$COOG_5$	我与团队成员一起参与游戏，拥有共同的目标	1	2	3	4	5
$COMG_1$	团队成员采取的工作方式支持自己的而不是其他成员的目标	1	2	3	4	5
$COMG_2$	团队成员之间是输和赢的关系	1	2	3	4	5
$COMG_3$	团队成员愿意向他人展示自己的优越性	1	2	3	4	5
$COMG_4$	团队成员的目标不相容	1	2	3	4	5
$COMG_5$	团队成员优先考虑完成自己的目标而不是其他团队成员的目标	1	2	3	4	5
IG_1	每个团队成员干自己的事	1	2	3	4	5
IG_2	团队成员通过自己个人的努力获得成功	1	2	3	4	5
IG_3	团队成员为了自己的独立游戏目标而玩	1	2	3	4	5
IG_4	团队成员的成功与其他人的成功没关系	1	2	3	4	5
IG_5	团队成员最关心自己的成就	1	2	3	4	5

附录 C　团队领导访谈提纲

在“组织无处不政治”和团队成为组织最重要的管理单元的背景下，团队成员的政治技能对其职业成功产生重要的影响。然而当处于同一团队中的成员拥有的政治技能存在差异性时，团队内部互动过程又会发生怎样的变化？本研究目的在于探索团队管理实践中关于团队成员之间政治技能差异的结果。因此我们希望与您的交流和探讨不仅在理论研究上可以开拓新的思路，而且在您的团队管理实践中能够提供新的方法。请您根据您所领导团队的实际情况回答，必要时请您举出平时管理中的实例进行阐述。为了保证研究的准确性和有效性，我将会对我们之间的讨论内容进行记录，我们承诺讨论内容仅用于学术研究，并对外绝对保密，请您畅所欲言，谢谢！

1. 请您谈一谈您对政治技能这一概念的理解。

2. 请您介绍一下您团队中的下属政治技能掌握的状况。

3. 您所领导的团队中各个成员之间的政治技能具有差异吗？这种差异主要体现在哪些方面？这种差异给您的团队带来哪些影响？

4. 您觉得团队绩效和个体绩效主要受到哪些因素的影响？与团队成员之间政治技能差异有关系吗？

5. 团队政治技能差异对团队绩效：

□完全没影响　□有一点儿影响　□影响一般　□影响较大　□有很大影响

6. 团队政治技能差异对团队成员的个体绩效：

□完全没影响　□有一点儿影响　□影响一般　□影响较大　□有很大影响

7. 您所领导的团队中的政治技能差异给团队绩效和团队成员的个体绩效带来哪些具体影响？这些影响是通过什么过程发生的？请您回顾团队绩效和个体绩效受到政治技能差异影响的具体的事例。

附录 D　子研究一调查问卷

团队/部门领导用调查问卷

尊敬的领导：

您好！首先真诚地感谢您对本课题研究给予的支持。我们正在进行一项有关团队绩效管理的研究。以下问题没有是非对错之分，请您根据员工绩效表现的客观现实作答。我们向您承诺：问卷采用**匿名填写**，您的答案用于学术研究，**对外严格保密**，请您放心据实填写。

湖南大学工商管理学院

第一部分：团队成员情况

请您根据以下各项内容，在右边填写合适的数字，对您的下属进行评价，每一列代表一名下属的情况。		1号下属	2号下属	3号下属	4号下属	5号下属
这些描述在多大程度上符合该员工的实际情况？		1代表非常不符，2代表基本不符，3代表一般，4代表比较符合，5代表非常符合				
IP1	他/她能完成工作岗位职责所要求的任务					
IP2	他/她能执行组织希望自己完成的任务					
IP3	他/她经常规划与安排自己所负责工作的进度					
IP4	他/她的平均工作效率相当高					
IP5	整体而言，他/她可以做好领导所指派的工作					
以下请您填写您的下属近三个月的业绩数据(单位：元)						
该下属上个月的业绩(　　　月份)						
该下属上上个月的业绩(　　　月份)						
该下属上上上个月的业绩(　　　月份)						

注：上表成员计为15名，由于篇幅限制，只展示5个团队成员。

第二部分：团队整体情况

请根据您领导的团队整体在工作中的实际情况，在对应的选项下打“✓”或涂色块5=非常符合，4=比较符合，3=一般，2=基本不符，1=非常不符合		非常不符	基本不符	一般	比较符合	非常符合
TP1	我们团队能有效地工作	1	2	3	4	5
TP2	我们团队在工作上很努力	1	2	3	4	5
TP3	我们团队关心工作的质量	1	2	3	4	5
TP4	我们团队能达到或超出工作要求	1	2	3	4	5
TP5	我们团队尽职尽责，以高质量完成工作任务	1	2	3	4	5
TP6	我们团队各司其职，以确保团队任务按时完成	1	2	3	4	5

第三部分：您的个人情况

请根据您在工作中的实际情况，在对应的选项下打“✓”或涂色块，5为“非常符合”，1为“非常不符”。		非常不符	基本不符	一般	比较符合	非常符合
PSNA1	在工作中，我花费大量时间和精力与他人建立关系网络	1	2	3	4	5
PSNA2	在工作中我善于与有影响力的人物建立关系	1	2	3	4	5
PSNA3	当我真的需要帮助时，能够从与我建立良好关系的同事和朋友中获得支持帮助	1	2	3	4	5
PSNA3	在工作中，我认识很多重要人物并和他们保持良好关系	1	2	3	4	5
PSNA5	在工作中，我花费了大量时间与他人建立联系	1	2	3	4	5
PSNA6	在工作中，我很擅长运用我的关系和网络推动事情的进展	1	2	3	4	5
PSII1	我善于让他人喜欢我	1	2	3	4	5
PSII2	我能够容易并有效地与他人沟通和交流	1	2	3	4	5
PSII3	我能够让身边大多数人感到轻松和愉悦	1	2	3	4	5
PSII4	我能够容易地与他人和谐相处	1	2	3	4	5
PSSA1	我在把自己展现给他人方面有着良好的直觉和悟性	1	2	3	4	5

续表

请根据您在工作中的实际情况，在对应的选项下打“✓”或涂色块，5为“非常符合”，1为“非常不符”。		非常不符	基本不符	一般	比较符合	非常符合
PSSA2	我似乎总是本能地知道该说什么或做什么来影响他人	1	2	3	4	5
PSSA3	我非常密切关注他人的面部表情	1	2	3	4	5
PSSA4	我能够很好地理解他人	1	2	3	4	5
PSSA5	我特别善于察觉他人的动机和意图	1	2	3	4	5
PSAS1	与他人沟通交流的时候，我尽可能在言语和行为上表现得很真诚	1	2	3	4	5
PSAS2	我认为让人们相信我言行的真诚性很重要	1	2	3	4	5
PSAS3	我尽力表现出对他人真正地感兴趣	1	2	3	4	5

第四部分：团队基本信息（请在相关项上打“✓”或涂色块）

1. 您的性别：□男 □女
2. 您的年龄：□25岁以下 □25~35岁 □35~45岁 □45岁及以上
3. 您目前职位的工作年数：□1年以下 □1~3年 □3~5年 □5~10年 □10年及以上
4. 您的学历：□高中 □大专 □大学本科 □硕士 □博士
5. 您的团队类型：□营销团队 □研发团队 □服务团队 □高管团队 □其他
6. 您所在组织的性质：□国有 □民营 □合资或外资

团队成员用调查问卷

尊敬的先生/女士：

您好！首先真诚地感谢您参与本次问卷调查以及对本课题研究给予的帮助和支持。我们正在进行一项有关团队绩效管理的研究。以下问题没有是非对错之分，请您根据自己在工作中的表现客观作答。我们向您承诺：问卷采用**匿名填写**，您的答案仅用于学术研究，**对外严格保密**，请您放心据实填写。

湖南大学工商管理学院

第一部分：问卷内容

请根据您在工作中的实际情况，在对应的选项下打“✓”或涂色块，5为“非常符合”，1为“非常不符”。		非常不符	基本不符	一般	比较符合	非常符合
COO1	团队成员共沉浮	1	2	3	4	5
COO2	团队成员希望彼此成功	1	2	3	4	5
COO3	团队成员寻求相容的目标	1	2	3	4	5
COO4	团队成员的目标相互协调	1	2	3	4	5
COG5	我与团队成员一起工作，拥有共同的目标	1	2	3	4	5
COM1	团队成员采取的工作方式支持自己的目标而不是其他成员的目标	1	2	3	4	5
COM2	团队成员之间是输和赢的关系	1	2	3	4	5
COM3	团队成员愿意向他人展示自己的优越性	1	2	3	4	5
COM4	团队成员的目标不相容	1	2	3	4	5
COM5	团队成员优先考虑完成自己的目标而不是其他成员的目标	1	2	3	4	5
TC1	团队成员间对于如何完成工作有不同的观点	1	2	3	4	5
TC2	团队成员间的工作想法有冲突	1	2	3	4	5
TC3	团队成员间在工作上有意见分歧	1	2	3	4	5
TC4	团队成员间存在不同的工作观点	1	2	3	4	5
PSNA1	在工作中，我感觉我们团队的领导花费大量时间和精力与他人建立关系网络	1	2	3	4	5

续表

请根据您在工作中的实际情况，在对应的选项下打“✓”或涂色块，5 为“非常符合”，1 为“非常不符”。		非常不符	基本不符	一般	比较符合	非常符合
PSNA2	在工作中我感觉我们团队的领导善于与有影响力的人物建立关系	1	2	3	4	5
PSNA3	我当感觉我们团队的领导真的需要帮助时，能够从与他/她建立良好关系的同事和朋友中获得支持帮助	1	2	3	4	5
PSNA3	在工作中，我感觉我们团队的领导认识很多重要人物并和他们保持良好关系	1	2	3	4	5
PSNA5	在工作中，我感觉我们团队的领导花费了大量时间与他人建立联系	1	2	3	4	5
PSNA6	在工作中，我感觉我们团队的领导很擅长运用他/她的关系和网络推动事情的进展	1	2	3	4	5
PSII1	我善于让他人喜欢我	1	2	3	4	5
PSII2	我感觉我们团队的领导能够容易并有效地与他人沟通和交流	1	2	3	4	5
PSII3	我感觉我们团队的领导能够让身边大多数人感到轻松和愉悦	1	2	3	4	5
PSII4	我感觉我们团队的领导能够容易地与他人和谐相处	1	2	3	4	5
PSSA1	我感觉我们团队的领导在把自己展现给他人方面有着良好的直觉和悟性	1	2	3	4	5
PSSA2	我感觉我们团队的领导似乎总是本能地知道该说什么或做什么来影响他人	1	2	3	4	5
PSSA3	我感觉我们团队的领导非常密切关注他人的面部表情	1	2	3	4	5
PSSA4	我感觉我们团队的领导能够很好地理解他人	1	2	3	4	5
PSSA5	我感觉我们团队的领导特别善于察觉他人的动机和意图	1	2	3	4	5
PSAS1	我感觉我们团队的领导与他人沟通交流的时候，尽可能在言语和行为上表现得很真诚	1	2	3	4	5

续表

请根据您在工作中的实际情况，在对应的选项下打“√”或涂色块，5为“非常符合”，1为“非常不符”。		非常不符	基本不符	一般	比较符合	非常符合
PSAS2	我感觉我们团队的领导认为让人们相信我言行的真诚性很重要	1	2	3	4	5
PSAS3	我感觉我们团队的领导尽力表现出对他人真正地感兴趣	1	2	3	4	5

第二部分：基本信息（请在相关项上打“√”涂色块）

1. 您的性别：□男　□女
2. 您的年龄：□25岁及以下　□26~35岁　□36~45岁　□46岁及以上
3. 从事本项工作的年数：□1年及以下　□2~3年　□4~5年　□6~10年　□11年及以上
4. 您的学历：□高中及以下　□大专　□大学本科　□硕士　□博士

附录E　子研究二调查问卷

团队/部门领导用调查问卷

尊敬的领导：

您好！首先真诚地感谢您对本课题研究给予的支持。我们正在进行一项有关团队绩效管理的研究。以下问题没有是非对错之分，请您根据员工绩效表现的客观现实作答。我们向您承诺：问卷采用**匿名填写**，您的答案用于学术研究，**对外严格保密**，请您放心据实填写。请逐题回答每一个题目，不要有遗漏，确保问卷回答完整，以免成为无效问卷。

真诚地感谢您在百忙中对本次调查的支持！祝您事业成功，生活如意！

湖南大学工商管理学院

第一部分：团队成员情况

以下请您填写您的下属近三个月的业绩数据(单位：元)，每一列代表一名下属的情况。	1号下属	2号下属	3号下属	4号下属	5号下属
该下属上个月的业绩(　　　月份)					
该下属上上个月的业绩(　　　月份)					
该下属上上上个月的业绩(　　　月份)					

注：上表成员计为15名，由于篇幅限制，只展示5个团队成员。

第二部分：团队整体情况

以下请您填写您所领导的团队近三个月的业绩数据(单位：元)
该下属上个月的业绩(　　　月份)
该下属上上个月的业绩(　　　月份)
该下属上上上个月的业绩(　　　月份)

第三部分：您的个人情况

请根据您在工作中的实际情况，在对应的选项下打"✓"或涂色块，5 为"非常符合"，1 为"非常不符"。		非常不符	基本不符	一般	比较符合	非常符合
PSNA1	在工作中，我花费大量时间和精力与他人建立关系网络	1	2	3	4	5
PSNA2	在工作中我善于与有影响力的人物建立关系	1	2	3	4	5
PSNA3	当我真的需要帮助时，能够从与我建立良好关系的同事和朋友中获得支持帮助	1	2	3	4	5
PSNA3	在工作中，我认识很多重要人物并和他们保持良好关系	1	2	3	4	5
PSNA5	在工作中，我花费了大量时间与他人建立联系	1	2	3	4	5
PSNA6	在工作中，我很擅长运用我的关系和网络推动事情的进展	1	2	3	4	5
PSII1	我善于让他人喜欢我	1	2	3	4	5
PSII2	我能够容易并有效地与他人沟通和交流	1	2	3	4	5
PSII3	我能够让身边大多数人感到轻松和愉悦	1	2	3	4	5
PSII4	我能够容易地与他人和谐相处	1	2	3	4	5
PSSA1	我在把自己展现给他人方面有着良好的直觉和悟性	1	2	3	4	5
PSSA2	我似乎总是本能地知道该说什么或做什么来影响他人	1	2	3	4	5
PSSA3	我非常密切关注他人的面部表情	1	2	3	4	5
PSSA4	我能够很好地理解他人	1	2	3	4	5
PSSA5	我特别善于察觉他人的动机和意图	1	2	3	4	5
PSAS1	与他人沟通交流的时候，我尽可能在言语和行为上表现得很真诚	1	2	3	4	5
PSAS2	我认为让人们相信我言行的真诚性很重要	1	2	3	4	5
PSAS3	我尽力表现出对他人真正地感兴趣	1	2	3	4	5

第四部分：团队基本信息(请在相关项上打“√”或涂色块)

1. 您的性别：□男 □女
2. 您的年龄：□25岁以下 □25~35岁 □35~45岁 □45岁及以上
3. 您目前职位的工作年数：□1年以下 □1~3年 □3~5年 □5~10年 □10年及以上
4. 您的学历：□高中 □大专 □大学本科 □硕士 □博士
5. 您的团队类型：□营销团队 □研发团队 □服务团队 □高管团队 □其他
6. 组织的性质：□国有 □民营 □合资或外资

团队成员用调查问卷

尊敬的先生/女士：

您好！首先真诚地感谢您对本课题研究给予的支持。我们正在进行一项有关团队绩效管理的研究。以下问题没有是非对错之分，请您根据员工绩效表现的客观现实作答。我们向您承诺：问卷采用**匿名填写**，您的答案用于学术研究，**对外严格保密**，请您放心据实填写。请逐题回答每一个题目，不要有遗漏，确保问卷回答完整，以免成为无效问卷。

真诚地感谢您在百忙中对本次调查的支持！祝您事业成功，生活如意！

湖南大学工商管理学院项目组

第一部分：问卷内容

请根据您在工作中的实际情况，在对应的选项下打“√”或涂色块，5为“非常符合”，1为“非常不符”。		非常不符	基本不符	一般	比较符合	非常符合
COG1	团队成员共沉浮	1	2	3	4	5
COG2	团队成员希望彼此成功	1	2	3	4	5
COG3	团队成员寻求相容的目标	1	2	3	4	5
COG4	团队成员的目标相互协调	1	2	3	4	5
COG5	我与团队成员一起工作，拥有共同的目标	1	2	3	4	5
CMG1	团队成员采取的工作方式支持自己的目标而不是其他成员的目标	1	2	3	4	5

续表

请根据您在工作中的实际情况，在对应的选项下打“√”或涂色块，5 为“非常符合”，1 为“非常不符”。		非常不符	基本不符	一般	比较符合	非常符合
CMG2	团队成员之间是输和赢的关系	1	2	3	4	5
CMG3	团队成员愿意向他人展示自己的优越性	1	2	3	4	5
CMG4	团队成员的目标不相容	1	2	3	4	5
CMG5	团队成员优先考虑完成自己的目标而不是其他成员的目标	1	2	3	4	5
RC1	团队成员间存在摩擦	1	2	3	4	5
RC2	团队成员间存在性格冲突	1	2	3	4	5
RC3	团队成员间存在紧张的关系	1	2	3	4	5
RC4	团队成员间存在情绪上的冲突	1	2	3	4	5
PSNA1	在工作中，我花费大量时间和精力与他人建立关系网络	1	2	3	4	5
PSNA2	在工作中我善于与有影响力的人物建立关系	1	2	3	4	5
PSNA3	当我真的需要帮助时，能够从与我建立良好关系的同事和朋友中获得支持帮助	1	2	3	4	5
PSNA3	在工作中，我认识很多重要人物并和他们保持良好关系	1	2	3	4	5
PSNA5	在工作中，我花费了大量时间与他人建立联系	1	2	3	4	5
PSNA6	在工作中，我很擅长运用我的关系和网络推动事情的进展	1	2	3	4	5
PSII1	我善于让他人喜欢我	1	2	3	4	5
PSII2	我能够容易并有效地与他人沟通和交流	1	2	3	4	5
PSII3	我能够让身边大多数人感到轻松和愉悦	1	2	3	4	5
PSII4	我能够容易地与他人和谐相处	1	2	3	4	5
PSSA1	我在把自己展现给他人方面有着良好的直觉和悟性	1	2	3	4	5
PSSA2	我似乎总是本能地知道该说什么或做什么来影响他人	1	2	3	4	5
PSSA3	我非常密切关注他人的面部表情	1	2	3	4	5
PSSA4	我能够很好地理解他人	1	2	3	4	5

续表

请根据您在工作中的实际情况，在对应的选项下打“ ✓ ”或涂色块，5 为“非常符合”，1 为“非常不符”。		非常不符	基本不符	一般	比较符合	非常符合
PSSA5	我特别善于察觉他人的动机和意图	1	2	3	4	5
PSAS1	与他人沟通交流的时候，我尽可能在言语和行为上表现得很真诚	1	2	3	4	5
PSAS2	我认为让人们相信我言行的真诚性很重要	1	2	3	4	5
PSAS3	我尽力表现出对他人真正地感兴趣	1	2	3	4	5
PSNA1	在工作中，我感觉我们团队的领导花费大量时间和精力与他人建立关系网络	1	2	3	4	5
PSNA2	在工作中我感觉我们团队的领导善于与有影响力的人物建立关系	1	2	3	4	5
PSNA3	我当感觉我们团队的领导真的需要帮助时，能够从与他/她建立良好关系的同事和朋友中获得支持帮助	1	2	3	4	5
PSNA3	在工作中，我感觉我们团队的领导认识很多重要人物并和他们保持良好关系	1	2	3	4	5
PSNA5	在工作中，我感觉我们团队的领导花费了大量时间与他人建立联系	1	2	3	4	5
PSNA6	在工作中，我感觉我们团队的领导很擅长运用他/她的关系和网络推动事情的进展	1	2	3	4	5
PSII1	我善于让他人喜欢我	1	2	3	4	5
PSII2	我感觉我们团队的领导能够容易并有效地与他人沟通和交流	1	2	3	4	5
PSII3	我感觉我们团队的领导能够让身边大多数人感到轻松和愉悦	1	2	3	4	5
PSII4	我感觉我们团队的领导能够容易地与他人和谐相处	1	2	3	4	5
PSSA1	我感觉我们团队的领导在把自己展现给他人方面有着良好的直觉和悟性	1	2	3	4	5
PSSA2	我感觉我们团队的领导似乎总是本能地知道该说什么或做什么来影响他人	1	2	3	4	5

续表

请根据您在工作中的实际情况，在对应的选项下打“✓”或涂色块，5为“非常符合”，1为“非常不符”。		非常不符	基本不符	一般	比较符合	非常符合
PSSA3	我感觉我们团队的领导非常密切关注他人的面部表情	1	2	3	4	5
PSSA4	我感觉我们团队的领导能够很好地理解他人	1	2	3	4	5
PSSA5	我感觉我们团队的领导特别善于察觉他人的动机和意图	1	2	3	4	5
PSAS1	感觉我们团队的领导与他人沟通交流的时候，尽可能在言语和行为上表现得很真诚	1	2	3	4	5
PSAS2	我感觉我们团队的领导认为让人们相信我言行的真诚性很重要	1	2	3	4	5
PSAS3	我感觉我们团队的领导尽力表现出对他人真正地感兴趣	1	2	3	4	5

第二部分：基本信息（请在相关项上打“✓”涂色块）

1. 您的性别：□男　□女
2. 您的年龄：□25岁及以下　□26~35岁　□36~45岁　□46岁及以上
3. 从事本项工作的年数：□1年及以下　□2~3年　□4~5年　□6~10年　□11年及以上
4. 您的学历：□高中及以下　□大专　□大学本科　□硕士及以上